KB162371

올어바웃

뮤지컬

올어바웃
뮤지컬

ALL ABOUT MUSICAL

장두이·신수정 지음

엠에스
북스
ms
BOOKS

올 어바웃 뮤지컬

초판 1쇄 발행 | 2015년 11월 10일
초판 2쇄 발행 | 2016년 12월 16일

지은이 | 장두이·신수정
펴낸이 | 홍수경
펴낸곳 | 엠에스북스
출판등록 | 제2-4570호 (2007년 2월 26일)

주소 | 서울시 마포구 토정로 222, 한국출판콘텐츠센터 422호
전화 | 02) 334-9107
팩스 | 02) 334-9108
이메일 | bookmind@naver.com

* 잘못 만들어진 책은 구입처에서 교환해 드립니다.
* 책값은 뒤표지에 표기되어 있습니다.

한국 뮤지컬계에 주는 멋진 선물

윤복희(가수/뮤지컬 배우)

『올 어바웃 뮤지컬』의 저자 장두이 씨와는 1980년대 그가 긴 포니테일 꽁지머리로 뉴욕을 누비던 시절, 뮤지컬의 메카 뉴욕에서 만나 뮤지컬 얘기로 꽃을 피우며 몇날 며칠을 지냈던 때부터 시작된다. 당시 이미 불혹을 넘긴 그에게 한국에 와서 활동하자고 권유했던 것도 나였다. 그리고 1994년 '극단 자유'가 만든 창작 뮤지컬 〈바람, 타오르는 불길〉을 예술의 전당 토월극장에서 함께 공연하기도 했었다.

그러던 그가 뒤늦게 46세에 당시 연극음악 작곡을 하던 재원 신수정 (연극 〈문제적 인간 연산〉 작품에서 나와 또한 인연이 있었다) 씨를 만나 결혼한 것도 결국 국내 무대로의 복귀로 이뤄진 결실이다. 귀국 후 수많은 연극과 뮤지컬, TV, 영화로 분주히 활동하는 그가 지난 3년간 뮤지컬에 대한 새로운 책을 그의 부인 신수정 씨와 함께 저술을 해냈다. 이 책 『올 어바웃 뮤지컬』은 사실 우리 뮤지컬계에 멋진 선물이 아닐 수 없다.

서양 뮤지컬의 태동기에서부터 제롬 컨, 리처드 로저스, 조지 거슈윈, 레오나르드 번스타인, 스티븐 손드하임, 앤드류 로이드 웨버에 이르는 작곡가와 제롬 로빈스, 밥 포시, 토미 튠, 길리안 린, 트왈라 달프 등의 전설적 안무자 그리고 최근 미국, 영국 뮤지컬의 동향을 두루 일별할 수 있게 했고, 더욱이 한국 뮤지컬에 대한 견해도 소담히 담겨있어, 매우 유익한 책이 아닐 수 없다.

1920년대에 이미 나의 선친(윤부길)이 한국적 뮤지컬을 시작하였다. 그 뒤 백년이 되어가는 이제, 이 두 사람이 우리 뮤지컬을 총 망라한 『올 어바웃 코리안 뮤지컬』이란 책도 집대성하여 출간하길 간절히 염원해 본다.

"한국은 한국 뮤지컬이 반드시 있어야 해요!"라고 하는 저자의 말처럼 함께 뮤지컬을 작사, 작곡, 연출을 도맡아 하는 이 두 사람이 언젠가는 명작 뮤지컬을 창작해 내리라 기대한다.

어렵게 만들어진 이 책이 우리 뮤지컬 부흥에 하나의 길잡이와 자극제 그리고 결실로 이어지길 희망해 보며, 멋지고 유익한 책 출간을 축하해 마지않는다.

올 어바웃 뮤지컬에서 'All for Musical'

박소연(뮤지컬 배우/서울 예대 뮤지컬 전공 겸임교수)

17세기 유럽에서 시작되어 19세기 이후 미국에서 뿌리내린 '뮤지컬'은 노래와 춤, 연기가 함께 어우러지는 특징의 공연 장르이다.

우리나라에도 1900년대 중반에 전해져 뿌리를 내리면서 많은 선생님들과 선배님들에 의한 실험과 이론적 체계는 계속됐다. 그러면서 우리 정서에 맞는 한국 뮤지컬의 토착화 작업 그리고 새로운 가능성에 대한 방향 모색 등을 통해 지금까지 면면히 발전되어 왔다.

이런 가운데, 뮤지컬의 역사적 뿌리에서부터 작품이 만들어지기까지의 다양한 요소들에 대한 깊은 통찰력과 폭넓은 안목을 갖춘 우리 학자가 과연 얼마나 있을까? 배우, 시인, 극작가, 연출가, 무용가, 예술감독, 대학교수 등 우리 문화예술계에서 인정받는 확고한 철학과 학식을 가진 장두이 교수가 바로 그런 분이라고 난 생각한다.

그는 공연계의 다양한 활동을 국내는 물론 구미에서 세계적인 연극인들과 직접 작업하면서 습득한 여러 경험들을 바탕으로, 하나의 뮤지컬 작품이 만들어지는 과정에 반드시 참여해야 하는 작곡가, 작사가, 극작가, 연출가, 배우, 안무자, 제작자에 이르기까지 광범하면서도 세밀하게 모든 것을 언급하고 있다. 자료를 위한 사진도 100여 장 넘게 수록하여 책을 읽는 이들에게 뮤지컬에 대한 이해를 충분히 돕게 만들어 명실공히 우리나라에서 만들어진 최고의 '뮤지컬 개론서'가 되게 하였다.

늘 유쾌하고 아이 같은 장난 끼도 많은 그의 일상적 모습과는 달리 진지하고 전문적이며 통찰력 있게 쓰여진 이 책을 읽으면 예술가적, 학자적인 재능이 이처럼 함께 발현될 수 있구나 하고 놀라지 않을 수 없다. 더욱이 연극음악 작곡과 음악감독으로 장두이 교수님 작업에 많은 도움을 주어 온, 신수정 선생님과 함께 이 책을 저술하였으니 더욱 탄탄한 뮤지컬 책이 만들어진 셈이다.

이 한 권의 책이 뮤지컬 종사자들에겐 한 단계 성숙하게 만드는 계기를 만들어 주고, 향후 뮤지컬을 꿈꾸는 청소년들 그리고 일반인들에게까지, 제목 그대로 뮤지컬의 모든 것을 알게 해주는 지침서이자 가이드북 그리고 경험서가 되리라 확신한다.

노래와 춤과 이야기가 있는 연극, 뮤지컬

　뮤지컬은 한 마디로 노래, 춤, 연기가 어우러진 총체적인 공연예술이다. 이러한 공연은 사실 인류가 지구상에 존재하면서부터 어느 민족이건 간에 즐겨온 장르이기도 하다(지금도 존재하는 아시아나 아프리카의 가면극 등이 그 한 예다). 그 가운데 지금의 뮤지컬은 르네상스 때부터 오페라의 나라 이탈리아나 프랑스, 영국 등 유럽 국가에서 태동하였다.

　시간이 흘러 1910~1920년대에 걸쳐 미국에서 불세출의 뮤지컬 작곡가 제롬 컨Jerome Kern(1885~1945)이 뮤지컬이란 연극 형식을 완성하면서 현대적 의미의 뮤지컬 형식이 완성되었다. 이와 달리 유럽의 뮤지컬은 오페레타(가벼운 희극 속에 통속적인 노래나 춤을 넣은 오락성 위주의 음악극)와 극적인 드라마를 가미하면서 뮤지컬 플레이로 그 형식미를 갖추게 되었다.

　초기 뮤지컬은 유럽풍의 코믹 오페라, 발라드 오페라 (특히 18세기 영국에서 유행한 것으로 희극적인 대화에 노래와 춤을 섞은, 대중을 위한 음악극으로 존 게이John Gay의 〈거지의 오페라Beggar's Opera〉 등이 있음), 파스티치오Pasticcio(코믹 오페라와 발라드 오페라의 중간 형식), 민스트럴

minstrel(백인이 흑인 분장을 하고 우스꽝스러운 노래와 춤을 보여주던 통속 경가극), 보드빌vaudeville(원래는 15세기경에 프랑스에서 유행한 희극적인 노래와 춤을 섞은 일종의 버라이어티 쇼로 19세기에 미국으로 건너와 이야기의 구성이 없는 에피소드식 경가극으로 대중적 인기를 누림), 벌레스크 burlesque(19세기 중반 영국과 미국 등에서 크게 인기가 있었던 섹스 코미디 스타일의 만담과 즉흥적 춤, 노래 등의 통속극으로 구성되었던 쇼 형식) 등의 즉흥적이며 엉성한 공연 형식이 추후 잘 짜인 극 형식으로 만들어지면서 오늘날의 '뮤지컬'이 만들어지게 된 것이다.

즉, 뮤지컬은 코믹 오페라, 발레, 팬터마임, 즉흥 연기 등이 어우러진 총체적 공연예술이다. 현재 뮤지컬을 '뮤지컬 코미디'와 드라마가 강조된 '뮤지컬 플레이'로 분류하는 것도 그러한 역사적 전통에서 유래한다.

간혹 뮤지컬이 가볍고 밝은 이야기를 주로 다루기 때문에 단순한 통속 코미디로 알려지기도 했으나 100여 년의 역사를 통해 끊임없이 자유롭고 다채로운 형식으로 계속 발전해가고 있다. 수년 전 남아공화국의 게마Ngema가 제작한 〈사라피나Sarafina〉, 폴란드 극단의 〈메트로 Metro〉, 그리고 일본인들의 작품인 〈쇼군Shogun〉 등 이젠 뮤지컬도 각 나라, 각 민족의 다양한 소재를 채택하여 새로운 극 형식으로 발전에 발전을 거듭하고 있다.

필자가 근년에 본 독특한 형식의 뮤지컬을 꼽더라도 서커스식의 무대 〈칸디드Candide〉, 유명한 록 그룹 더 후The Who의 노래를 극화한 〈토미Tommy〉, 안무 요소가 매우 강한 〈댄싱Dancing〉, 〈탱고Tango〉, 월트 디즈니의 애니메이션을 뮤지컬화한 〈라이언 킹The Lion King〉, 〈미녀와 야수Beauty & Beast〉, T. S 엘리어트의 시를 기조로 한 〈캐츠

Cats〉, 미국 소설가 마크 트웨인의 『톰 소여의 모험』을 뮤지컬화한 〈빅 리버Big River〉, 클래식에서부터 뮤지컬 세계까지 섭렵한 명지휘자이며 작곡가인 레오나르드 번스타인의 〈웨스트 사이드 스토리West Side Story〉, 미국의 전설적 안무가 밥 포시의 안무를 엮은 〈포시Fosse〉, 스윙 음악을 위주로 꾸민 〈스윙Swing〉, 그리고 피터 셰퍼의 모차르트의 강렬한 이야기를 꾸민 〈아마데우스Amadeus〉, 지금도 변함없이 30년 넘게 공연되고 있는 기네스 최장기 뮤지컬 〈판타스틱스Fantastiks〉, 미국 서부 시대의 이야기를 엮은 벌레스크 형식의 코믹 뮤지컬 〈더 윌 로저스 폴리스The Will Rogers Follies〉, 그리고 누드 뮤지컬 드라마 〈오! 캘커타Oh! Calcutta〉, 히피 시대의 혁명적 작품 〈헤어Hair〉, 뉴욕 가난한 예술가들의 삶을 조명한 〈렌트Rent〉, 그리고 잡동사니 같은 일상의 도구로 타악기 공연을 만든 〈스톰프Stomp〉, 1987년 필자도 참여했던 엘리자베스 스웨도즈의 신랄한 정치 풍자 뮤지컬 〈오, 예루살렘Oh! Jerusalem〉, 미국의 히스패닉 이민 사회를 다룬 랩 뮤지컬 〈인 더 하이츠In The Heights〉, 〈스파이더 맨Spider Man〉, 〈스프링 어웨이크닝Spring Awakening〉 등 이루 다 언급할 수 없을 정도다.

뮤지컬이란 공연 형식의 수많은 걸작들이 명멸해 간 것이다. 이처럼 뮤지컬엔 우리의 일상과 삶을 풍요롭게 만드는 시적인 아름다운 세계가 있다. 노래가 있기에 더욱 시적인 승화가 이루어지는 뮤지컬에서 음악은 절대적이다.

현재 우리나라에서 한국 뮤지컬이 발전하지 못하는 근본 요인 중 하나가 바로 전문적 뮤지컬 작곡가의 부재다. 뮤지컬의 음악은 드라마성과 문학성, 그리고 음악성을 두루 갖추어야 하는데 이런 인재들의 양성을 위한 교육의 부재가 매우 심각하다. 이런 형편에 여러 대학에서 야심차게 뮤지컬 전공과를 만듦으로써 앞으로 우리나라 뮤지컬의 발전에 크게 기여할 것이라 기대한다.

뮤지컬에 나오는 노래는 러브 송, 코믹 송, 서정적 멜로디의 아리아, 격정적인 캐릭터 송 등이 있어 때로는 솔로로, 또는 듀엣이나 트리오, 그리고 합창 등으로 구성되어 극적 스토리와 연주곡으로 조화를 꾀하고 있다.

이야기는 대개 낭만적인 관계에 있는 두 쌍의 인물을 중심으로 이들을 둘러싼 보조 인물들의 관계를 통해 극적 문제를 일으키며 종말은 해피엔딩으로 막을 내린다. 그러나 이러한 해피엔딩뿐만 아니라 요즘은 비극적 결말의 뮤지컬도 있는데, 예를 들어 〈웨스트 사이드 스토리〉, 〈미스 사이공〉 같은 작품들이 그 예라 하겠다.

대형 뮤지컬에 많은 배우가 등장해 군무와 합창으로 아름다운 무대를 만들고 숨 돌릴 겨를도 없이 생동감 넘치는 에너지를 관객과 더불어 향유하는 환상의 공연이야말로 뮤지컬만의 진수라 할 것이다.

장두이

프/롤/로/그

뮤직 시어터로서의 뮤지컬

어려서부터 오페라를 보고 들으며 '음악극'으로서의 웅장함과 밀도 있는 드라마로서 늘 감동과 더불어 전율을 느껴왔다. 그러던 중 서울대학교 음대 대학원 재학 중이었던 1994년 연극음악(〈문제적 인간 연산〉, 〈청바지를 입은 파우스트〉, 〈오구〉 등)을 본격적으로 작곡하면서 뮤지컬의 세계에 빠져들었다.

그러면서 남편이기도 한 장두이 선생님 작, 연출인 뮤지컬 〈장미와 향수〉, 〈춤추는 원숭이 빨간 피터〉, 〈영웅을 생각하며〉, 국악 뮤지컬 〈한강수야〉, 〈흐르는 강물처럼〉 등의 음악을 맡으면서 뮤직 시어터로서의 대중적 엔터테인먼트를 예술적으로 승화할 수 있는 무한한 가능성을 느끼게 됐다.

그러면서 만난 브로드웨이의 기라성 같은 뮤지컬들인 〈레 미제라블Les Miserables〉, 번스타인의 〈원더풀 타운Wonderful Town〉, 〈웨스트 사이드 스토리West Side Story〉, 〈라이트 인 더 피아짜The Light in the Piazza〉 등을 감상하면서 준비가 부족한 우리 현실 속에서도 우리나라 창작 뮤지컬의 발전과 향상을 바라는 마음은 진한 앙금처럼 내 가슴 속에 남아 있다.

여기에 부과된 많은 과제들을 떠올려본다. 곧 우리 뮤지컬은 분명 우리의 역사와 전통 속에서 꽃을 피우고 열매를 맺어야 한다는 것이 염원인 동시에 과제다. 그것은 분명 뮤지컬 작곡은 음악도 알아야 하지만, 드라마에 대한 완벽한 이해에 따른 극적 리듬감의 이해도 매우 중요하다는 뜻이다. 그러면서 독창적인 한국의 뮤지컬을 창작하려면 우리의 언어, 리듬, 전통 예술에 대한 폭넓은 지식과 극장의 이해가 필수적이라는 사실이다. 모든 예술이 그렇지만 궁극적으로 뮤지컬도 종합적이기 때문이다. 다 알아야 한 가지를 창조할 수 있고 그 한 가지 속엔 모든 것이 녹아들어 있다는 진실이다.

『무영탑』, 『삼국유사』를 읽으며 우리의 뮤지컬을 생각했고 무한한 가능성과 더불어 세계와 겨룰 수 있다는 사실에 흥분하고 확신을 가질 수 있었다. 언젠가 현실에 쫓기지 않으며 이런 작업을 맘 놓고 해보고 싶은 바람은 나만의 소망은 아닐 것이로되 여전히 꿈처럼 가슴 깊숙이 보듬고 있다.

신수정

제1장

미국 초창기
뮤지컬의 형성

식민지 시대 미국에서는 유럽의 다양한 음악극 형식이 자주 공연되기 시작했다. 이 시대에 영국의 연극과 연예오락물이 미국 전역에 골고루 전파되기 시작했는데 그것은 연극뿐 아니라 미술, 건축, 장식품에 이르기까지 여러 분야에 걸쳐 영향을 주었다. 이처럼 초기 미국 예술가들은 거의 영국 예술의 모방에 급급했다.

미국 뮤지컬의 역사에 첫 번째로 기록된 작품은 1735년에 공연된 발라드 오페라 형식의 〈플로라Flora〉란 작품이었다. 이 작품은 무대도, 장치도, 의상도, 조명기구도 없이 사우스캐롤라이나 찰스턴Charleston의 법정에서 공연됐다.

당시 미국 관객들은 드라마와 음악이 결부된, 유럽에서 유행되던 이런 형식의 작품을 처음으로 대한 것이다. 당시 오페라나 오라토리오 등은 물론 공연되고 있었다. 많은 음악 공연이 연극극단과 함께 지방을 돌고 있었는데 음악과 연극뿐 아니라 여기에 항상 무용이 어우러진 종합적 공연의 양상을 보였다. 무용의 경우 사회에서 일반적으로 볼 수 있는 무용 형식이 자연 무대로 옮겨지게 되었다.

주로 안무 지도자가 초기 뮤지컬 공연에 자연스럽게 관계하게 되었다. 나아가 당시 미국 관객에게 많은 인기가 있었던 인형극이 뮤지컬의 성격들을 창조하는 데 많은 도움을 주게 된다. 역시 발라드 오페라 〈가난한 병정The Poor Soldier〉에선 장면 중간마다 인형극이 노래와 함께 공연됐고 이것이 일반 관객에게 대단히 인기가 있었다.

식민지 시대 미국 전역을 돌던 유랑극단들은 점차 미국 관객들이 쉬운 뮤지컬 형식의 연극을 좋아한다는 것을 알게 되었다. 그래서 자연스럽게 가수들과 무용수들, 그리고 잘 알려진 정통 연기자들이 어우러져 이런 뮤지컬 형식의 연극을 공연하기 시작했다. 올드 아메리카Old America극단의 경우가 가장 대표적인 초기의 극단이며 늘 연기자와 무용수 그리고 노래를 부르는 가수들로 극단이 구성되었다.

이러한 노래와 춤을 추는 공연자들은 주로 막과 막 사이에 등장했는데 후에 '올리오스Olios'라고 불린 이런 막간극은 정식 공연 후에 공연되기도 했다. 주로 장면 사이에 장면이 전환되는 틈을 타서 공연되던 이 '올리오스'는 오히려 관객들에게 더 흥미와 사랑을 받게 되어 19세기 말까지 성행했다. 이후 19세기 말엽 미국 연극이 정착되면서 이런 막간극 형태는 사라지지 시작한다.

여하튼 이런 뮤지컬 막간극 형식은 새로운 가능성이 있는 공연 문화로 자리 잡기 시작했고 이런 극단들도 급속도로 늘기 시작한다. 마치 중세 시대의 막간극처럼 이들은 마을과 마을 사이를 돌아다니며 유랑극단의 형식을 갖췄는데, 가는 곳마다 그 마을의 활력거리가 되기에 충분했다. 올드 아메리카 극단의 경우 1787~1792년의 5년간 무려 50~60여 편의 뮤지컬과 정통 연극을 공연했다는 기록이 있다. 그중에서 토마스 갓프리Thomas Godfrey의 〈파르티아의 왕자The Prince of Parthia〉는 그 대표적 작품이었다. 이 작품은 미국 작가가 쓰고 미국에서 제작된 최초의 작품으로 꼽힌다.

이처럼 1793년에서 1800년까지 미국인들의 폭발적인 성원에 힘입어 초기 뮤지컬 연극(주로 발라드 오페라 형식)이 무려 120여 작품이나 양산되었다.

1. 발라드 오페라의 탄생

발라드 오페라Ballad Opera는 오페라가 아니다. 오페라는 총체적 음악극(바그너에 의한 지칭)으로 공연 시작부터 끝까지 음악이 계속되고 작곡가에 의해 작곡된 곡이 공연된다. 그러나 발라드 오페라는 대사체를 사용하는(오페라의 레시터티브가 아닌) 음악극이었다. 음악과 노래도 새로 작곡한 것들과 더불어 종종 민요와 당시 유행하던 노래나 음악이 삽입되곤 했다. 마치 18세기에 길거리에서 노래하던 악사들이 무대에서 공연하듯, 단순한 멜로디에 이미 관객의 귀에 익은 음악으로 쉽게 관객들을 사로잡았다. 그러므로 발라드 오페라의 연출자나 음악인은 대본에 구애받지 않고 자유롭게 작품 활동을 했다.

　1728년에 발표된 존 게이의 〈거지의 오페라〉는 이러한 조건과 구미에 딱 들어맞는 작품으로 센티멘털 코미디 요소까지 갖추어 관객의 취향과 요구에 걸맞게 성공한 대표적 사례이다. 〈거지의 오페라〉

는 발라드 오페라란 형식을 극 형식이나 양식에서 성공적으로 만들어 낸 첫 작품으로 18세기에 가장 대중적으로 성공한 연극이기도 했다.

미국의 식민지 시기에 이 작품은 모든 극단의 대표적 레퍼토리로 부상했다. 영국의 부패한 정치·사회적 이슈를 부각시킨 이 작품은 이탈리아의 오페라에 맞먹는 훌륭한 대중 음악극으로 성공을 이뤄냈다.

탄탄한 대본과 신선한 아이디어, 금방 공감대를 이룰 극적 상황, 그리고 쉬운 대사 처리는 대중적 성공을 거두기에 충분했다. 더불어 등장인물들의 성격들도 대중들과 친밀한 도둑, 창녀, 거지 등으로 구성되었던 것이다. 종래의 귀족층이나 상류층을 위해 만든 작품들과는 달리 파격적인 소재와 친근감이 관객들을 크게 사로잡았고, 진실한 인간들의 모습이 작품의 깊이를 더해줬다.

평론가들에 의해 "영국인들의 도덕성을 실추한 작품"으로 평가 받았지만, 일반 관객들의 호응은 폭발적이었다. 이 작품의 또 다른 성공의 열쇠는 코미디와 풍자극의 3막으로 구성된 노래들이었다. 모두 69곡의 노래들이 드라마의 메시지와 구성에 딱 들어맞게 짜졌다. 전에 볼 수 없었던 거의 완벽한 뮤지컬 연극의 새로운 전형을 선보인 것이다.

처음에 존 게이는 반주 없이 노래를 부르도록 했다. 그러나 제작자가 반주를 넣자고 제안했고 요한 크리스토프 페푸슈Johann Christoph Pepusch란 작곡가가 작곡과 편곡을 도맡았다. 물론 작가의 의도보다 훨씬 작품이 살이 찐 것이다. 이 작품을 통해 뮤지컬도 무엇보다 탄탄한 대본에 기초해야 한다는 새로운 신념이 탄생하게 되었다.

코믹 오페라의 출현

식민지 시대 미국인들은 색다른 음악극을 선호하고 있었으니 바로 코믹 오페라Comic Opera가 그것이다. 이 코믹 오페라 형식은 주로 프랑스, 이탈리아, 영국에서 빌려온 형식으로 이 연극 속에는 센티멘털한 주제에 음악과 코미디가 곁들여지며, 공연의 결말은 반드시 해피엔딩으로 마무리되었다.

이 코믹 오페라는 대사와 함께 프랑스에서 발달됐던 오페라 부프와 독일에서 성행했던 오페레타의 성공적 결합을 이루어냈다는 의미도 지닌다(코믹 오페라의 자세한 발달 과정은 다음에 나오는 '코믹 오페라의 발전' 항목의 상세한 설명을 참조하길 바란다).

파스티치오

파스티치오Pasticcio란 음악극은 정확히 발라드 오페라와 코믹 오페라의 중간 형식이다. 우선 작가와 제작자는 유명한 작곡가를 채택해 음악과 노래를 작곡했다. 어떤 면에서는 〈거지의 오페라〉 역시 파스티치오 형식이었다.

초기 미국 관객에게 성공한 유럽풍 뮤지컬은 크게 4가지로 구분할 수 있다.

① 희가극burletta이란 형식의 벌레스크 코믹 오페라인데, 3막으로 구성되고 적어도 5개의 노래가 들어간 작품으로, 역사물이나 전설 그리고 알려진 고전작품을 재구성한 형식
② 그림자극의 일종으로 스크린 뒤에서 벌이는 오락적 행위

③ 팬터마임으로 발레를 가미한 이탈리아의 코메디아 델라르테 Commedia dell'arte 요소가 짙은 형식

④ 가면극으로 신비적 소재를 가미했던 형식의 공연

이러한 공연 형태들은 미국의 상류층에서 인기를 끌었다. 그러나 1812년 전쟁이 끝난 후 관객층은 바뀌기 시작했고, 더불어 대중이 원하는 공연 형식도 서서히 변화를 갖게 된다.

2. 민스트럴즈

미국의 독특한 뮤지컬은 비로소 민스트럴즈에서 시작된다고 할 수 있다. 19세기에 이미 뮤지컬적인 오락물은 미국에 풍미했고, 이 독특한 양식은 미국 관객에게 적합한 형식으로 구성되었다. 의심의 여지없이 민스트럴Minstrel은 당시 가장 열광적인 형식의 공연이었다.

19세기 중엽 최고조에 달한 이 민스트럴은 저속한 노래, 무용, 코미디가 주축을 이룬 형식이었다. 이 민스트럴은 백인 배우가 흑인처럼 얼굴에 검정 칠을 하고 등장한다. 흑인 노예가 사회적·정치적 이슈가 되던 이때, 이 형식이 발전했다. 당시 흑인 노예는 미국 경제의 중요한 근원이기도 했다.

로맨틱하면서 감상적인 음악과 노래, 무용 그리고 간간이 웃기는 코믹한 연기와 재치 있는 대사는 곧바로 미국 관객들을 끌어들이기에 충분했다. 민스트럴은 이러한 사회적·인종적 배경이야 어쨌든 대단히 오락적이고 창조적이라는 데 이 공연 형식의 마력이 있다.

민스트럴은 미국 연극사상 첫 번째 오락극으로 고유의 미국 노래가 가미된 형태였다. 이 오락 연극의 형식은 이후 출현하게 될 다른 음악 오락극에 막대한 영향을 미친다. 보드빌, 벌레스크, 레뷔 등이 그렇다.

그리고 민스트럴은 미국 상업 연극의 효시 격이다. 25센트의 입장료를 받던 당시의 대표적인 크리스티 민스트럴즈Christy Minstrels 공연은 1회 공연에 31만 7598달러를 벌어들일 정도로 엄청난 호황을 누렸다. 이 민스트럴은 미국 뮤지컬 발아기의 가장 미국적인 공연의 시원을 이룬다.

이를 바탕으로 훗날 20세기에 들어서 미국 뮤지컬은 더 탄탄한 대본과 컬러풀한 무대로 오락적 기능을 최대화시키게 된다. 사실 백인이 흑인 분장을 하고 벌이는 극적 행위는 미국에서 출발한 것이 아니다.

고대 희랍극에서 있었고 르네상스 시대의 무어인을 표현한 연극, 그리고 이탈리아 코메디아 델라르테의 〈풀치넬라Pulcinella〉와 〈알레치노Allecino〉 등에도 검정 칠을 한 인물들이 등장하곤 했다.

18세기 미국 연극 장면의 전형으로 자리매김한 이 흑인 장면은 흑인 특유의 춤이나 노래를 삽입해서 더욱 관객의 사랑을 받게 됐는데 나중에 배우 토마스 D. 라이스Thomas Dartmouth Rice에 이르러 대단한 성공을 거두었다. 그는 특히 흑인 의상까지 입었고 짐 크로우Jim Crow란 노래를 불러 공전의 히트를 하게 된다. 여기서 크로우는 흑인이기에 붙여진 이름이고 짐은 일상적으로 흔하게 누구나 공감할

초창기 '코믹 버라이어티 쇼'의 포스터(1879)와 〈시라노 드 베르쥬락〉(1898)의 코믹 버전.

수 있도록 이름 붙여진 것이었다.

　여하튼 짐 크로우는 늙은 검둥이를 의미한다. 남아 있는 삽화들을 통해 고증해보면 무릎을 구부리고 한 손을 치켜들고 다른 손은 엉덩이를 잡은 채, 얼굴은 우스꽝스러운 자세를 취하고 있다. 코미디로 구성된 이 장면은 우선 큰 반향을 불러일으켰다. 처음엔 주로 혼자 나오는 것으로 장면을 꾸몄으나, 나중엔 반주자를 포함해서 가수, 무용수까지 포함된 서너 명이 주로 이 장면을 연기했다.

　이런 그룹 가운데 버지니아 민스트럴즈Virginia Minstrels가 가장 큰 명성을 얻게 되었다. 1843년에 시작된 버지니아 민스트럴즈는 댄 에미트Dan Emmett에 의해 악사들(벤조, 바이올린, 동물의 뼈로 만든 탬버린 등 연주)과 함께 창설되어 독창적인 흑인 얼굴 분장과 에티오피아풍 멜로디의 노래로 뮤지컬 연극의 신기원을 이루었다.

　줄무늬 티셔츠에 흰 바지, 푸른색 칼리코 코트를 걸친 네 명의 공연자들은 악기 연주뿐 아니라, 어떤 경우는 코미디 같은 1막짜리도 안 되는 공연으로 사랑을 받았는데 보통 2막짜리 버라이어티 쇼로 발전되어 남북전쟁 이전에 대성공을 거두게 된다. 이어 크리스티 민스트럴즈그룹은 더욱 발전된 뮤지컬의 형식을 만들어낸다.

에드윈 크리스티Edwin Christy는 당대 최고의 민스트럴 쇼맨이었다. 무대에 반원형으로 앉아 시작하는 이 그룹은 3막으로까지 공연을 발전시켰다. 대개 1막은 잡탕식의 버라이어티 쇼다. 혼자 노래하거나 여럿이서 노래와 춤을 섞어 공연한다. 마지막은 대개 합창곡으로 끝을 맺는다. 2막에 들어가선 소위 판타지아라고 말할 수 있는 개개인의 장기를 보여준다. 니콜로 파가니니Niccolò Paganini 의 〈베니스의 카니발Il Carnevale di Venezia〉을 연주하면서 여자 흉내를 내는 것이 인기였다. 이어 3막은 최근에 일어난 정치적 사건, 사회적 이슈, 그리고 당대인들을 흉내 내면서 관객을 참여시키는 연극 형식이었다. 주로 즉흥극 요소를 지닌 이 형식은 후에 벌레스크로 꽃을 피우는데 예를 들어 셰익스피어의 〈로미오와 줄리엣Romeo and Juliet〉이 〈로만 노우즈 수트Roman Nose & Suet〉가 되고, 또 〈맥베스Macbeth〉가 〈밴 브레스 Bad Breath〉가 되는 식이었다.

크리스티 민스트럴즈 극단은 심지어 영국에까지 가서 공연을 해 대성공을 거두었다. 시종일관 계속되는 조크, 말장난, 수수께끼 같은 대사는 경쾌한 코믹성을 불러일으키며 관객을 사로잡기에 충분하였다. 특히 수수께끼 같은 대화 내용은 19세기의 관객들에게 현란함을 제공해주었다. 그 공연의 예를 들어본다.

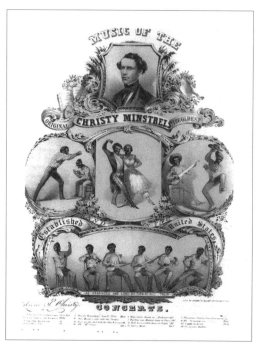

민스트럴 공연 포스터(1948). 백인이 흑인 분장을 하고 노래와 춤, 코미디를 펼쳤던 이런 공연은 온통 백인 관객들 일색이었다.

"왜 돼지는 나무 같을까?"

"뿌리니까!"

"그럼 왜 개는 나무 같을까?"

"짖으니까!"

"개는 어떤 털을 가지고 있지?"

"개털!"

"할머니가 배 위에서 쓰러지면 어떻게 되지?"

"물에 빠지지!"

"고래가 사람을 삼키면 어쩌지?"

"고래 밥을 먹지!"

"왜 담배를 씹으면 재채기를 하지?"

"씹으니까!"

[······]

이처럼 즉흥성을 띤 개그적인 대사들은 반드시 사회자와 더불어 주고받는 형식으로 꾸며졌다. 그 예를 들어본다.

사회자 : (무대의 공연자들을 보고) 신사 여러분! 앉으시죠(모두 반원형으로 관객을 향해 앉는다. 이어 사회자가 맨 오른쪽 사람에게로 간다). 어제 저녁에 댁에서 굉장한 파티가 있었다고요?

끝에 앉은 남자 : 네. 제 여동생을 위한 파티였죠.

사회자 : 무슨······?

끝에 앉은 남자 : 서른 살인데 열 살 기념 파티예요(웃는다).

사회자 : 여동생이 꽤 말 많은 수다쟁이 같군요.

끝에 앉은 사람 : 그 정도가 아니죠. 굉장한 떠벌이니까요(웃음).

또 다른 공연의 예를 하나 들어보자.

사회자 : 어제 어떤 아가씨하고 가는 걸 봤는데······.

끝에 앉은 사람 : 맞아요. 그녀도 당신을 봤죠.

사회자 : 나도 알아요. 내게 미소를 지었으니까! 특별한 웃음 같았는데

어떻게 생각해요?

끝에 앉은 사람 : 미소를 보냈다고? 그건 아무것도 아뇨. 내가 당신을
맨 처음 봤을 때 웃음이 나서 내 머리 뚜껑이 벗겨지
는 줄 알았으니까.

사회자 : 누구예요, 그 여자가?

끝에 앉은 사람 : 안과 의사인데요.

사회자 : 안과 의사?

끝에 앉은 사람 : 네. 감자 씨눈을 뽑는 사람이죠. 버스트 가족과 관계
가 있죠. 버스트 씨 네를 아세요?

사회자 : 아주 잘…….

끝에 앉은 사람 : 그 집엔 부엌이 세 개잖아요.

사회자 : 그 집 사람들 이름이 뭐죠?

끝에 앉은 사람 : 앨리스 메이 버스트, 제임스 우드 버스트, 헨리 월 버
스트(웃는다)…모두 열기와 가스로 가득 찬 집안이죠!

이처럼 말장난은 거의 희롱에 가깝다. 다른 예 하나를 더 들어본다.

끝에 앉은 사람 : 무슨 일 하세요? 며칠 전 오래된 깡통을 잔뜩 들고 가
게로 들어가는 걸 봤는데…….

해설자 : 깡통 일 하죠. 배, 복숭아, 토마토 집어넣는 일이요.

끝에 앉은 사람 : 그러세요! 전 도배를 하는데……. 배, 복숭아로 뭘
하시는데……?

해설자 : 먹는 거죠. 못 먹는 건 버리고…….

끝에 앉은 사람 : 먹을 수 있는 건 먹고, 못 먹는 건 할 수 없고…. 꼭 내
　　　　　　　　가 하는 일과 똑같군요.

해설자 : 어떻게요?

끝에 앉은 사람 : 팔 수 있는 건 주문하고, 팔 수 없는 건 취소하죠. 먹
　　　　　　　　을 수 있는 건 먹고, 못 먹는 건 안 드시잖아요. 할 수
　　　　　　　　있는 것만 하는 사업이지요.

　이처럼 민스트럴에 나오는 대화 내용은 주로 말장난 식의 가벼운 코미디 종류였다. 전혀 부담 없는 공연 형식으로 우리의 개그 쇼 같은 공식이라고나 할까.

민스트럴의 노래들

민스트럴을 보러 온 관객들은 또한 노래를 듣기 위한 관객이기도 했다. 공연의 노래들은 거의 관객들에게 익숙해 있는 음악이었으니 주로 미국 민요를 배경으로 개사한 내용들이거나 민요의 발전된 형식이었다.

　물론 노래는 단순했다. 평범한 가사 내용과 멜로디가 기본적인 뮤지컬 음악의 모태가 된 셈이다. 그러나 단순하다고 무시할 수 없는 것이 뛰어난 노래가 될 수도 있었기 때문이다. 단순하고 직접적인 표현이 예술적일 수도 있다. 물론 센티멘털한 멜로디와 가사의 내용이 민스트럴의 주축을 이루었다. 흑인들의 농장에서의 삶이 반영되었고 작곡가나 편곡자들은 이러한 노래에 기초하여 음악을 만들었다.

1846년 댄 에미트가 녹음한, 우리에겐 '냉면 노래'로 알려진 〈Blue Tail Fly〉란 노래가 이런 곡의 대표적인 노래인데 후에 이것은 〈Jimmy〉란 제목으로 알려졌다. 즉 별명까지 생긴 셈이다. 흥미로운 것은 작곡가가 작사를 할 때 노래의 끝에 가서 꼭 반복하게 만든 것이다. 예를 들어보자.

> 내가 젊었을 때 난 그저 기다렸지.
> 그이 옆에 그이의 접시를 손에 들고
> 술을 다 드시면 술병을 건네지.
> 파리가 날아들면 파리를 쫓고
>
> 지미 그이가 옥수수를 까네. 뭐든 상관없지.
> 지미 그이가 옥수수를 까네. 뭐든 상관없지.
> 지미 그이가 옥수수를 까네. 뭐든 상관없지.
> 아, 옛 주인은 가고 없어라!

이런 노래를 계속 반복한다. 벤조 연주에 맞춰 계속되는 이런 음악적 구성이 민스트럴의 한 전형적 특징이었다. 〈Jimmy Crack Corn〉 외에 〈Pooly Wooly Doodle〉이나 〈Buffalo Gals〉 같은 노래는 미국 전역을 통해 유행했던 이 뮤지컬의 잔재들이다.

심지어 관객들은 작곡가의 이름을 보고 공연을 보러 가는 것이 아니라 노래의 제목을 보고 모이는 경우도 많았다. 〈Buffalo Gals〉는 나중에 〈Charleston Gals〉나 〈Louisville Gals〉로 별명까지 생길 정도였다.

　감상적인 노래들 역시 관객에겐 또 하나의 별미였다. 1880년대 유행했던 노래 〈자장가〉는 극단의 빼놓을 수 없는 레퍼토리였다. 다시 예를 들어보자.

　(아기가 자고 있다. 어머니가 아기 곁에 앉아 의자를 흔들며 노래한다.)

　코러스 : 자장~자장
　　　　　나무 위에 아기 하나
　　　　　바람이 부니 요람이 흔들리네.
　　　　　가지가 부러지면 요람이 떨어지지.
　　　　　그러나 밑에서 아기가 다시 자요.
　　　　　오, 자장자장 어머니가 곁에 있네.
　　　　　자장자장 두려워 마라.

　　　　　어느새 천사도 곁에 와 있네.
　　　　　자장자장 어머니가 곁에 있네.
　　　　　할머니가 부엌 근처에서 수를 놓네.
　　　　　주름진 얼굴엔 웃음을 띠고

　　　　　세월이 흘렀지만 결코 잊지 않죠.
　　　　　아기 아빠도 바로 이 자장가로 키웠으니까.

코러스 : 기쁘고 자랑스러운 우리 아기

오래오래 살아라.

자장가는 부엌이건 요람에서건 불러주마.

더 번창했던 극단은 구태의연한 옛이야기나 노래가 아닌, 새로운 이야기와 노래로 인기를 끌기도 했다. 안젤로Angelo란 작곡가에 의해 편곡된 〈New Ethiopian Medley〉는 23개의 시퀀스로 구성된 연출 장면으로 대단한 성공을 거둔 대표적 예다. 잠깐 그 대본을 살펴보자.

1. 오, 백인 친구들 내 말 좀 들어보소.

    이 흑인의 노래를.

2. 고무나무 뒤에서 검둥이 한 놈이 내려오네.

    놈이 검정 새를 봤지.

3. 스와니 강 저편에

    아주 먼 곳에…….

4. 간밤에 꿈을 꾸었지.

    모든 것이 정적에 쌓였는데

    난 수잔나를 보았어.

5. 기찻길에 앉아 기찻길에 앉아

    기찻길에 앉아 기찻길에 앉아 그이와…….

6. 캐롤린의 댄디 짐

    주인인 내게 말했지.

내가 이곳에서 최고로 잘 생긴 흑인이라고

오, 난 술잔을 들여다보고 찾았네…….

7. 나무 위에서 발가락으로 장난하지요…….

8. 딕시에 있었으면

오오오… 딕시랜드에 있었으면

9. 내 사랑하는 샐리 아줌마

라레리로 구석으로 돌아라.

10. 옛날 아주 먼 옛날에

이 늙은 검둥이가 들으러 가곤 했죠.

11. 캠프타운 아가씨들이 이런 노랠 불러요.

두과 두라

캠프타운 경마장은 5마일이나 되죠.

두과 두라

난 거길 누구와 함께 갑니다.

12. 오 불쌍한 루시 닐

오 불쌍한 루시 닐

만약 내가 그녀와 데이트를 한다면

13. 저 남녘 남쪽에 달이 가까운 곳에서

난 이 노래를 배웠어요.

그러면서 이 검둥이는 살이 풍풍 쪘죠.

14. 돌고~ 돌고 바퀴처럼

그렇게 돌아요.

늘상 바퀴처럼 돌아

난 껑충껑충 뛰죠.

15. 저 멀고 먼 켄터키에
럼주와 함께 한 검둥이가 살았죠.

16. 잘생긴 늙은 흑인 하나가
키가 엄청 큰 미남 흑인이 있지.

17. 내가 테네시에 살 때
울리 알리 울리에
구혼을 했죠.

18. 오 황홀한 다이나 크로우
그녀가 물에 빠져죽었다오.
오 황홀한 다이나 크로우

19. 미시시피 강가에서 그 옛날
난 여행을 했지요.

20. 황인종 여자가 방앗간 옆에 살았는데
사람들은 낸시 틸이라 불렀죠.
난 그녀를 좋아했어요. 그녀도 알았죠.
난 그녀에게 노랠 불러줬죠.

21. 사랑하는 이여 두려워 마세요.
내 보트가 저기서 기다리니까요.

22. 사우스캐롤라이나에서 난 태어났어요.
나무꾼이었죠. 또 옥수수 농사도 했고요.

23. 굿바이 백인 아저씨들 또 와요.
지금 내가 떠난다 해도 슬퍼하지 말아요.

이처럼 초기 뮤지컬 형태의 민스트럴 공연에서 행해지던 음악적 요소들은 점차 완벽한 뮤지컬이 생기면서 그 자취를 감추게 된다. 그러나 지금도 뮤지컬 코미디가 이런 역사적 흔적을 종종 차용하고 있음을 알 수 있다.

민스트럴의 무용

민스트럴에서는 무용도 중요한 위치를 차지했다. 즉흥성을 띤 흑인 노예들의 춤과는 달리 제법 전문[Professional] 안무에 의해 춤추고 노래하였다. 나름대로 흑인들의 농장 삶에 곁들인 양식과 맛을 가미하여 개척 시대의 모습을 무용화하였다. 오늘날의 뮤지컬처럼 노래와 춤이 동시에 진행되었다. 등장인물의 성격에 맞춘 다양한 움직임으로 구성되었는데 특히 관객들의 취향에 맞추려 애를 썼다. 특히 점잖은 춤보다는 다소 파격적인 형식미로 관객의 흥미를 자아내기에 충분할 정도였다.

민스트럴 공연에서 케이크워크Cakewalk 또는 워커라운드Walk around란 독특한 무용 패턴이 있었는데, 인물에 어울리게 걷는 일종의 희화화된 걸음이었다. 케이크워크는 미국 남부 흑인 노예들이 백인을 흉내 내는 커플들의 춤이었는데, 전통적으로 두 남녀가 춤 경연대회에서 이기게 되면 케이크를 선사받는 데서 유래된 이름이었다.

반면에 워커라운드는 혼자 추는 춤으로 시작해 나중에 전체가 노래와 춤으로 이어져 1막이 끝나는 형식이었다. 즉 춤이 시작되면 단원 중 코미디 역할을 맡은 사람이 앞으로 나와 1절을 노래하면 전체가 무대를 돌며 함께 합창을 하며 춤을 춘다. 이런 공연은 19세기의 음악극으로 다소 단순하고 조잡했지만 미국을 풍미했던 형식이었다.

　그러나 이러한 공연은 오늘날의 뮤지컬 발전에 톡톡히 기여한다. 실제로 댄 에미트나 브라이언 등은 나중에 본격적인 음악과 가사를 만들기에 이르렀던 것이다. 여기서 탄생한 것이 딕시Dixie 음악이다.

댄 에미트

댄 에미트(1815~1904)는 백인이었지만 흑인 얼굴 분장을 한 민스트럴 공연의 1세대 대표주자다. 현악기 벤조에 실은 그의 자작곡의 음악은 후에 유명한 레퍼토리로 대중화되었을 정도다. 예를 들어 〈보트맨의 춤De Boatman's Dance〉, 〈늙은 댄 터커Old Dan Tucker〉, 〈딕시Dixie〉 등이다.

　그 자신 뛰어난 음악가에다 연주자, 코미디언이었지만 그의 작품에 대한 구성과 대사, 음악 등은 이 민스트럴의 중추적인 예술인이 되기에 충분했다. 심지어 몇몇 노래들은 미국의 독립운동에서 부를 정도로 큰 성공을 기록했다.

스티븐 콜린스 포스터

스티븐 콜린스 포스터Stephen Collins Foster(1826~1864)는 댄 에미트의 뒤를 잇는 가장 유명한 작곡자이다. 그의 〈스와니 강Old Forlks of Home〉, 〈시골경마Camptown Races〉, 〈오 수잔나O Susanna〉, 〈켄터키 옛집My Old Kentucky Home〉 등은 미국 남부 농장지대의 삶과 애환을 표현하는 데 적절했고, 벤조와 더불어 연주되며 미국 남부 여름날의

민스트럴 공연 시대의 유명 작곡가 버트 윌리엄즈의 작품 중에서.

감상적 느낌을 잘 표현했다.

그의 음악을 들으면 누구나 쉽게 미국 남부 코린트식 가옥의 베란다 흔들의자에 앉아 있는 포스터를 연상할 수 있을 정도다. 그러나 아이러니컬하게도 포스터는 미 북부 피츠버그에서 살다 죽은 사람이다. 그의 유명한 〈오 수잔나〉는 피츠버그의 이글 아이스크림 살롱 Eagle Ice Cream Saloon에서 처음 발표된 곡이다.

스티븐 포스터는 교육받은 음악가가 아니다. 그러나 그는 200곡이 넘는 주옥같은 작품을 만들었다. 그의 단순하며 초보적인 하모니의 노래들은 쉽게 관객들을 사로잡았다. 그리하여 그의 노래들은 당시 서부 캘리포니아 황금광 시대에 폭발적으로 널리 알려지고 불려졌다.

제임스 블랜드

미국의 시민전쟁 후, 흑인으로 분장한 백인들의 민스트럴 연극이 미국 쇼 비즈니스를 석권하면서 서서히 흑인 위주의 작가와 배우들이 나타나기 시작했다. 이 가운데 제임스 블랜드James Bland(1854~1911)란 스타가 탄생했다. 그는 댄 에미트나 스티븐 포스터처럼 미 북부 태생 흑인으로 대학에서 교육받은 인텔리였다.

처음엔 연기자로 시작했으나 점차 흑인들의 노동요에 의거하여 작품을 창안하기 시작했으니 〈내 고향으로 날 보내주Carry Me Back to Old Virginia〉, 〈달빛 아래 그 저녁In the Evening by the Moonlight〉 등에 가사와 음악을 가미했고 〈오 뎀 골든 슬리퍼스O Dem Golden Slippers〉 등을 작곡해 미국 전역과 영국에까지 알려진다.

그는 천부적인 악기 연주자로서의 자질을 타고났으며 연주하면서 노래까지 소화해 즉흥성이 많이 요구되는 공연가로서의 장점도 지닌 사람이었다. 제임스 블랜드는 38곡의 자작 노래와 600여 곡의 전통 민요를 부를 수 있는 대단한 예술가였다. 그는 미국 민스트럴의 최후 주자였다. 그의 시대 이후로 민스트럴은 서서히 퇴보하기 시작한다.

1870년대에 이르러 관객들이 민스트럴의 형식에 식상해하기 시작하자 공연예술가들은 점차 100여 명이 넘는 출연자를 민스트럴에 출연시키면서 관객의 구미를 잡으려 노력했다. 그러나 이미 유행은 새로운 공연 형식을 요구하게 되었고, 여기에 보드빌이란 버라이어티 쇼 같은 공연 형태가 떠오르면서 레뷰나 벌레스크 형식이 출현하기 시작한다.

3. 보드빌

1900년대 초부터 보드빌Vaudeville은 미국 공연예술계를 거의 50년 간 석권하다시피 했다. 할리우드의 영화가 새로운 연예오락물로 등 장했을 때까지도…….

1925년 1월 19일 뉴욕 브루클린에서 문을 연 올비Albee 극장은 말 그대로 세계에서 가장 아름다운 극장으로 보드빌의 황금기에 우뚝 선 연극 극장의 메카였다. 이탈리아산 대리석과 체코산 카펫, 3개의 대형 샹들리에, 20개의 분장실, 어린이 놀이방까지 곁들여 관객을 맞이하는데 최적의 환경을 갖추었던 곳이다.

보드빌은 일종의 쇼로서 전혀 무관한 에피소드들이 연결된 공연 형 식이었다. 15세기에 프랑스의 한 작은 마을 발 드 비르Val de Vire에서 시작된 이 형식은 발라드풍의 노래를 곁들인 풍속적이고 풍자적인 음 악, 춤, 촌극의 형식이었다.

보드빌 시대 최고 흥행 가족이었던 〈코핸 가족의 미망인 매칸〉 포스터. 당시 이 포스터만 보고도 관객들은 설레는 마음으로 브로드웨이를 찾았다.

　미국에선 1865년 민스트럴의 배우였던 토니 패스터Tony Pastor가 뉴저지 패터슨이란 곳에 버라이어티 쇼를 위한 극장을 설립하면서부터 본격화되었다. 토니는 특히 극적인 내용보다는 쉬운 내용의 상업적인 구성으로 어린이와 부인네들에게 어필할 수 있는 작품을 만들었다. 이것은 가족들을 극장으로 끌어들이는 결정적 계기가 됐으며, 결국 이 아이디어로 성공을 거두었다.

　극장엔 종래에 있던 술 파는 바도 없었고, 담배도 못 피우게 하였으며, 쇼의 내용도 비속한 내용은 모두 없앴다. 당시 브루클린의 올비 극장엔 극장을 찾는 관객에게 다음과 같은 안내문이 붙어 있었다.

이 연극은 비속한 내용이 없습니다.

만일 의심스러우면 극장 매니저에게 물어보셔도 됩니다!

이러한 비즈니스 방향이 50여 년간 보드빌을 성공으로 이끈 장본인이었다. 쇼는 강아지들과 광대, 줄타기, 난쟁이들의 재담, 곡예사들의 장면 등으로 구성되었다. 모두 9막으로 된 이 보드빌 공연은 대성황을 이루었다.

보드빌은 짧은 형식의 많은 시퀀스로 이루어졌는데, 가수, 댄서, 배우, 코미디언들이 마술사, 난쟁이, 원숭이, 강아지 그리고 코끼리들과 공연을 벌이는 형식이었다. 어릿광대 장면이나 무용 그리고 동물들의 놀이 장면은 대사가 없었고, 곡예 역시 대사 없이 진행됐다.

이 가운데 몇 장면은 코믹 뮤지컬 요소가 강하게 표현되었다. 악단의 연주나 연기자의 노래 도중 갑자기 음치나 음계를 벗어난 연주로 사람들의 폭소를 자아냈는데, 이는 후에 뮤지컬 코미디의 완성에 기여하기도 한다. 여기 1899년의 한 보드빌 프로그램을 소개한다.

새로운 보드빌 워싱턴 시 공연

저녁 공연 특석 1부 오케스트라 50센트, 발코니 25센트.

낮 공연 특석 1부 나머지 좌석은 25센트

* 주의 : 각 장면은 순서가 바뀔 수도 있음.

무대 측면의 순서표 참조 바람.

오우비체 캡틴 해징턴 마치밴드

윔우드 개와 원숭이 서커스 — 전에 보지 못했던 공연

아더 릭비 — 코미디 만담

월 매튜와 해리스 — 아담아 너는 둘째로다

(10분간 휴식)

오우비체 — 곡목 : 나비(테오, 벤딕스의 플루트, 클라리넷 솔로)

찰스 시이와 핸드리 아니타의 풍자희극 〈돈과 강아지들〉

지미 배리 부부의 코미디 〈월킨 부인의 아들〉

칼 댐맨 투룸 — 유럽에서 온 곡예사

아메리칸 바이오 — 아메리칸 메트로 스코프 극단 공연 작품

찰스 강의 카누, 코끼리 곡예

버팔로 소방서에서 생긴 일

경찰, 하녀, 창녀의 부엌에서 생긴 일

연인 데이트

번쟌스 전함에서 벌어진 일

캐나다 퍼시픽 철로 위에서

우물에서 낚시하기

위의 프로그램에서 본 것처럼 보드빌 가운데 가장 재미있거나 주목
해야 할 프로그램은 중간 휴식 전이나 끝에 배정되는 것이 거의 상례
였다. 최고 번성기 때, 보드빌 레퍼토리는 2000여 개 시퀀스나 되었
고 대개 9개의 작은 시퀀스로 쇼를 구성했다니 가히 보드빌의 전성기
수준이 어땠는지 알 만하다. 당대의 유명한 조지 고틀립George Gotllieb
이 당시의 상황을 기술한 것을 보면 보드빌의 구성을 일별할 수 있다.

"보통 공연 1막엔 어릿광대의 바보 시리즈를 합니다. 그리고 늦게 들어오는 관객들을 기다리며 우스운 춤이나 동물 쇼를 하죠. 이 초반부는 그저 내용 없는, 관객들에게 즐거움을 줄 수 있는 오락거리를 제공하는 겁니다. 2막은 비로소 보드빌의 정수라 할 수 있는 부분입니다. 1막보다 더 오락적이어야 하죠. 더 근사한 노래를 남녀가 부르게 한다든가 해서 안정되게 보드빌의 나머지 부분을 감상하게 하는 것입니다. 이어 3막에 들어서면, 관객의 분위기를 일변시키는 것들을 공연합니다. 코미디와 흥미 있는 드라마의 짧은 단편을 합니다. 여기에선 관객들에게 최대의 웃음을 주어야 합니다. 그리고 다음에 뭐가 나올까를 기대하게 만들어야 하죠. 다음 4막은 3막보다는 더 웃겨야 하고, 주로 전통적으로 성공했던 만담이나 촌극 형식을 보여줍니다. 물론 다음에 더 재미있는 것이 진행될 거라는 예시도 빼놓지 말아야 하죠. 5막은 전반기 부분의 끝으로 보드빌에선 제일 중요한 부분입니다. 스타가 나온다든가 화려한 무용이 들어갑니다. 가장 힘을 실어주는 내용이어야 하며, 많은 출연자들이 나오게 됩니다. 이어서 '중간 휴식시간'이기 때문에 휴식 후의 다음 쇼에 기대를 잔뜩 갖도록 해줘야 합니다. 그래서 휴식시간에 관객들이 쇼에 대해 서로 이야기할 수 있을 정도로 근사하게 만들어 놓아야 하죠. 6막은 후반부의 시작으로 제일 어려운 부분입니다. 중간 휴식시간에 갖게 된 관객의 기대에 호응해야 하고, 다음 막에 무리를 주거나, 다음 장면보다 더 강해서도 안 되는 참으로 어려운 부분입니다. 그래서 코미디도 아주 우스운 것으로 '바보 시리즈'를 선택해 관객을 마냥 웃겨줘야 합니다. 7막은 많은 출연자들이 나오는, 또 스타가 나오는 장면으로 매우 잘 만들어진 길지 않은 코미디나 경우에 따라선 멜로드라마를 선보일 수도 있습니다. 8막은 코미디 히트 작품을 선보입니다. 이 장면은 관객들이 상당히 기다리는 부분이기도 하죠. 마지막 9막은 가족 관객들이 일찍 자리를 뜰 수도 있기 때문에 가장 관객의 흥미를 끌 수 있는 작품을 내놓아야 합니다. 동물이 나오거나 아이들이 등장해서 연기하는 장면, 또는 일본인 공연단체가 화려한 기모노를 입고 보여주는 쇼, 그네 타는 곡예사 등이 나오는 것으로 마지막을 장식하여 관객이 즐거움을 담뿍 안고 나가게 해야 합니다."

이것으로 짐작할 때 보드빌의 공연이 갖는 오락적 요소는 사실 공연하는 사람 입장에선 피 말리는 작업이 아닐 수 없었다. 말하자면 엔터테인먼트의 극치였다고 할 수 있다.

1878년에서 1925년에 이르기까지 미국 내 4천여 개의 극장에서 보드빌에 종사하던 공연예술가는 무려 2만 5천여 명에 이를 정도로 대성황이었다. 이 가운데 릴리안 러셀Lillian Russell 같은 여자는 그야말로 당대 최고의 스타 중 스타였다. 심지어 조지 코핸George M. Cohan은 그의 가족들이 출연하는 소위 〈4명의 코핸〉으로 큰 인기를 누렸다. 이 외에도 코미디언으로 잭 머피Jack Marphy가 있는데, 그의 독백과 만담은 미국인들의 배꼽을 빼놓기에 충분했다.

이렇게 묘하게도 보드빌에서는 남녀가 동등하게 인기를 누릴 수 있어서 더욱 대중적이라 생각한다. 여기에 오페라 급 가수들의 출연도 보드빌의 중요한 매력이었다. 1차 대전 때까지 인기를 누렸던 알라 나지모바Alla Nazimova 등은 아름다운 목소리로 보드빌을 찾는 관객의 귀를 사로잡았다. 전설적인 윌 로저스Will Rogers, 버논 아이린 캐슬Vernon & Irene Castle, 메스트럴 배리원Mestrel Barryone 등 즐비한 스타들이 미국인들의 갈증을 풀어주었기 때문에 보드빌은 당시 미국인들이 반드시 보는 필수 공연 목록이었다.

보드빌을 통해 불린 노래는 미국인들의 팝송이나 마찬가지였다. 주로 춤을 동반하는 댄스 송으로 4분의 3박자에 맞춘 쉽고 밝고 코믹한 내용이었다. 바리톤 가수 찰스 롤러Charles Lawlor는 1894년 뉴욕에서 공연한 〈사이드워크 오브 뉴욕Sidewalks of New York〉을 통해 뉴욕 시가 제정하는 '시의 노래'로까지 지정될 정도였다. 그중에서 한 구절을 소개한다.

> 이스트 사이드 웨스트 사이드
> 뉴욕 시의 모든 곳
> 어린아이들이 크게 노랠 부르죠.
> 런던 브리지가 무너져 내리네.
> 소년 소녀 모두 함께
> 나와 마미도 함께
> 환상적으로 춤추며 걷죠.
> 뉴욕의 길거리를……

이처럼 쉬운 가사와 경쾌한 내용을 쉬운 멜로디에 붙여 노래했다. 이때 사용한 지팡이와 가벼운 구두는 후에 뮤지컬 코미디의 한 전형으로 이어지기도 했다.

음악적으로 센티멘털한 발라드가 대인기였으며, 많은 음악의 가사 내용은 달콤한 가정, 감탄할 만한 도덕과 윤리적인 행위, 우정, 희생, 그리고 모성애가 주를 이루었다. 〈애프터 더 볼After the Ball〉이란 슬픈 곡조의 발라드 노래는 가정사 얘기로 밀워키 보드빌 극장에서 시작해, 당시 미국 전역에 수백만 장의 악보가 팔려나갔을 정도로 인기였다.

많은 가정에서 이 노래를 연주하며 음미하는 히트곡이 된 것이다. 이 외에도 〈더 리틀 로스트 차일드The Little Lost Child〉 등이 폭발적인 대중의 인기를 누렸다.

그리고 보드빌은 미국답게 흑인은 물론 동양인, 백인 출연자와 다양한 국적의 인물들을 등장시켜 합중국적인 맛을 곁들였으니, 아일랜드 출신들에 의해 불려진 〈마이 와일드 아이리쉬 로즈My Wild Irish Rose〉란 노래는 유럽에서 이민 온 사람들의 센티멘털한 감정에 호소하는 데도 성공했다.

사실 미국 팝송은 이 보드빌 공연에서 시작됐다고 해도 과언이 아니다. 보드빌이 미국 팝송의 효시인 셈이다. 특이한 점은 보드빌의 노래들은 늘 후렴구 반복이 많다는 것인데, 〈애프터 더 볼〉의 경우 후렴구 반복만 최소한 60여 소절이 넘기도 했다. 이 노래의 경우 후렴구 열창이 관객들의 '싱어롱'을 유도하여 흥미를 더해 주는 요소가 되기도 했다.

그러나 50여 년간의 보드빌의 성공에도 뮤지컬의 음악적 가능성은 여전히 보드빌을 위협하고 있었다. 이처럼 보드빌이 뮤지컬이 될 수 없었던 것은 일관성 있는 드라마가 없었고, 또 대사가 아닌 단순

보드빌 시대 대배우 코핸(가운데)의 히트작 〈작은 백만장자〉.

한 모놀로그만 있었기 때문이다.

보드빌에서 모놀로그는 약 10분에서 15분에 걸쳐 공연됐다. 모놀로그를 썼던 작가들은 단지 관객을 웃기는 요소에만 신경 썼지, 배역의 성격 창조는 신경조차 쓰지 않았다. 나중에 두 명이 주고받는 만담식의 공연 형태로 발전하기는 했는데, 이 경우에도 두 연기자의 우스운 육체적 표현이 대부분을 차지하는 슬랩스틱 코미디 형식이 주를 이루었다. 이러한 코미디는 큰 반응을 얻어 점차 10분에서 20분짜리 소극farce으로 발전되었다. 그러나 20분 동안의 짧은 드라마에도 플롯이나 역할들의 관계 설정에는 더 이상의 발전이 없었다.

50여 년간 대중에게 커다란 인기를 누렸던 보드빌은 마침내 1920년부터 1930년에 걸쳐 일어난 미국 경제 대공황을 맞아 급속도로 쇠퇴하기 시작했다. 대형 보드빌 공연이 없어지면서 스타급 배우들은 할리우드로 거처를 옮겼고, 영화와 라디오, 나이트클럽의 활성화로 점차 사라지기 시작했다. 경제가 서서히 회복됐지만 극장을 찾는 관객은 많지 않았다. 오히려 싼값에 볼 수 있는 영화가 일반 대중을 끌어들이기 시작한 것이다.

그러나 보드빌은 그 재료나 예술적 성취로서 뮤지컬을 완성하는 데 기여했으며, 남녀노소, 부귀빈천을 막론하고 가족을 극장으로 끌어들이는 역할을 충실히 담당했다. 그리고 공연예술이 비즈니스가 될 수 있다는 가능성과 버라이어티 쇼 형식의 보드빌 같은 공연 형태가 대중을 위한 공연예술로서 자리 잡을 수 있다는 가능성까지 심어준 사례가 됐다.

이러한 공연 형식은 후에 뮤지컬 코미디나 TV 쇼에서 계속 그 명맥을 유지하게 된다. 결론적으로 보드빌의 성공은 미국 전역에 2천여 개가 넘는 극장을 만들게 한 계기가 되었고, 50여 년간 관객을 즐겁게 해준 대중 공연오락물로 충분한 사랑을 받았다는 점에서 이어지는 뮤지컬의 발전에 톡톡히 기여한 셈이다.

4. 벌레스크

벌레스크Burlesque는 한 마디로 패러디한 저질 코미디다. 벌레스크의
한 예를 들어본다.

(법정 장면) 출연자들이 '퀭'한 모습으로 재판 과정을 지켜보고 있다. 판정이 시
작된다. 갑자기 판사가 콩을 배심원 쪽으로 던진다. 소요가 일어나고 판사는 엉
뚱하게 외쳐댄다. '법대로 집행합니다, 법대로!' 그러나 실상 아무런 재판도 내
려지지 않았다.
마침내 판사가 판결 봉으로 머리를 친다. 잠시 기절했다가 회복된다.
재판이 다시 시작된다. 증인, 여자들, 술 취한 사람들.
용의주도하게 법정을 엉망진창으로 만든다.
이어서 갑자기 예기치 못한 상황이 만들어진다.
슬랩스틱 코미디 그 자체다.

마침내 무대는 대혼란과 아수라장이 된다.

관객들은 고함을 지르고 막은 급히 내린다.

벌레스크는 이처럼 확실한 저질 코미디이자 나중에 타이츠를 입은 여자들이 대거 등장하는 이색적인 쇼로서 이러한 여자 무용수들의 출연은 전례 없던 일이었다. 여자 무용수들은 노출이 심하고 나중에는 동양 무용수들까지 등장하게 된다.

필자가 뉴욕에서 활동할 당시 동양 배우들만 취급하는 배우 에이전트 회사 중 제이딘 윙이란 중국계 미국인 할머니가 있었는데 그녀도 젊은 시절 이러한 벌레스크의 무용수로 샌프란시스코에서 활동했다는 이야기를 들은 적이 있다.

벌레스크의 무용 공연만 보더라도 매우 다양하게 시도되었다. 극적 설명을 돕는 무용을 비롯해서 유난히 몸을 떨며 흔드는 재즈풍의 무용, 숱 달린 옷을 입고 추는 무용, 후치쿠치 무용, 이국적인 무용 등으로 많은 관객들을 불러 모으는 데 성공했다.

벌레스크는 이처럼 두 가지 요소, 즉 저질 코미디와 여자 무용수들의 쇼로 이분화된 형식을 갖게 되었다. 이 벌레스크는 보드빌처럼 점차 타락의 길로 빠지면서 쇠퇴했는데 그럼에도 후에 뮤지컬 형식에 새로운 공연 콘텐츠의 요소를 제공하는 데 기여했다.

벌레스크의 기원

벌레스크는 영국에서 시작된 공연 형태이며 단막으로 구성된 코미디였다. 주로 짤막한 대사를 주고받는 만담식의 풍자 코미디였는데,

이것이 미국에 건너와서 대사마저 삭제된, 주로 몸으로 표현하는 저급 코미디로 변환되었다. 영국의 생각하게 하는 풍자성이 배제되면서 점차 쉬운 코미디로 자리 잡은 것이다. 자연스레 즉흥적인 개그가 벌레스크의 중요한 스타일이 되어버렸다. 그러면서 차츰 오락성에 치우치면서 스펙터클한 쇼로 발전되어 갔다.

마침내 19세기에 들어서 강력한 공연예술로 자리 잡은 벌레스크는 그 이름마저 '벌레스크', '스펙터클' 또는 '엑스트라바간자'란 새로운 타이틀로 대중에게 어필하기 시작했다. 즉 벌레스크가 점차 '뮤지컬 섹스 코미디'식 작품으로 변화하기 시작한 것이다. 점차 공연 규모가 커지면서 관객들의 눈요기가 충분히 될 수 있게끔 스펙터클한 무대장치, 노출을 허용하는 현란한 의상 등으로 변모를 거듭한다.

이 가운데 1878년 5월 13일 보스턴에서 주로 활동한 칼빌 폴리Calville Folly 극단에 의해 제작된 〈숲 속의 갓난아이Babes in the Wood〉란 작품은 새로운 거대한 팬터마임 벌레스크 엑스트라바간자로 성공을 거둔다.

여하튼 뮤지컬 공연의 전통은 이러한 여자 무용수, 개그적인 코미디, 풍자, 그리고 속어의 창조와 등장으로 가득 찬 벌레스크 공연이 큰 몫을 차지하게 된다. 이어 1868년경에 시작된 남자 관객만을 위한 벌레스크는 점차 섹스 코미디로 전락하면서 벌레스크의 새로운 쇠퇴를 동반했다.

이처럼 벌레스크는 1차 세계대전 전후로 대성황을 이루었다. 주로 8월 말에서 시작해 이듬해 5월 말까지 미국 전역에서 벌레스크가 성황리에 공연됐다(오늘날 브로드웨이의 시즌이 9월 초부터 시작해 다음 해 6월까지 전개되는 것과 거의 유사하다 하겠다).

1925년 가장 잘 나가던 벌레스크 공연 단체 가운데 '콜롬비아 어뮤즈먼트컴퍼니Columbia Amusement Company'는 당시 미 동부 지역 46개 극장 공연을 독식하며 미국 전역을 섭렵했는데, 극장 당 매일 1,800명의 관객을 끌어들일 정도였다. 이것을 합산해 보면 46개 극장에서 거의 매일 7만 명의 관객을, 일주일에 50만 명의 관객을 불러 모은 셈이다. 엄청난 성공이 뒤따른 비즈니스라 하겠다.

이러한 벌레스크 공연의 초창기 대표적인 작품 가운데 하나가 바로 벌레스크 역사에 그 이름을 남긴 〈검은 옷의 괴조The Black Crook〉란 작품이다. 1866년에 공연된, 무려 5시간 반짜리 초대형 작품이다. 100명이 넘는 무용수가 등장하는 말 그대로 초호화판 스펙터클 공연이 아닐 수 없었다.

총 4막으로 구성된 이 작품은 교활한 주인공 자미엘Zamiel이 악당 허쪼그Hertzog와 옥신각신 싸움을 벌이는 활극으로 뉴욕의 니블로 가든Niblo's Garden 극장에서 상연되어 당시로서는 상상도 할 수 없는, 무려 100만 달러의 수익을 올려, 관객들에게 초기 뮤지컬 코미디의 포문을 열어준 결정적 작품이 되었다.

아이러니하게도 이 작품은 우연한 계기로 만들어졌다고 한다. 프랑스 발레단의 후원자인 앙리 자렛Henry Jarrett과 앙리 팔머Henry Palmer가 뉴욕 니블로 가든 극장이 준비하던 새 작품 기획에 합세하면서, 당시 3만 5천 달러의 제작비를 들인 〈검은 옷의 괴조〉가 탄생했다는 것이다.

이 작품은 1866년 초연에서부터 1929년까지 여러 극장에서 처음으로 장기공연에 들어가 대성공을 거두는 전례를 남긴다. 19세기 공연예술 가운데 가장 성공한 공연 사례의 하나라고 할 수 있다.

그러나 더욱 중요한 역사적 의미는 이 작품으로 인해 비로소 뮤지컬의 경우 탄탄한 대본이 우선 되어야 한다는 사실을 명쾌하게 증명하였다는 것이다. 이 작품에 나오는 〈유 노티, 노티 맨You Naughty, Naughty Men〉은 전형적 뮤지컬 곡으로 세간에 널리 알려지게 되었다. 벌레스크 스펙터클 엑스트라바간자의 공연이 만들어 낸 대단한 성공작은 이 노래처럼 가장 일상적인 가사의 노래들이었다.

〈검은 옷의 괴조〉 이후 1874년 이곳 니블로 가든 극장에선 〈에반젤린Evangeline(시인 롱펠로우의 시를 각색한 작품)〉이 공연되었다. 로맨틱 엑스트라바간자의 새로운 형식으로, 특히 이 작품에서 음악은 모두 새롭게 작곡된 것이었다. 〈검은 옷의 괴조〉에서는 기존 가곡을 활용했지만 〈에반젤린〉은 모두 새로운 곡들로 이루어졌다. 이 작품은 일반 관객은 물론 평론가들에게도 대단한 호평을 들을 만큼 훌륭한 작품이었다.

벌레스크 속의 코미디

벌레스크의 일등 공신은 코미디 배우들이다. 이들은 후에 '뮤지컬 코미디'란 새 형식을 만들어내는 데 공헌한다. 당시 웨버와 필즈란 두 코미디 배우는 대단한 관객을 몰고 다닐 정도의 우상이었다. 이들은 독일식 영어 발음을 구사하고 연신 옛 민스트럴 형식의 조크를 해대며 미국 관객을 즐겁게 해주었다.

필즈의 뚱뚱함과 웨버의 홀쭉이는 후에 코미디의 한 패턴을 제공했다. 이들의 코미디는 말 그대로 슬랩스틱의 고전이었는데, 웨버가 "정말 이렇게 만나서 반가워요."를 시작하면 "오, 구역질나는 당신!"으로 맞받는 식의, 소위 뒤집기 일색의 코미디였다. 이들의 몇 가지 코미디 형태를 살펴보면 아래와 같다.

① 손가락 하나로 상대방 눈을 찌르고 비벼대기
② 두 손가락으로 상대방 눈을 찌르고 비벼대기
③ 목을 누르고 좌우로 흔들어 대기
④ 상대방 엉덩이를 차기
⑤ 상대방과 갑자기 부딪쳐 쓰러트리기
⑥ 상대방 발 밟기

벌레스크의 또 다른 관객, 특히 남자 관객 모으기는 두말할 필요 없이 여배우의 매력에 달려 있다. 스타 여배우는 구름처럼 많은 관객을 끌어모았다. 늘씬한 몸매에 예쁜 얼굴, 그리고 약간의 노출은 무대의 황홀경 그 자체였다.

이런 이유로 벌레스크는 살로메 무용, 훌라 댄스, 비너스 무용 그리고 관객들이 무대에 참여하는 무용 등으로 이루어져 있었다. 폴린 마컴Pauline Markham이나 집시 로즈 리Gypsy Rose Lee 같은 스타들이 이렇게 탄생한 것이다.

벌레스크는 1870년대에서 1920년대까지 미국 전역에서 대성황을 이루었다. 나중에는 벌레스크가 남성들의 눈요깃감으로 전락하여 마침내 1920년대에 이르러 여자 댄서들의 단순한 육체 과시용으로 쇠락의 길을 걷게 된다. 그리고 극장 무대가 아닌 거리에서 공연이 이루어지기도 하였다 .

당시 무용수들은 주급으로 90달러 정도의 금액을 받았고 브로드웨이 극장에서 공연됐던 레뷔에 출연한 코미디 배우들은 250달러를 받았다는 기록이 있어 두 공연 출연자들의 인건비 차이를 쉽게 알 수 있다.

이 기록에서 드러나듯이 벌레스크에서 활약했던 코미디 배우들은 자연스럽게 이후 전성기를 누리게 될 레뷔 공연에 흡수되어 갔지만 여하튼 전통적인 벌레스크 무용수들의 위상은 시대와 함께 전락해 버린 셈이다. 그럼에도 요즈음의 뮤지컬 코미디 역시 이런 벌레스크의 전통에서 많은 것을 배워 차용하고 있다.

5. 엑스트라바간자와 스펙터클

벌레스크가 성행하고 있을 무렵 유럽풍의 현란한 옷을 입은 여자 무용수들이 주축이 되어 멜로드라마적인 장면을 연출한 연극이 나타났다. 그것이 곧 '엑스트라바간자Extravaganza'와 '스펙터클Spectacle'이다.

이 일련의 공연물은 화려한 의상뿐 아니라 무대장치와 전에 볼 수 없었던 조명의 효과로 관객의 눈을 사로잡았다. 말기의 벌레스크처럼 풍자적 희극성은 약했지만 전설과 민화를 바탕으로 한 웅장한 크기의 대작으로 관객들의 눈과 귀, 그리고 마음을 움직이기에 충분하였다 .

프랑스에서 '엑스트라바간자'는 발레 공연을 지칭하기도 했는데 미국에선 발레적인 움직임 외에 팬터마임을 적당히 섞어 시각적인 웅장함과 화려함을 추가했다. 특히 무대장치와 조명은 획기적인 아이디어로 개발되어 작품의 화려함에 더욱 기여하였다.

1868년 「퍼블릭 스피릿Public Spirit」이란 잡지에 필립 리플리Phillip Ripley가 엑스트라바간자 공연과 관련해 기고한 글을 잠시 살펴보자.

"작품의 줄거리나 플롯이 거의 없는 이 빈약하기 짝이 없는 〈로스트 인 런던Lost in London〉이란 작품은 요란한 의상과 노래와 음악 그리고 볼거리 위주의 시각적 무대장치로만 관객을 사로잡으려 노력하고 있다."

그런가 하면 1866년 2월 3일 보스턴에서 공연된 〈사탄의 일곱 딸들The Seven Daughters Of Satan〉이란 공연에 대한 기사를 보면 당시 엑스트라바간자와 스펙터클의 유형을 짐작할 수 있다.

"거대한 밴드의 행진, 무용수들, 그리고 수많은 코러스들의 출연과 금빛, 은빛으로 채워진 무대의 마지막 장면은 이제껏 보지 못한 스펙터클한 미국 연극의 한 모델이었다."

이러한 쇼 공연을 당시 뉴욕 연극계에선 히포드럼Hippodrome이라 불렀다. 한때 뉴욕의 6 애비뉴 43가와 44가를 막고 약 5,200명의 관람객이 운집한 가운데 홍수 장면과 불구경, 그리고 수십 마리의 코끼리들이 등장하고 멋진 기사들의 결투 장면과 야구 게임 등을 보여주는 스펙터클이 공연되었다.

무대 크기만 해도 가로 200피트(약 60미터), 세로 110피트(약 33미터)의 대형 무대로 600명 정도의 배우들이 움직이는 그야말로 스펙터클의 장관이었다. 뿐만 아니라 무대 앞에선 1분에 15만 갤런의 물로 만들어진 분수가 하늘로 치솟기도 해 관객들의 탄성을 자아냈다.

또 다른 기록에 의하면 〈화성의 양키 서커스A Yankee Circus On Mars〉란 공연에는 여자 무용수만 280명이 등장했다고 하며, 〈윌슨스 레이더스 스토리A Story Of Wilson's Raiders〉란 공연에는 480명의 군인 역할을 맡은 배우들이 무대에서 치열한 전투 장면을 연출했다고 전해진다. 그러나 이러한 대작 위주의 엑스트라바간자와 스펙터클도 1935년 빌리 로즈가 제작한 〈점보Jumbo〉를 끝으로 막을 내리고 구시대 작품으로 시대의 장막 뒤로 물러났다.

흥미로운 사실은 나중에 이런 공연을 했던 극장들이 농구장으로 바뀌었다는 점이다. 시대의 명암과 더불어 지속된 미국 뮤지컬 연극의 흥미로운 사례가 아닐 수 없다.

6. 레뷔

레뷔Revue는 본래 프랑스어로 음악과 아리따운 여배우들이 등장하는 파리쟝들의 겉모습, 화려한 패션 같은 삶을 풍자적으로 엮은 공연물을 지칭한다. 이런 공연 형식이 미국에 도입되면서 대본 없이 빠른 극 전개와 노래, 코미디로 포장되어 미국식 레뷔가 탄생하기 시작했다.

당연히 시대 흐름상 레뷔는 그 이전의 민스트럴즈, 벌레스크, 엑스트라바간자, 스펙터클을 혼합한 형태로 만들어졌다. 바로 이 공연이 한 시대를 풍미한 레뷔란 퍼포먼스 쇼다.

그러나 레뷔 역시 이야기와 플롯은 무시된 채, 쇼의 요소만 두드러지게 부각되었다. 시간이 흐르면서 서서히 레뷔 제작자들은 작품의 내용과 등장인물들의 성격, 플롯 등을 집어넣으려 시도하게 된다.

1930년 길드 극장Theater Guild에서 제작된 〈게릭의 명랑 시리즈The

Garrick Gaieties〉란 브로드웨이 레뷰는 이러한 새로운 의도의 작품으로 구성하는 데 성공했다. 한 예로 순회공연 때, 그 지역의 특성에 맞게 지역 소재를 넣어 무대화했는데, 그때마다 비싼 작가료(당시 100달러)를 지불하며 대본을 만들었으니, 이런 식의 제작 환경은 역설적으로 자연스럽게 훗날의 뮤지컬 작가를 키운 셈이 되었다.

여하튼 미국 레뷰는 눈요기에다 거칠지만, 유머와 코미디를 섞어 관객의 구미를 돋우는 데 기여했다. 이 가운데 〈지그펠드 폴리즈 Ziegfeld Follies〉와 조지 와이트의 〈스캔들Scandals〉이란 작품은 레뷰 공연 역사상 공전의 대히트를 기록한다.

대형 레뷰 시대

1894년에 제작된 〈The Passing Show〉는 레뷰의 새로운 형식을 만들었으니 곧 대형 레뷰Spectacular Revue 공연이었다. 한 비평가의 말대로 이 공연은 코미디, 드라마, 벌레스크, 오페라 뷔페, 발레가 모두 혼합된 '코미디 보드빌 뮤지컬 오락물'이라 부르기에 충분한 것이었다.

당시 작가 시드니Sydney의 말대로 무대는 끊임없이 변하면서 각종의 쇼 요소로 관객을 끝없이 즐겁게 해주었다. 극단적인 오락물 엔터테인먼트 공연의 한 획을 그은 사례로 남는다.

지그펠드 폴리즈

레뷰의 전성기는 플로렌즈 지그펠드Florenz Ziegfeld의 시대로 이어진다. 미국의 연극사상 지그펠드의 성공은 그 유례를 찾기 어렵다.

초창기 뮤지컬의 전설적인 제작자인 지그펠드가 쇼걸들을 둘러보고 있다.

1907년에서 1931년 사이에 그는 23개의 작품을 제작해 모든 작품이 성공을 거두는 기염을 토한다. 공연사상 이러한 예는 극히 드물다. 그러면 과연 그의 성공 비결과 성공의 요소들은 무엇이었을까?

(1) 작품 모두가 글래머한 스펙터클의 대작들로 많은 미녀 댄서들이 출연한다.

(2) 극적인 구성에서 2개의 클라이맥스를 가졌다. 즉 1막 끝에 보여주는 첫 번째 클라이맥스와 2막 마지막 장면의 화려하고 장엄한 종말로 관객들의 뇌리에 영원히 남게 만드는 두 번째 극적 클라이맥스 효과를 창출한다.

(3) 스펙터클하다. 1927년 제작된 〈지그펠드 폴리즈〉는 14대의 피아노가 무대 밑에서부터 올라오는 두 개의 계단식 피트에 두 무리로 나눠진 오케스트라 단원들이 있어 웅장하고 장엄한 음향으로 무대를 받쳐주며

'순진한 처녀Ingenues'라고 불리는 미녀 악단들이 함께 연주해, 황홀한 무대를 만들어내게 했다. 또한 무대에 분수를 만들어 물을 치솟게 만들고 대부분 여자들로 구성된 출연자들의 화려한 의상으로 관객들의 눈을 부시게 만들어 탄성을 자아내게 했다.

1867년 시카고에서 태어난 지그펠드는 부친의 음악 사업을 이어받아 처음엔 유럽 음악가들을 미국에 데려와 공연하게 하는 일을 했다. 그러나 그는 오히려 서커스 등을 보면서 미래의 최고 공연제작자로서의 꿈을 키운다. 마침내 그의 꿈은 이뤄져 매년 그만의 독특한 폴리즈Follies(시사 풍자적 경가극) 형식을 만들면서 많은 투자를 아끼지 않았다.

"관객은 이제 평범한 레뷔에는 식상했다. 그래서 우리는 늘 재미뿐 아니라 그 이상의 것을 만들어 관객을 만족시키려고 노력했다. 따라서 무대는 갈수록 더 화려해야 한다. 각양각색의 무대장치에 쓰이는 페인트와 조명의 다양한 효과로 무대를 쉴 새 없이 보여줘야한다. 또한 빅토르 허버트Victor Herbert 같은 작곡가의 세련된 음악이 작품 속에 사탕처럼 녹아나야 한다. 그런 다음에 어빙 베를린Irving Berlin, 진 벅Gene Buck, W. C. 필즈Fields 같은 재즈 음악가들의 연주가 황홀하고 달콤한 웃음을 관객들에게 만들어줘야 하는 것이다."

지그펠드 자신의 말처럼 이렇게 그가 생각하는 폴리즈의 특성은 지금 생각해도 매우 고무적인 것이었다. 하지만 이러한 지그펠드의

지그펠드의 작품에 등장하는 쇼걸들은 늘 흥행의 대상이었다.

화려한 쇼도 1920년대 말부터 서서히 쇠퇴의 길로 접어들었다. 사실 쇠퇴라기보다는 더욱 발전된 본격적인 '뮤지컬 대본'의 필요성과 그 체제를 위한 과도기였다고 볼 수 있다. 그리고 재미있는 사실은 이것을 주도한 사람 역시 지그펠드 자신이었다.

1925년 지그펠드는 뮤지컬 역사상 첫 번째 완벽한 대본과 음악의 〈쇼 보트Show Boat〉를 직접 제작한다. 이 작품이 공연된 1927년 배우와 스태프들에게 지급된 돈이 무려 28만 9천 달러였으니 그 규모를 가히 짐작할 만하다. 이 작품을 통해 메릴린 밀러Marilyn Miller 같은 스타가 나온 것은 당연한 결과였다.

그러나 운명은 어쩔 수 없는 것인가? 1932년 지그펠드가 세상을

지그펠드 쇼걸들 가운데 스타로 군림했던
빌리 버크Billie Burke.

떠난다. 그러면서 화려함의 극치를 이뤘던 레뷔는 그의 죽음과 더불어 종말을 맞는다.

단순하다 못해 어린아이 수준 정도도 즐길 수 있게 만든 공연 레뷔는 거대한 오락물 공연으로서 거의 지그펠드에 의해 만들어졌지만, 그의 뮤지컬 초창기로서의 업적은 가히 위대하다고 할 만한 것이었다.

1920년대에 죽기 전까지 100여 개의 작품을 만들었다는 것은 거의 신적인 경지가 아닐 수 없다. 세상에서 가장 아름다워 보이는 여자들이 한꺼번에 대거 출연하는 무대의 장관은 순전히 그의 아이디어로서 지금도 뮤지컬에서 하나의 전통으로 남게 됐다.

지금 봐도 뛰어난 디자인과 아이디어로 무대를 사로잡았던 지그펠드의 작품들이다.

지그펠드는 의상 하나만으로도 무대의 장관을 연출했다.
뮤지컬 〈돌로레즈〉 작품에 등장했던 여주인공의 공작 의상.

필자가 수년 전에 라디오 시티 뮤직 홀Radio City Music Hall에서 백인 금발 미녀 48명이 춤추며 공연했던 〈크리스마스 스펙터큘러Christmas Spectacular〉(지금도 매년 11월에 시작해서 크리스마스 시즌인 12월과 2월까지 공연되고 있음)와 'Barnum & Baily(세계에서 가장 많은 단원을 가지고 있는 공연단체)' 서커스단이 500명 이상의 어릿광대들과 댄서들, 코미디

전쟁 중에도 뮤지컬은 시대상을 반영했다. 어빙 베를린 작곡으로 미군을 배경으로 한 1942년도 뮤지컬 작품 〈This is the Army〉의 한 장면. 다음해 영화로도 만들어졌다.

언, 마술사, 검투사들로 뉴욕 매디슨 스퀘어 가든에서 공연했던 작품들은 거의 이러한 미국적인 대규모의 스펙터큘라 레뷔의 전통을 따라한 유사 공연들이다. 이런 공연들에서 느끼는 웅장함과 장관은 그 자체가 하나의 거대 이벤트가 아닐 수 없다.

인티밋 레뷔의 등장

지그펠드 같은 대제작자의 제작 규모는 거의 투기 사업이었다. 이러한 대규모 제작의 레뷔에서부터 몇몇 제작자들은 소규모 제작의 레뷔(후에 오프브로드웨이 뮤지컬의 모델이 됨)들을 1920년대 중반부터 만들기 시작했다.

1924년 네이버후드 플레이하우스Neighborhood Playhouse에 의해 제작된 〈그랜드 스트릿 폴리즈The Grand Street Follies〉가 대표적인 사례다. 웅장한 장면의 스펙터클이 줄어든 대신 풍자와 위트를 더 가미시킨 이 작품은 작품성으로 대성공을 거두게 된다.

이러한 소규모 제작의 레뷔(일명 인티밋 레뷔Intimate Revue)는 뮤지컬 역사에서 매우 중요한 것으로서, 후에 탄탄한 작품성 위주의 뮤지컬을 만드는 데 결정적 역할을 했다. 다시 말해 탁월한 음악성과 유머 넘치는 가사 내용, 코믹 캐릭터의 개발 등 뮤지컬 관객의 질을 높이는 데 기여했다.

1925년도에 공연된 〈개릭 게티즈Garrich Gaieties〉의 경우가 이러한 성공 사례로, 소규모 레뷔지만 작품이 지적이면서 탄탄한 극적 구조에 뛰어난 세태 풍자 뮤지컬의 품격을 갖추게 됐으니, 바로 불세출의 뮤지컬 작곡가 리처드 로저스Richard Rodgers가 이 작품을 통

초기 뮤지컬의 음악 세계를 정립한 어빙 베를린.

1910년대엔 어빙 베를린의 작품이라고만
알려져도 성공이었다.

1914년에 초연 된 어빙 베를린 작곡의
3막 뮤지컬 히트작 〈Watch Your Step〉
의 포스터.

해 비로소 세상에 알려졌으며, 이 작품으로 이제 그의 시대가 왔음을 충분히 증명하고도 남을 정도였다. 이 작품 속에 나오는 〈맨해튼〉이란 노래는 공전의 대히트를 기록했고, 뮤지컬을 처음부터 끝까지 작곡한 첫 번째 작품으로 기록되었다.

1920년대 말 미국의 대공황 무렵부터 사라지기 시작한 대형 스펙터클 레뷔는 본격적으로 나타난 소규모 레뷔에 자연히 그 자리를 물려줘야 했다.

1937년 해럴드 롬Harold Rome이란 작곡가의 〈핀과 바늘Pins & Needles〉은 장장 1,108회의 공연으로 후에 〈오클라호마〉가 나오기 전까지 브로드웨이 최장 공연을 기록한 공전의 대히트 작품이 되었다.

이처럼 레뷔를 통해서 본격적으로 완벽한 드라마를 갖춘 뮤지컬 연극이 나타나기 시작했다.

이러한 과도기적 과정 속에서 20세기의 위대한 뮤지컬 작곡가들인 어빙 베를린Irving Berlin, 로저스와 하트Rodgers & Hart, 콜 포터Cole Porter, 조지 거슈윈George Gershwin, 해럴드 롬Harold Rome 등이 쏟아져 나온다. 물론 이들 뒤에서 지그펠드 같은 든든한 제작자가 후원을 담당하고 있었다. 그의 공로는 뮤지컬 역사에 한 페이지를 분명 장식한다.

7. 코믹 오페라의 발달

영국의 코믹 오페라

민스트럴, 벌레스크, 엑스트라바간자, 보드빌, 그리고 레뷰는 유럽 음악극에서부터 시작된 공연 형식이지만, 결국에 가서는 미국식 음악극으로 성공을 거둔 셈이다. 그런데 이런 형식 외에도 코믹 오페라Comic Opera(오페라 뷔페로 널리 알려졌음)도 남북전쟁 후에 미국에 들어오게 된다.

오펜바흐의 〈위대한 제롤슈타인 공작부인La Grande Duchesse de Gerolstein〉이 뉴욕 무대에 선보이면서 성공을 거두게 되었는데, 코믹 오페라는 이 작품으로부터 시작되었다고 해도 과언이 아니다.

코믹 오페라는 첫째로 대중음악이 극 속에 삽입되고, 둘째로 정극 대사를 공연 중간 중간에 집어넣고, 셋째로 가벼운 소재로 구성되어 이해가 쉬우며, 넷째로 막간극이 들어 있어 재미있고, 다섯째로 늘 해피엔딩으로 끝나는 식이었다.

그러나 여기에 덧붙여 유럽의 전통(특히 프랑스)을 이어 받아 어느 정도 작품성도 갖추고 있었다. 즉 제법 잘 짜인 플롯과 출연 인물들의 성격이 매우 뚜렷했던 것이다. 그리고 작곡가의 음악이 매력적이며 선호할 만해서 듣는 이로 하여금 충분한 오락적 엔터테인먼트의 구실을 다해 주었다. 즉 가사와 더불어 많은 상상력까지 불러일으키게 만들었다.

이러한 공연은 초창기에 프랑스 배우들의 탁월한 연기와 가창력으로 미국 관객의 구미를 한껏 자극했다. 더불어 이들의 미국 순회공연은 인기리에 진행되었다. 후에 영국에서 제작된 코믹 오페라 역시 여기에 한 몫을 더해 줬으니, 길버트와 설리반Gilbert & Sullivan의 〈군함 피나포H.M.S Pinafore〉의 보스턴 박물관 공연은 센세이션 그 자체였다.

이 무렵 1년 사이에 90개가 넘는 영국 뮤지컬 단체가 미국 전역을 휩쓸었다. 당시 길버트와 설리반은 뮤지컬 그 자체였다. 잘 짜인 대본과 적절하게 감수성과 감각을 입힌 다소 감상적인 무드음악, 그리고 화려한 무대장치는 발라드 오페라 이후 다시금 영국판 제작의 연극이 미국인들을 열광시키는 데 한몫을 했다.

이처럼 1880년에서 1900년까지 20년 동안 영국의 영향을 받은 코믹 오페라는 뮤지컬의 대표적 전형이었다. 이러한 코믹 오페라는 빅 타임, 빅 스케일의 쇼 비즈니스로 새롭게 떠오르면서, 새로운 개념으로서 뮤지컬 연극이라는 새 음악극의 탄생을 예고한다. 1916년 유명 잡지 「베니티 페어Vanity Fare」는 당시를 이렇게 기고했다.

"뉴욕 맨해튼은 코믹 오페라에 미친 도시 같았다. 열병에 들뜬 것 같은 젊은 관객들은 공연을 보며 환희에 넘쳐 휘파람과 아우성으로 공연을 열광의 도가니 속으로 빠져들게 할 정도였다."

오페레타

근대 뮤지컬 코미디의 구성은 영국에서 시작된 코믹 오페라와 오페레타Operetta가 주를 이루었다고 해도 과언이 아니다. 코믹 오페라처럼 오페레타는 음악과 대사, 가벼운 주제의 이야기, 코믹한 요소, 그리고 반드시 남녀의 로맨스를 즐겨 다루었다. 오직 다른 점이 있다면 강조점과 작품의 톤이었다.

즉, 코믹 오페라가 가벼운 유머와 날아갈 듯한 패션이었다면, 오페레타는 19세기의 로맨스와 사랑, 모험담, 색깔, 음악, 춤으로 우리의 일상으로부터의 탈출을 꿈꾸게 만들었다. 또한 코믹 오페라가 관객을 다소 생각하게 한다면, 오페레타는 생각보다는 감각에 호소하는 형식이었다. 다소 색다르고 그림 위주의 장면에 남녀 주인공이 복잡한 사연에 얽혀 고통을 받고 해결하는 형식이었다.

오페레타는 19세기 말엽 독일에서 유래되었고, 독일의 프란츠 폰 주페Franz von Suppe가 특히 이 형식에 탁월한 업적을 남겼다. 예를 들어 요한 스트라우스나 프란츠 레하의 음악 등을 즐겨 다룬 음악 공연의 형식이었다. 〈박쥐Die Fledermaus〉와 〈유쾌한 미망인Merry Widow〉 등이 그 대표적 부산물이다.

나중에 미국에서 이런 작품들을 기조로 음악극을 만들어 대성공을 거두게 되었는데, 빅터 허버트Victor Herbert, 시그먼드 롬버그

1910년대 이후 거의 한 세대를 풍미한 브로드웨이 뮤지컬 작곡가들. 제롬 컨(맨 왼쪽), 오스카 해머스타인(피아노에 앉은 인물-후에 뮤지컬계의 대작곡가가 된 해머스타인 2세의 할아버지, 어빙 베를린(맨 오른쪽).

Sigmund Romberg, 루돌프 프리멀Rudolf Friml 등이 그 장본인들이다.

　이들 가운데 더블린 태생의 빅터 허버트에 의한 음악들은 지금도 많은 곡이 애창되고 있을 정도다. 빅터는 오페레타 시기의 최고 뮤지컬 작곡가로서 당시 가장 선풍적인 인기를 끈 노래들로는 〈레드 밀The Red Mill〉, 〈모디스트Modiste〉, 〈노티 마리에타Naughty Marrietta〉, 〈점쟁이The Fortune Teller〉, 〈장난감 아이들Babies in Toyland〉 등이다. 그는 관객들에게 당대 최고의 작곡가로 인정받아 뮤지컬 오페레타의 황제로 군림했다.

　20세기 들어서면서 빅터 허버트는 발라드에서부터 코믹 송, 코러스 음악, 배경, 상황 음악 등을 삽입하면서 점차 대중적 뮤지컬의 틀을 만들어 나가기 시작했다. 그의 노래는 관객의 귀를 홀리게 하였으니, 〈키스 미 어게인Kiss Me Again〉, 〈달콤한 삶의 신비Ah Sweet Mystery of Life〉, 〈누군가와 사랑에 빠졌어요I'm Falling in Love with Someone〉 등은 오랫동안 애창곡으로 남겨질 정도였다.

그의 손에 의해 뮤지컬 무대는 아름답고 화려한 노래의 멜로디로 가득했고 마치 어린아이가 예쁜 인형을 가지고 놀듯이 그의 음악은 감미로운 장난감 이상이었다. 관객들은 그의 공연을 보고나서 절로 노래의 멜로디가 생각나 흥얼거리게 되었고, 노래 몇 소절을 따라하게 만들 정도로 쉬웠다. 뿐만 아니라 노래와 더불어 춤까지 덩실덩실 추게 하였다.

누군가 말했듯이 빅터 허버트는 관객들이 연극을 생각하게 한 것이 아니라 음악에 더 매료되도록 만들었다. 그의 음악 속에서 드라마의 이야기, 플롯, 유머, 상황 등은 부수적인 종속물에 지나지 않을 정도였다. 특히 노래 〈키스 미 어게인Kiss Me Again〉은 공전의 히트곡이었다.

그의 음악은 때론 극적인 상황이나 이야기와 관계없이 아름다웠다. 가사 없이도 음악만으로 관객에게 충분히 어필했을 정도로 그는 탁월한 오페레타 작곡가였다. 이러한 그의 영향은 뮤지컬 음악 연주도 오페라 못지않게 매우 중요할 수 있다는 사실을 세간에 인식시켜 주는 계기가 됐다.

1920년대 오페레타 음악극 형식은 미국에서 최고의 공연으로 자리 잡았다. 그야말로 최고의 황금기였다. 여기에 나타난 또 한 사람의 작곡가가 시그먼드 롬버그다.

시그먼드는 헝가리 태생으로 비엔나에서 음악 공부를 했고, 미국으로 이민 와서는 처음에 주급 7달러를 받는 연필 공장에서 일했다. 그는 무려 2천여 개의 노래를 작곡했고 78개의 오페레타 공연에 참여한 오페레타 역사상 최고의 작곡가다. 빅터 허버트처럼 〈올드 월드Old World〉란 로맨틱하고 센티멘털한 단 한 곡의 노래로 성공을 이루어냈다.

그러나 시그먼드는 빅터 허버트보다는 무대라는 공간을 보다 잘 이해한 작곡가였다. 즉 노래 속에 드라마가 숨 쉬게 하였다. 그의 말대로 "노래, 춤, 코미디, 그리고 좋은 이야기는 공연 속에서 하나로 녹아야 한다."는 것이었다. 이러한 그의 신념은 제작자들을 움직이게 만들었다. 그는 대본이 만들어지지 않는 한 작곡을 하지 않았다고 한다. 그가 참여한 오페레타 〈마이 매리랜드My Maryland〉 회고록엔 다음과 같은 기록이 있다.

"우린 대본 읽기를 여러 번 반복했다. 그런 다음 연출자는 음악 큐를 정리했다. 심지어 음악 넘버를 숫자로 표시했다. 그리고 각 노래에 연출자 자신의 의견을 써놓았다. 난 그 가운데 하나를 선택해 작곡을 시작했다. 보통 첫 번째 소절을 만들고 거기에 가사를 끼워 넣고 노래의 제목을 붙이는 식이었다. 모두 18곡 중에 연출자와 협의해 11곡을 정리했고 나머지 7곡은 두 주 만에 완성했다. 후에 연출자 도널리는 매우 만족한 모습이었다."

회고록에서 본 바와 같이 시그먼드 롬버그는 대본을 매우 중요하게 여기며 그에 걸맞게 작곡을 한 사람이다. 이것은 빅터 허버트와는 매우 다른, 음악극 오페레타에 대한 접근 방식이었다. 그의 이러한 발상과 생각은 요즈음 뮤지컬 만드는 방식인데, 이미 1920년대에 시도되었다는 점에서 고무적이다. 비로소 뮤지컬 음악극의 기초작업이 이 시그먼드의 오페레타 작업에서 조금이나마 이뤄진 셈이라고나 할까. 이 방식은 자연스럽게 현대 뮤지컬에 적용되었다.

빅터 허버트와 시그먼드 롬버그 시대에 나타난 또 한 사람의 작곡가가 있었으니 루돌프 프리멀이다. 루돌프야말로 마지막 오페레타 시기의 주자라고 할 수 있다. 체코의 안토닌 드보르작Antonin Dvorak의 제자이기도 했던 루돌프는 유명한 피아니스트였으며, 당대 33개의 오페레타 작품을 작곡한 진지한 음악가였다.

그의 오페레타 음악극에서 음악의 위치와 역할은 매우 명쾌했다. 다시 말해 오페레타 음악은 반드시 연극의 행위에 도움을 주어야 하며, 동시에 노래를 부르는 캐릭터에 매우 알맞아야 한다고 생각한 것이다.

그는 특히 즉흥 음악으로 시작해서 음악을 구성하는 탁월한 능력의 소유자였다. 루돌프는 프라하에서 태어나 이미 네 살 때 피아노로 이름을 떨친 신동이었다. 후에 미국으로 건너와 뉴욕과 할리우드에서도 그의 능력과 명성은 변함이 없었다. 그와 함께 오페레타 작사가로 활동했던 오토 하박Otto Harbach은 다음과 같이 루돌프를 평했다.

"그는 드라마를 말로 하지 않는다. 피아노 건반에게 말을 하는 듯했다. 주위에 친구들이 모였을 때, 루돌프는 그들의 이야기를 들으며 피아노로 그들의 이야기를 음악으로 즉석에서 연주하는 것이었다. 그러다가 매우 중요한 순간이라고 생각되면 비로소 음악에 입혀 말을 했다. 말은 그의 천재적인 손가락으로 인해 어느 순간 음악으로 돌변하여 멋진 음악으로 둔갑되는 셈이었다."

이처럼 루돌프야말로 드라마에 음악을 녹여 만드는 장인이며 달인이었다.

"루돌프는 오로지 음악에 몰두하는 작곡가이며 드라마의 대사를 함께 들을 줄 알고 부를 줄 아는 음악인이었다. 그의 음악적으로 타고난 환상적인 즉흥 탄주는 누구도 막을 수 없었으며, 어떤 작곡가에게서도 볼 수 없는 능력의 소유자였다. 그가 연주할 때마다 피아노 소리는 날아다니는 것 같았다. 즉석에서 우리들의 감성을 그는 알고 있는 듯했다. 단지 작사가에겐 그가 연주하는 음악에 걸맞게 작사하는 일만 남았다."

루돌프의 이와 같은 작곡 능력이나 즉흥 연주는 유럽의 전통에서 묻어나오는 것이었다. 이전에 없었던 '항상 변조하고, 과장되고, 얼핏 음악적이지 않은 듯한' 그의 탁월한 음악 기법은 매우 현대적인 음악이었다. 멜로디는 자유롭게 꽃을 피우며 파행으로 진행되지만, 반면에 리듬은 엄격할 정도로 질서정연했다. 오페레타란 음악극 형식에 루돌프는 절대적으로 최고의 음악가였다.

1912년의 〈파이어플라이The Firefly〉, 1924년의 〈로즈 마리Rose-Marie〉, 1925년도 작품 〈방랑 왕The Vagabond King〉 등은 브로드웨이 관객에게 보석 같은 오페레타 형식의 음악극을 감미롭게 선사한 케이스다. 그의 감미로우며 가벼운 멜로디의 노래 〈인디언 러브 콜Indian Love Call〉, 〈온리 어 로즈Only A Rose〉는 당대 최고의 히트곡이었다.

이처럼 오페레타는 빅터, 시그먼드, 루돌프 등 세 명의 천재적인 작곡가에 의해 정립되어 발전한 것이다. 전체 드라마 이야기에 알맞고 쉬운 음악이 먹음직스럽게 포장되어 전개되고, 로맨틱한 무대 미술에, 센티멘털한 극적 상황, 그리고 산뜻한 코미디의 전개는 멋진 오락적 음악극의 매력을 관객에게 제공하였다.

그러나 무엇보다도 이 오페레타의 시기에 주목할 만한 발견은 대본의 중요성이란 점이다. 당시 〈디저트 송The Desert Song〉의 작가이며 제작자였던 프랑크 멘델Frank Mandell의 기록을 보면 대본에 대한 진일보한 의식을 명확히 알 수 있다.

"오페레타의 대본은 오페레타 공연의 포장을 위한 시멘트와 같다. 쇼 전체를 붙잡고 있는 역할을 하기도 하며, 쇼의 구멍 난 부분을 메꾸는 시멘트 역할을 하고 있다. 진주와도 같은 음악을 이야기와 함께 엮어주고 있어야 하며, 볼만한 쇼맨십이 함께 공존해야 한다. 그러므로 이야기는 결코 어렵지 않고 가벼워야 하며, 빠른 전개에 화려함이 따라야 한다. 이미 세상에 알려진 스타를 위한 공연이지만 그 특정 배우를 위해 대본을 써서는 안 된다. 유머는 효과적으로 사용되어야 하는데, 무거운 소재의 이야기도 가볍고 밝게 전개돼야 한다. 천박한 코미디 대사보다는 상황에 따라 웃으려는 관객들의 마음을 읽을 줄 알아야 한다. 마치 왕이 백성의 하인 노릇을 해야 하는 것처럼 대본은 음악극에서 음악의 하인 노릇을 해야 하는 것이다."

어찌 됐건 오페레타의 시기에 와서 이처럼 대본의 중요성이 비로소 인식된 셈이다. 아니 관객이 비로소 대본의 속 알맹이까지 씹기를 원한 셈이 된 것이다. 비로소 작가가 음악을 위해, 배역의 성격을 위해 플롯, 대사, 노래의 가사, 상황, 프로덕션의 개념, 유머 등을 본격적으로 고려하기 시작했다는 것이다. 그럼 여기서 빠른 전개의 유머의 예를 들어보자.

"나한테 작은 새가 있었는데, 이름이 '엔자'야.
인플루~엔자!"(폭소)

1920년대 미국은 경제 공황기에 접어든다. 미국인들의 생활은 급격한 변화를 택하지 않을 수 없었다. 이 시기에 오페레타도 당연히 변화를 맞았다. 새로운 시대의 랙타임Ragtime과 재즈가 사람들 귀에 어필하듯, 이젠 달콤한 유럽풍 멜로디의 오페레타는 한물가서 시들기 시작한 것이다.

이런 새로운 시대가 요구하는 활기차고 신선하고 다이내믹한 음악을 구사하는 새로운 음악극의 작곡가들이 뒤를 잇기 시작했으니, 제롬 컨, 리처드 로저스, 어빙 베를린, 조지 거슈인, 콜 포터 등이 바로 그 주인공들이다. 뮤지컬 역사상 본격적인 뮤지컬은 이들의 손에

1950년대 샌프란시스코 나이트클럽을 소재로 동양 쇼걸들의 이야기를 뮤지컬로 만든 중국계 미국 극작가 데이빗 헨리 황의 작품 〈Flower Drum Song〉(2002)의 한 장면.

버라이어티 쇼 시대의 스타 앨 존슨의 출연작 〈로빈슨 크루소〉(1916).

서 더 원숙한 음악극 '뮤지컬'의 형태로 이뤄진 것이라 평가된다. 물론 하루아침에 이들이 나타난 것은 아니다.

그러나 이들로부터 오늘날의 미국 뮤지컬이 정립되었으니, 전통의 유럽 오페라에서부터 시작해 발라드 오페라, 파스티치오, 인형극 쇼, 팬터마임, 민스트럴즈, 벌레스크, 스펙터큘라, 엑스트라바간자, 레뷔, 코믹 오페라, 오페레타, 뮤지컬 코미디 등의 여러 요소들을 혼합해서 갖게 되는 새로운 전통이 만들어져 뮤지컬이란 새 공연 장르가 탄생된 것이다.

제**2**장

뮤지컬 완성의
시대

1. 본격 뮤지컬의 원조
   제롬 컨의 등장
2. 리처드 로저스와 로렌즈 하트
   그리고 해머스타인의 불꽃
3. 조지 거슈윈
4. 알란 제이 러너와 프레더릭 로우
5. 현대 뮤지컬의 기수,
   스티븐 손드하임

1. 본격 뮤지컬의 원조 제롬 컨의 등장

제롬 컨Jerome Kern(1885~1945) 이전의 벌레스크, 보드빌, 레뷔 등의 뮤지컬 형태는 평론가 호레이스 윈댐Horace Wyndham의 말대로 "관객을 어리석게 만들고, 지루하고, 음악성이 형편없는 주제가 명확치 않은 형식!" 그 자체였다.

그러나 극장은 언제나 만원이었다. 완성적이진 않지만 대본을 비롯해 음악, 가사의 내용, 무용, 의상, 무대장치는 늘 스타 연기자를 위한 부속물로 제작되었다 해도 과언이 아니다. 작품의 질이 어떻든 그래도 관객이 극장을 찾으니 제작자로서는 아쉬울 것이 없었다. 이런 현상 속에서 새로운 형식에의 도전이나 시도는 찾아보기 어려웠다.

안일한 제작의 관행대로 진행된 이 시기에, 브로드웨이는 한 시즌당(보통 9월부터 다음 해 5월 말경) 40~50여 작품이 쏟아져 나왔다. 이

때 전설적인 뮤지컬 작곡가 제롬 컨이 혜성같이 등장하였다. 대본보다 음악이 더 강렬하게 지배하던 초기 뮤지컬을 제롬 컨은 획기적으로 바꾼 역사 속의 장본인이 된 것이다.

제롬 컨은 런던의 공연제작자 찰스 프로만Charles Frohman의 작곡가로 일하다가 미국으로 건너와 처음엔 뮤지컬 음악의 연습 피아니스트로 활동했다. 그러던 그가 좋은 뮤지컬 작품에 뜻을 두고 나중에 무려 100여 작품의 뮤지컬 음악을 작곡한다. 1904년부터 1945년까지 거의 반세기에 걸친 세월을 영화음악에까지 손을 댄 거장 제롬 컨은 고집스럽게 뮤지컬의 정의를 '음악 위주가 아닌 연극 위주의 음악극(음악 위주라면 그것은 오페라라고 생각했다)'이란 개념으로 일관했다.

바꿔 말하면 완성된 대본, 잘 써진 대본이 가장 중요함을 강조한 것이다. 뮤지컬이라면 물론 음악이 매우 중요한 요소지만 그밖에도 다른 예술적 요소가 가미되어야 음악을 지닌 뮤지컬 연극이 빛을 볼 수 있다고 생각한 것이다.

이러한 그의 생각은 초기 뮤지컬처럼 노래와 춤 위주의 단순한 쇼가 아닌, 더욱 미학적인 '공연예술형태'로서의 대본, 춤, 연기, 노래가 곁들여진 가장 익사이팅exciting한 공연예술로 승화·발전되어야

뮤지컬 〈Show Boat〉를 작곡한 제롬 컨.
사실 제롬 컨으로부터 본격적인 뮤지컬이
출발되었다고 해도 과언이 아니다.

한다는 자신과 확신이었다.

제롬 컨은 매우 진지한 사람이었다. 뮤지컬에도 공연예술로서의
철학이 분명 있어야 하며, 동시에 그것을 채워 줄 노래, 춤, 연기 등의
기술이 절대적으로 필요하다고 믿는 사람이었다. 사실 이러한 굳은
신념이 없었다면 그의 활동도 초창기의 뮤지컬이나 별다를 바가 없
었을 것이다(필자는 그의 이러한 발상을 생각하며 우리 판소리를 공연예술로
정립한 신재효 선생을 떠올리곤 했다).

그는 연습 과정에서부터 중요하다고 생각하는 대본과 그에 따른
음악, 그리고 각 디자인의 치밀성과 중요성을 강조했다. 뮤지컬 공연
은 말 그대로 대본을 기초로 한 전체의 앙상블 작업이라 생각한 것이
다(물론 당연한 생각이요, 귀결이었지만). 그는 말했다.

"난 그저 뮤지컬에 알맞은 옷을 입히는 사람이다. 대본에 의해 주
어진 상황에 맞게, 배역의 성격에 맞게 음악을 만든다. 마치 잘 맞는
옷을 지어 마네킹에 입히는 재봉사 같은 역할이다."

제롬 컨은 뮤지컬의 노래를 대본과 밀접한 관계를 맺고 있는 파
트너같이 취급하며 곡을 만들었다. 그는 자신의 노래를 듣는 사람
들의 의견을 경청하며 존중한 미국 뮤지컬 역사상 최초의 위대한 작
곡가였다.

정확한 대본의 주제와 그에 따른 배역의 성격을 세밀히 분석해 그
색깔에 맞게 작곡을 한, 초기 뮤지컬 형태에서 본격적인 '뮤지컬 예

술 작품'을 일궈낸 인물이다.

그는 배역에 맞는 노래와 작품의 메시지는 물론 심지어는 느낌까지 음악 속에 표현해내는 데 총력을 기울였다. 대본이 좋지 않을 경우에도 그는 훌륭한 음악으로 미흡한 대본을 충족시켜 나갔다. 어느 평론가의 말처럼, 제롬 컨은 어두운 벨벳을 보석처럼 아름다운 음악으로 빛나게 빚어 놓았다.

제롬 컨의 노래는 말 그대로 뮤지컬에 있을 법한 노래의 전형이었다. 그는 유럽 전통의 음악을 취하여 새로운 시대에 미국이란 신세계의 환경에 알맞은 음악 공연예술로서 뮤지컬을 완성한 셈이다.

40여 년에 걸쳐 그의 음악은 허밍이나 휘파람으로 흥얼댈 정도로 단순하면서 격조 있는 모양새를 지니고 있었다. 예를 들면 〈그들은 나를 믿지 않아They Didn't Believe Me〉(1914), 〈룩 포 더 실버 라이닝 Look For The Silver Lining〉(1920), 〈메이크 빌리브Make Believe〉(1927), 〈스모크 겟 인 유어 아이즈Smoke Gets In Your Eyes〉(1933), 〈파 어웨이Far Away〉(1944)와 같은 노래들의 경우, 모든 노래에 신선한 멜로디를 배경으로 다양한 리듬으로 활력을 불어넣었고, 거기에 덧붙여 감동적이며 능숙한 음악의 향연으로 관객들의 영혼을 사로잡았다.

제롬 컨은 평생 뮤지컬 노래에 대한 확신과 신념이 서 있었다. 첫째는 단순해야 하고, 둘째는 대본에 충실하며, 셋째는 가능한 한 간접적이 아닌 직접적인 노래여야 한다는 것이다.

그의 노래는 분명 명확한 패턴을 가지고 있었다. 소위 'AABA' 방식 또는 'ABAB' 방식이었다. 박자도 4분의 2박자, 4분의 3박자, 4분의 4박자 위주였다. 그리고 전형적인 32소절로 이뤄진 멜로디의 체계를 갖추고 있었다.

이러한 그의 뮤지컬 방법론은 이후 후대의 다른 작곡가들에게 막대한 영향을 미쳤다. 예를 들어 그의 노래 가운데 〈I Told Every Little Star〉(1932)는 후에 리처드 로저스의 〈Younger Than Spring-time〉(1949), 또 〈You Are Beautiful〉(1958)이란 노래와 멜로디는 다르지만 역시 같은 톤에 같은 캐릭터를 가진 노래로 맥을 잇게 하였다.

이처럼 제롬 컨은 거의 반세기에 걸쳐 미국 뮤지컬의 개척자이자 아버지 격으로 추앙받았다. 처음엔 비평가들의 반응이 신통치 않았지만, 차츰 그의 음악은 브로드웨이를 매료시키기에 충분한 조건을 갖추게 되었다. 결국 그의 새로운 형태의 뮤지컬을 우리는 지금 '뮤지컬 연극Musical Play' 또는 '뮤지컬 코미디Musical Comedy'로 부르고 있다.

그의 노래는 가사와 더불어 뮤지컬 연극의 주요 테마가 되었다. 그의 일련의 작업은 오페라의 주 모티브 악상을 이런 새로운 음악극 뮤지컬을 굳건하게 구성하고 지키는 새로운 능력으로 승화하였다. 그에게 있어 뮤지컬의 음악은 작품의 성격과 색깔, 무드, 감정의 반응, 대사 저변을 표현하는 수단이며 액션과 함께 숨 쉬는 역할을 겸비한 음악이 전부인 오페라와는 다른 새로운 시대의 신개념 음악극 예술로 규정했고 또 그렇게 완성되었다.

그러나 이러한 그의 화려한 뮤지컬의 도약이 처음부터 평단과 관객들에게 어필한 것은 아니다. 불과 299석으로 규모가 작은 소극장 프린세스 극장Princess Theater에서 그 화려한 꽃망울을 피우게 되었으니 말이다.

코미디 〈샐리〉(1922)에 출연했던 스타 마를린 밀러.
당시의 의상과 소품의 화려함을 엿볼 수 있다.

당시 뉴욕 시에 자리한 작은 규모의 프린세스 극장에서 제롬 컨
은 1915년 〈Nobody Home〉을 시작으로 일련의 작품들인 〈Oh,
Boy〉(1917), 〈Oh, Lady Lady〉(1918)를 극작가 가이 볼튼Guy Bolton과
작사가 워드하우스P. G Wodehouse와 함께 잇따라 발표하면서 마침내 성
공에 이른다.

이 작품들에서 그의 뮤지컬 철학이 드디어 빛을 발하기 시작했으
니 단순하면서도 빈틈없이 짜인 탄탄한 구성에, 지적이면서 경제적
으로 제작비가 적게 들고 출연료가 싼 배우들이 출연하는 뮤지컬을

만들어 가슴 훈훈한 공연을 만들어 성공을 거둔 것이다(지금의 오프브로드웨이 공연 제작 시스템의 출발이라고 할 수 있겠다).

　마침 당시 브로드웨이는 과장될 정도로 로맨틱하면서 비싼 출연료를 지급해야 하는 스타들이 대거 출연하는 오페레타나 스펙터클 레뷔에 관객들이 몰리기 시작할 무렵이었다. 이런 절묘한 시기에 제롬 컨은 완벽한 해결사로 등장했다. 이렇게 프린세스 극장은 단순한 볼거리 위주의 쇼에서 벗어나 비로소 탄탄한 이야기를 배경으로 한 뮤지컬 연극을 보여주기 시작한 것이다. 특히 현실성 있는 대본의 스토리와 음악은 관객들을 실감나게 만들었다.

　말하자면 프린세스 극장이 미국에 본격적인 리얼리즘 뮤지컬 연극 제롬 컨의 뮤지컬을 보여준 셈이다. 무대에서 일어나는 일이 마치 관객들의 이웃과도 같은 매우 일상적이고 일반적이며 납득할 만한 성격의 인물들이 주인공으로 나왔고 또한 일상적 상황을 그린, 전혀 화려하지 않은 무대에서 음악과 극이 전개된 것이다.

　그리고 더욱 발전된 모습이라면 전과는 달리 치밀한 구성의 대사, 그 극적인 상황을 도와주는 음악, 그리고 알맞은 가사의 내용, 춤, 그리고 각각의 디자인이 서로 앙상블을 이뤄 완벽한 '드라마틱 뮤직 시어터Dramatic Music Theater'가 만들어진 셈이었다.

　이러한 제작의 방향은 또한 프린세스 극장의 '뮤지컬 코미디'를 성공시키는 데 막대한 공헌을 했다. 그 이전의 코미디는 단편적인 슬랩스틱이거나 스토리 구성보다는 시츄에이션 코미디들의 단편 모음 같았다. 그러나 새롭고 신선하게 제작된 프린세스 극장 프로덕션은

치밀하게 구성한 코믹 스토리를 배경으로 절묘하게 들어맞는 음악과 노래로 관객의 감성을 자극하기에 충분했다.

웃기는 상황 속에서 비록 스타는 아니지만 연기파 배우들은 고급 희극으로 무장해 관객에게 다가갔다. 노래는 군더더기 없이 깨끗하고, 가볍고, 재치 있고, 정확하면서 극적이었다. 제롬 컨의 경우 노래 가사는 모음과 자음의 적절한 단어의 이어짐으로 극적인 효과를 최대한 살리면서 동시에 매우 음악적으로 만들었다. 예술성의 승리였다.

제롬 컨의 이러한 노력과 시도는 그의 최고의 역작 〈쇼 보트Show Boat〉(1927)에서 여지없이 나타났고 드디어 완벽한 첫 번째 뮤지컬이자 공전의 대히트 뮤지컬로 역사에 길이 남게 된다. 이 작품은 필자도 1994년 해롤드 프린스 연출의 브로드웨이 공연을 통해 본 적이 있지만 지금도 간간이 리바이벌로 공연되고 있다.

작품 중에 나오는 저음 중의 저음 〈올 맨 리버Ol` Man River〉는 지금도 그 멜로디가 기억날 정도다. 1920년대를 통틀어 가장 뛰어난 뮤지컬이자 최고의 작품이었다. 에드나 파버Edna Ferber의 원작 소설을 전설적인 제작자 플로렌즈 지그펠드Florenz Ziegfeld가 제작했고 오스카 해머스타인Oscar Hammerstein(1895~1960)이 작사를 담당했으니 신화는 손쉽게 창조된 셈이다.

더욱이 제롬 컨은 단순히 음악만 작곡한 것이 아니라, 대본에서부터 극적인 드라마트루기까지 그의 뮤지컬에 대한 철학을 온통 이 작품에 쏟아 부었다. 그는 오스카 해머스타인과 함께 원작 소설에 충실하도록 대본과 노래 가사를 함께 만들었고 그 결과 이전에 볼 수 없었던 신선하면서 강렬한 드라마를 가진 뮤지컬을 창조할 수 있었다. 코믹성보다는 드라마가 훨씬 돋보이는 소위 '뮤지컬 플레이(뮤지컬 연극)'의 완성을 보게 된 것이다.

당시 헤럴드 트리뷴지의 저명한 평론가 리처드 왓츠 주니어Richard Watts Jr.는 〈쇼 보트〉를 가리켜, "이제껏 볼 수 없었던 매우 사랑스러운, 흠잡을 데 없는, 그러면서 지적인 멜로디와 튼튼한 가사의 뮤지컬을 볼 수 있었다."라고 극찬을 아끼지 않았다.

여러 가지 면에서 〈쇼 보트〉는 현대 뮤지컬의 효시를 이룩한 셈이다. 제롬 컨과 오스카 해머스타인은 이 한 작품에서 공전의 히트곡을 많이 내놓게 됐으니 〈Can't Help Lovin' dat Man〉, 〈Bill〉, 〈Ol' Man River〉, 〈Make Believe〉, 〈Why Do I Love You?〉 등이다. 이 노래들뿐 아니라 각 뮤지컬 넘버 노래들은 그 자체로서 성숙한 멋과 품위를 지니며, 상황과 배역에 맞도록 드라마를 풍성하게 도와주고 있다.

그의 음악은 늘 두 가지 이미지를 포함하고 있었다. 즉 드라마의 메시지와 배역에 맞는 음악적 성격을 한꺼번에 포함시킨 것이다. 예를 들어 노래의 첫 여덟 소절은 극적 모티브의 내용이 전달되도록 강렬하게 작곡했다. 이어 아르페지오 수법을 과감히 써서 화음이 마치 미시시피 강의 깊은 흐름처럼 충분한 효과를 발생하도록 만들었다. 결과적으로 〈쇼 보트〉는 심각한 소재임에도 뮤지컬로서 성공할 수 있다는 새로운 지평도 연 셈이다.

뮤지컬 〈쇼 보트〉는 미국 남부 흑인의 인간적 고뇌와 내면세계를 그리는 데도 성공했으니, 바보 광대 역할이나 했던 종전의 흑인 이미지를 일시에 무너뜨린 작품이 되었다. 어쨌거나 뮤지컬 〈쇼 보트〉는 오페라도 아니고 오페레타도 아닌, 또 뮤지컬 코미디도 아니고 음악이 있는 정극도 아닌 새로운 의미의 '뮤지컬 연극'이었다.

관객들은 스토리를 쫓으며 동시에 배역의 성격을 이해하면서 음악과 무용 공연을 동시에 음미할 수 있었다. 장면 장면은 빠르게 스토리를 향해서 극적 효과를 가지고 진행되었고, 그에 따라 노랫말은 쉬우면서도 깊이가 있고 운치가 있으며 듣는 이의 귀에 쏙쏙 들어오게 되었다. 공연 도중 음악과 스토리텔링에 매료되어 객석 곳곳에선 탄성이 터져 나왔다. 당시 이렇게 잘 짜인 뮤지컬은 없었으며, 이것은 곧 새로운 이념의 '음악극'으로서 하나의 충격이자 사건이었다.
대본과 가사를 담당한 오스카 해머스타인은 후에 리처드 로저스와 작업하면서 뮤지컬 작사가로서 '교훈·교육·철학'을 담은 작사가이자 작가로서 최고의 꽃을 피웠다.
출연 배우만 71명에 500벌의 의상이 필요하고 안무의 웅장함에서 지금도 재공연이 힘든 작품이지만, 뮤지컬 〈쇼 보트〉는 지금까지 뉴욕에서만도 일곱 차례, 런던에서 네 차례 리바이벌되었고 할리우드에서는 세 번에 걸쳐 영화로도 제작되어 기념비적인 현대 뮤지컬의 이정표를 세운 작품이다.
뮤지컬 〈쇼 보트〉 이후 제롬 컨은 〈더 캣 앤드 피들The Cat and Fiddle〉, 〈뮤직 인 디 에어Music In The Air〉, 〈로베르타Roberta〉 등의 작품에 참여했으나 불행하게도 〈쇼 보트〉 이상의 성공작을 만들어내진 못하였다.

1939년 할리우드로 거처를 옮겨 영화음악 작업에 매진하다 1945년 세상을 떠나고 말았다. 그러나 뮤지컬에 끼친 그의 영향과 업적은 뒤를 잇는 리처드 로저스, 조지 거슈윈, 콜 포터, 스티븐 손드하임 등에게 이어진다.

리처드 로저스의 자서전 『뮤지컬 스테이지Musical Stages』에 나오는 제롬 컨에 대한 글이 지금도 우리의 눈길을 끈다.

"난 항상 제롬 컨 스타일의 뮤지컬을 따르고 있다고 느꼈다. 그것은 어느 사이 뮤지컬의 전통과 모델이 되었다."

2. 리처드 로저스와 로렌즈 하트 그리고 해머스타인의 불꽃

뮤지컬의 거장 콜 포터에게 현대 뮤지컬의 역사를 바꾼 사람이 누구냐고 물으면, 거침없이 이렇게 대답한다.

"두말할 필요 없이 리처드 로저스와 오스카 해머스타인이지!"

뮤지컬 역사상 가장 불꽃같은 업적을 이룬 사람이라면 콜 포터의 말대로 리처드 로저스Richard Rodgers와 오스카 해머스타인Hammerstein 이다. 이들의 음악과 작사의 공동 작업은 1942년에 시작되어서 해머스타인이 세상을 떠난 1960년까지 계속되었다. 지금도 공연되고, 아직도 사람들의 귀에 낯익은 멜로디로 남아 있는 그들의 9개 대표작은 이들이 함께 한 기간에 만들어졌다.

〈오클라호마Oklahoma〉(1943), 〈카루젤Carousel〉(1945), 〈알레그로Allegro〉

브로드웨이 뮤지컬 명콤비 작곡가 리처드 로저스(왼쪽)와
작사가 로렌즈 하트(오른쪽)의 다정한 한때의 모습.

(1947), 〈남태평양South Pacific〉(1949), 〈왕과 나The King & I〉(1951), 〈나와
줄리엣Me and Juliet〉(1953), 〈파이프 드림Pipe Dream〉(1955), 〈플라워 드럼
송Flower Drum Song〉(1958), 〈사운드 오브 뮤직The Sound of Music〉(1959),
그리고 뮤지컬 영화 〈스테이트 페어State Fair〉(1945)와 TV 뮤지컬 〈신데
렐라Cinderella〉(1957) 등이다.

이 두 사람은 뮤지컬 역사상 가장 환상적인 파트너였다. 서로의 타
고난 재주를 진심으로 존중했으며, 비슷한 습관을 지녔고, 거의 비
슷한 극장 환경에서 자랐고, 세계를 뮤지컬로 바라보는 안목 또한

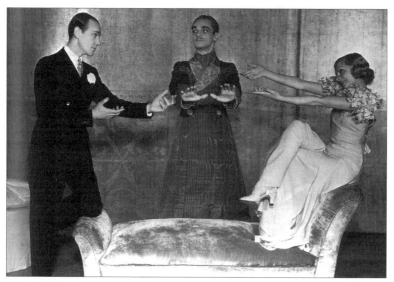

프레드 아스테어와 클레어 루스의 뮤지컬 콜 포터가 작곡한 〈Night & Day〉(1932). 다음해에 이 작품은 영화로 만들어졌다. 지금도 그렇지만 성공한 뮤지컬은 할리우드에 의해 영화로 만들어진다.

거의 일치했다. 그들이 함께 작품을 시작할 때 두 사람은 이미 뮤지컬 연극에서 경지에 도달해 있었다. 이 두 사람이야말로 현대 뮤지컬의 가장 전형적인 업적을 이룬 사람들이다. 오스카 해머스타인의 부모는 자신들이 연극인이었음에도 불구하고 아들이 연극하는 것을 강력히 반대했다.

그가 성장했을 때도 그의 집안은 그를 연극 작업에서 도외시했다. 어느 날 단원 가운데 메 웨스트Mae West란 배우가 그를 옆으로 데려가 "헤이 어린 친구! 극장에서 당장 나가! 그리고 법률을 공부하라고. 넌 위험해! 너무 극장 일에 빠져있어!"라고 말할 정도였다.

물론 해머스타인은 굴하지 않았다. 얼마 후 그는 빈센트 유먼스 Vincent Youmans란 작곡가와 작가 오토 하박Otto Harbach과 함께 뮤지 컬 〈야생화Wildflower〉에 공동 작가이자 작사가로 당당히 참여하게 된다.

그의 이러한 초창기 활동은 그의 삼촌인 아서 해머스타인Arthur Hammerstein과 공동 작가로서 오스카를 인정하고 함께 작업한 오토 하박의 공이 크다. 작가 오토 하박을 통해 해머스타인은 천생연분의 제롬 컨을 만나게 됐고 마침내 함께 뮤지컬 〈서니Sunny〉를 만든다. 이어서 루돌프 프리멀과 〈와일드 로즈The Wild Rose〉를, 그리고 시그 먼드 롬버그Sigmund Romberg와 〈디저트 송The Desert Song〉 같은 오페 레타 형식의 뮤지컬을 계속 만들어 성공을 거둔다.

이후 그는 25년 넘게 제롬 컨, 시그먼드 롬버그, 조지 거슈윈, 빈 센트 유먼스 등과 작업을 함께한다. 해머스타인의 말대로 "뮤지컬이 어떻게 되어야 한다느니, 어떻게는 되지 말아야 한다느니 등은 별 의 미가 없다. 왜? 뮤지컬은 무엇이든 될 수 있기 때문이다."

그는 천성적으로 뮤지컬 가사에 맞는 시적 운문체의 영어에 통달 해 있었다. 그의 말대로 비엔나나 다른 유럽에서 태어났다면 가사 를 만드는 데 매우 힘들었을 것이란 얘기다. 다행히도 당시 랙타임 과 재즈가 있었기에 미국인 작곡자로서 많은 자유가 주어졌을 것이 다. 그는 감지하고 있었다. 좋은 멜로디의 음악은 춤을 수반할 수 있 다는 것을……

마침내 1927년 그에겐 〈쇼 보트〉란 뮤지컬이 운명처럼 다가왔고 그 기회를 놓치지 않고 불멸의 작품으로 완성시킨다. 그는 원작 소설이 가지고 있는 인간적인 삶의 이야기와 미국인으로서의 도덕적인 가치관을 부각시켰을 뿐 아니라 뮤지컬 코미디의 전형을 관객들로 하여금 깨닫게 만드는 데도 성공한다. 리처드 로저스는 뮤지컬 〈쇼 보트〉를 보고 해머스타인과 함께 일하고 싶은 강한 충동을 느꼈다고 나중에 술회한다.

사실 뮤지컬 〈쇼 보트〉는 그 이전에 볼 수 없었던 성인을 위한 뮤지컬로서의 완성과 성숙함을 지니고 있었다. 작품의 플롯이 명확했고, 극적 상황이 있었고, 등장인물들의 성격도 분명했다. 작품 뒤에는 불쌍한 흑인의 상황이 복선으로 깔려 있었다. 육체는 돈이나 권력으로 조정이 가능하지만 영혼만큼은 돈으로 어쩔 수 없음을 이 작품은 웅변해 주고 있었다. 피부색으로 모든 게 평가돼선 안 된다는 사실과 인종차별에 대한 부당함을 간접적으로 시사해 주는 것이었다.

〈쇼 보트〉의 대성공에도 불구하고, 해머스타인의 다음 작품은 실패를 거듭했다. 1928년부터 1940년까지 8편의 뮤지컬 코미디를 만들었으나 모두 냉담한 반응이었다. 그는 잠시 다시 오페레타 형식으로 돌아갔다. 그러나 역시 시대는 변하고 있었고 그 변화를 거스를 수는 없었다.

이제 리처드 로저스의 얘기를 해보자. 리처드 로저스는 해머스타인처럼 연극 가족 출신은 아니다. 그러나 리처드의 가족은 어려서부터 리처드를 뮤지컬에 눈 뜨게 만들었다. 특히 그의 부모는 집안 거실에서 당시 성공한 뮤지컬의 노래를 처음부터 끝까지 부를 정도로 뮤지컬의 광팬이었다.

역시 로저스와 해머스타인의 히트 뮤지컬 〈Carousel〉(1945)의
한 장면.

　여섯 살 때 리처드는 양손으로 피아노를 칠 수 있게 되었고 부모
는 리처드에게 음악 교육을 시켰다. 이렇게 하여 리처드는 자연스럽
게 음악 세계에 입문하게 된 것이다. 바로 그 무렵 어린 리처드에게
행운의 기회가 찾아왔으니 〈파이드 파이퍼Pied Piper〉란 뮤지컬에 참
여하게 된 것이다.

　"처음으로 막이 올랐을 때 난 비로소 전혀 경험해 보지 못한 마력을
지닌 아름다움의 세계로 인도된 기분이었다. 그때부터 토요일 2시 30
분은 내 삶의 서곡이 됐다."

이러한 리처드의 회고처럼 토요일마다 그의 부모와 조부모들은 125번가 극장에서 어린 리처드와 공연을 관람했다. 가족들의 적극적인 보살핌 속에 리처드는 무럭무럭 성장하기 시작했다. 물론 그에겐 남다른 재능이 있었기에 가능했던 일이다. 아홉 살 무렵 그는 벌써 오랫동안 피아노 앞에 앉아 무엇엔가 골몰하기 일쑤였는데, 그 나이에 벌써 음악 작곡에 손을 대고 있었던 것이다.

리처드가 열네 살 되었을 때 마침내 두 개의 뮤지컬 노래가 완성됐으니 바로 〈캠프파이어 데이즈Campfire Days〉와 〈오토 쇼 걸The Auto Show Girl〉이란 제법 근사한 노래였다. 이어 드윗 클린턴DeWitt Clinton 고등학교 시절 그는 이미 두 개의 뮤지컬을 제작한다. 〈원 미니트 플리즈One Minute Please〉와 〈업스테이트 앤 다운Up State and Down〉이란 작품이었다.

이런 일련의 작업 속에서 자연히 자신의 노래에 걸맞은 작사가를 찾던 그는 1918년 일요일 오후 콜롬비아 대학 대학원에 다니던, 셰익스피어에 통달하고 장차 위대한 작가를 꿈꾸던 로렌즈 하트Lorenz Hart라는 청년을 운명처럼 만나게 된다.

이 두 사람은 금방 의기투합했다. 하트는 리처드의 쉬우면서 귀에 쏙 들어오는 음악에 매료되었고, 리처드 로저스는 하트의 세련되고 아름다운 가사에 만족하였으며 존경해 마지않았다. 당시의 만남을 리처드는 이렇게 회고한다.

"비로소 뮤지컬 경력에 딱 맞는 파트너를 찾았고, 그리고 최고의 친구를 찾았고, 영원한 자극제 같은 친구를 만났다."

　리처드 로저스와 로렌즈 하트의 첫 뮤지컬 작품은 컬럼비아 대학에서 공연된 〈플라이 위드 미Fly with Me〉였다. 대학을 위한 공연이었지만 전문 뮤지션들이 연주를 담당했다. 이 공연에 당시 브로드웨이에서 활동하던 작가 루 필즈Lew Fields가 관람했고 그는 즉시 그의 차기 작품으로 내정된 〈푸어 리틀 리츠 걸Poor Little Ritz Girl〉에 리처드 로저스와 로렌즈 하트의 음악 7곡을 쓰고 싶다고 건의했다. 모두 15곡이 들어갈 그 작품에 나머지 8곡은 당시 유명한 시그먼드 롬버그가 음악을 담당하고 있었다.

　그것은 하나의 계기였다. 즉 리처드 로저스는 비로소 브로드웨이 뮤지컬 세계에 입문한 것이다. 루 필즈Lew Fields는 주변 사람들에게 "리처드 로저스는 천부적인 재능을 지닌 유망한 젊은 작곡가야. 머지않아 그의 뮤지컬 시대가 도래할 것이네." 하며 칭찬을 아끼지 않았다.

　리처드 로저스와 로렌즈 하트의 공동 작업은 이렇게 1918년부터 1943년까지 무려 27개의 뮤지컬 작품과 8개의 영화음악 작업으로 지속되었다. 두 사람은 거의 1천여 개의 노래를 만들었고 이 가운데 지금도 75개의 노래가 곳곳에서 공연되고 있다. 이들의 성공작 〈게릭의 명랑 시리즈The Garrick Gaieties〉, 〈아메리칸 스윗하트America's Sweetheart〉, 〈점보Jumbo〉, 〈바이 쥬피터By Jupiter〉 등은 대 히트작이었으며, 당시 뮤지컬 코미디 장르의 모델이며 뮤지컬 노래의 전형으로 여겨졌다.

리처드 로저스의 쉴 새 없이 솟아오르고 뱉어내는 영감의 작곡처럼 로렌즈 하트 역시 그의 가사와 대본을 절묘하게 음악 속에 위트와 상상력과 매력이 넘치게 집어넣어 관객들의 탄성을 자아내게 하였다.

예를 들어 리처드 로저스의 〈블루 룸Blue Room〉이란 노래는 '도'로 시작해서 4소절까지 진행된다. 여기에 하트는 즉석에서 'blue-newtwo-room'이라는 가사를 멜로디에 맞게 붙였다. 이처럼 음악과 가사는 하나의 합일체가 된 못 말리는 결정체로 나타났다.

이 둘은 곧바로 브로드웨이 뮤지컬의 핵심 인물이 되었다. 이들의 손을 거친 작품은 독특하고 독자적인 아이디어를 품은 특별한 계획이었으며 전략적으로 실행되었다. 대사와 노래 사이의 틈은 이들 손에 의해 빈틈없이 완벽하게 해결됐다. 다시 말해 한 장면에서 다음 노래로의 전환을 템포감 있고 정감 있는 대사로 연결 상승시켜 그 감정 속에서 절로 '노래'가 나오게 만드는 수법이었다.

당시 뮤지컬은 모두 18곡의 노래로 구성되는 것이 전통이었다(오늘날은 30곡까지 구성된 뮤지컬도 많다). 그러나 리처드 로저스는 늘 13곡으로 규정해 놓고 극적인 대사를 더 많이 할애하였다. 이들은 항상 새로운 아이디어와 플롯의 구성, 그리고 프로덕션의 구태의연한 방법과 타협하지 않고 독자성과 창조성을 내세웠다.

예를 들어 이들이 만든 뮤지컬 〈온 유어 토즈On Your Toes〉의 경우 클래식 발레를 브로드웨이 뮤지컬에 응용하고자 고안해냈고, 당대 최고의 안무가 죠지 발란쉰George Balanchine을 안무자로 청탁해 세상을 놀라게 했으며 당연히 공연은 대성공을 거두었다.

그런가 하면 〈시라쿠사 출신 소년들The Boys From Syracuse〉(후에 〈Kiss Me Kate〉가 된 작품)은 셰익스피어 작품을 토대로 제작하여 성공을 거둔 작품으로, 이 두 작품은 미국 뮤지컬 역사상 가장 빼어난 12개 작품에 들어가는 쾌거를 이룬다.

유명한 기자 캐롤 휴즈Carol Hughes는 리처드 로저스와의 인터뷰 후에 다음과 같은 글을 써서 우리에게 리처드 로저스를 인간적으로 탐구하게 만든다.

"그는 매우 보수적이고 조용한 사람이며 말할 때는 무엇이나 매우 간결하게 정리하는 사람이었다. 깊이 있는 양심의 소유자로 가슴의 소리를 머리로 듣는 것 같은 그런 사람이었다. 뮤지컬 작곡가로서 그가 하는 일에 모든 것을 바쳐 일하는 사람처럼 보였고 뮤지컬에 대해 이야기할 때는 결코 냉정함을 잃지 않는 이성적인 사람이었다."

이에 비해 로렌즈 하트는 분위기에 따라 기분과 감정이 자주 바뀌는 불규칙적이고 책임감 없는, 때론 부주의한 사람이었다. 절망적이며 불행한 사람 같아 보였다. 주변의 분위기가 조성되어 있지 않으면 작품을 쓰지 않는 그런 사람이었다.

한 번은 리처드 로저스가 로렌즈 하트와 일하기 위해 제법 분위기있는 호텔 방을 예약했다. 하트는 매우 흡족했다. 당연히 며칠 동안 아무도 하트를 본 사람은 없었다. 오로지 담배를 사러 호텔 로비를 한 번 내려간 것이 전부였다. 그만큼 그는 절대적인 기분파였다.

또 어느 날은 로저스가 하트를 시골 별장으로 초대한 적이 있었다. 물론 작업을 위해서였다. 그러나 이유 없이 하트가 사라져서 온종일 찾게 한 적도 있었다. 나중에 안 일이지만 하트는 로저스의 딸 메리와 인근 숲속 나무로 만든 오두막에서 종일 놀고 있었던 것이다. 이처럼 두 사람의 생활 습관이나 기질과 생각은 매우 달랐지만 인간적으로는 결속되어 있었다. 리처드 로저스는 말한다.

"작품 때문에 종종 우린 커다란 싸움을 하곤 했지만, 우리의 뜨거운 그런 순간은 논쟁과 싸움이 절대 개인적인 것이 아니라 학구적이며 직업적이었다는 점이다."

왕왕 이 작곡가와 작사가 사이의 작업은 멜로디가 먼저 나오고 다음에 작사가가 그 음악에 맞추어 가사를 써 넣는 식이다. 로렌즈 하트는 이러한 과정에 대해 다음과 같이 말한다.

"가사를 쓰려고 마음속으로 확정하고 나면 내가 먼저 로저스에게 음악을 만들라고 요구했다. 그런 다음 그의 음악에 맞춰 가사를 만들었다. 다음엔 그 가사의 말뜻을 음미하려고 노력한다. 메시지를 담아야 하기 때문이다. 뮤지컬에서 멜로디에 맞는 가사는 극을 발전시키고 진행하는 데 매우 중요하다. 관객은 음악을 듣지만 동시에 가사에 담긴 내용을 파악하려고 노력하기 때문이다."

이들에게서 나온 노래의 형식이 바로 AABA나 ABAB 형식이다. 이

Petruchio/Fred (Alfred Drake) goes to act out his frustrations on Kate/Lilli (Patricia Morison); no wonder she hates men.

셰익스피어의 말괄량이 길들이기를 뮤지컬로 각색한
작곡가 콜 포터의 〈Kiss Me Kate〉의 한 장면.

가운데 AABA 형식의 경우 처음 8소절은 멜로디의 아이디어나 컨셉 Concept 부분이라고 할 수 있다. 그리고 이어 8소절이 되풀이된다. 그리고 이어서 8소절은 음악적 긴장을 풀어주고 이어 8소절은 다시 주된 아이디어로 돌아가 메시지를 강조하는 식이다. 이렇게 모두 32 소절로 노래(뮤지컬 넘버)가 만들어졌다.

그러나 1930년대에 들어서 두 사람 사이에 서서히 균열이 생기기 시작했다. 주된 원인은 로렌즈 하트의 알코올 중독과 그에 따른 무책임한 개인적 정신의 파멸이었다. 이렇게 자신의 파트너에게 문제가 생기자 로저스는 커다란 슬픔에 잠겼고 둘의 관계는 마침내 비극으로 결말을 맺는다.그리고 운명처럼 리처드 로저스에게 나타난 또 하나의 위대한 작업자가 있었으니 그가 바로 오스카 해머스타인 이었다.

자, 그럼 왜 로저스와 해머스타인이 미국 뮤지컬의 대명사로 되었을까? 이것은 한 마디로 이 두 사람이 합작으로 만든 뮤지컬들이 대중적인 음악극인 뮤지컬을 진정한 대중예술로 승화시켰기 때문이다. 이들의 공로에 대해서는 몇 가지 예를 들어 설명할 수 있다.

첫째, 뮤지컬 노래는 대본의 시녀에 불과하다는 정석을 만든 것이다. 해머스타인은 "노래를 먼저 만들고, 그 다음 대본 속에 꾸겨 넣는 것은 잘못이다."라고 했다. 이들의 작품 가운데 뮤지컬 〈오클라호마〉는 종래의 분별없이 구성된 뮤지컬을 엄정한 형식의 뮤지컬 드라마로 전환하는 초석을 만들어 놓았다.

다시 말해 노래와 춤이 드라마 플롯과 무드와 맞아 떨어지게 만들었고 동시에 극적 상황을 잘 반영해 주었다. 아울러 순간순간 배역의 캐릭터를 도와주어 극의 진행을 원활하게 해 주었다는 점이다.

이것이 곧 뮤지컬의 주된 포인트인 노래와 춤이 해야 하는 역할 아니겠는가? 곧 이들의 뮤지컬에서, 노래가 시작되면 그것은 드라마 속에서 특별히 강조되어야 할 순간이며 동시에 드라마의 목적과 모티브가 드러나는 식이었다.

또 다른 뮤지컬 작품 〈남태평양〉에서는 노래들이 대본을 보충하고 채워주는 보조 역할을 톡톡히 해내고 있다. 예를 들어 주인공 에밀의 노래들은 폭넓은 음역으로 일관되어 강렬하며 꽉 들어찬 느낌으로 로맨틱한 분위기를 풍성하게 선사한다. 즉 음악이 곧 배역 성격을 그대로 드러내고 있다. 넬리 역할의 노래도 가벼우며 리드미컬하여 매력적으로 배역을 돋보이게 한 것이다.

로저스와 해머스타인은 늘 진지하게 작업에 임하였다. 특히 해머스타인은 "삶은 한 마디로 단순한 진실이다. 고로 작가로서의 임무는 대사와 배역 그리고 상황을 묘사하는 데 있어 관객이 절대적으로 믿고 수긍할 수 있도록 만들어 줘야 한다."라고 믿었다.

해머스타인과 〈플라워 드럼 송Flower Drum Song〉의 공동 작가이기도 했던 조셉 필즈Joseph Fields는, "오스카 해머스타인은 진실로 사랑

리처드 로저스와 해머스타인의 또 하나의 대히트 뮤지컬 〈오클라호마!〉의 한 장면.

이 모든 걸 지배한다고 믿었다. 이러한 생각이 그의 뮤지컬 관객을 매료시켰고 꿈은 그대로 실현된 셈이다."라고 말했다. 여하튼 해머스타인은 스스로 감상주의자로 자처하고 나섰다.

"감상적인 것은 절대 나쁘지 않다. 인간의 삶에서 감상주의는 기본이 아닌가? 물론 삶을 추하고 비극적으로 생각할 수도 있다. 그러나 삶은 처연하게도 아름답다! 아름다운 삶이 없다면 난 무엇을 쓸 것인가? 쓸 것이 없다고 생각한다."

이런 점은 리처드 로저스에게도 마찬가지다.

"감미롭고 가벼운 음악이 무엇이 문제인가? 중요한 것은 마음속 깊은 곳에서 우러나는 것을 얼마만큼 진지하고 분명하고 아름답게 작품 속에 녹여내느냐 하는 것이다."

종이 위에 매우 알맞은 대사와 오선지 위에 그에 걸맞은 절묘한 멜로디를 창조하는 것은 정직한 느낌을 기본으로 해야 한다. 화려하기만 하고 어리석은 대사나 상황, 내용과 관계없는 그럴 듯한 제목으로 치장된 예술은 걸작으로 남을 수 없다. 해머스타인은 자신의 지난 작업을 통해 뼈아프게 느꼈던 경험을 로저스를 만나면서 털어내기 시작하였다.

이처럼 두 사람의 예술적 공감대는 직접적이고 정직했으며, 자연스러움의 결정이었다. 해머스타인이 루이스 펀키Lewis Funke라는 뉴욕 타임즈 기자와 인터뷰한 내용을 소개한다.

 "마술 같은 공감대를 이루기는 쉽지 않다. 시대의 흐름에 따라 달라지는 관객의 취향을 알아내기가 얼마나 어려운가? 우리는 반대로 작업했다. 즉 우리가 작품을 써 놓고 관객이 좋아하길 기대한 것이다. 그런데 그것이 맞아 떨어졌다. 아마도 우리의 정직성과 자연스러움과 직접적인 작품의 내용이 그렇게 만들지 않았을까"

 뮤지컬 〈오클라호마〉는 이렇게 만들어진 걸작이다. 굳이 말하자면 로저스와 해머스타인의 뮤지컬 방법론은 이전에 있었던 뮤지컬 형식인 보드빌, 벌레스크, 레뷔 등 소위 쇼맨십에서 확연히 벗어나는 것이었다.
 진실성의 추구와 표현은 매우 중요한 방법이었다. 작업을 통해 비로소 처음으로 뮤지컬에 참가하는 제작자, 작가, 작곡가, 연출자, 안무자, 배우, 무대미술, 의상, 조명, 오케스트레이션, 매니지먼트 그리고 언론 매체와의 관계까지 이 모든 것을 완벽하게 종합화하는 데 성공한 것이다.
 이러한 새로운 조화는 본격적인 뮤지컬 연극의 탄생을 의미했다. 앞에서도 언급했듯이 이들의 공동 작업이 뮤지컬의 정립과 성공에 기여한 정도는 매우 지대하다. 작가의 손에 의한 대사나 가사의 적절하고 진중한 선택은 곧 적당한 감정이 실리는 노래와 음악으로 이어지고, 음악의 화음은 작품의 플롯과 배역을 구축하는 힘이 되었다. 이어서 의상과 안무, 조명의 선택도 용이해졌다.

작품에 대한 구상과 의견이 구체적으로 이루어지면, 노래와 장면의 분위기를 설정하고 배역의 성격과 그에 따른 대사를 구상한다. 이어서 세밀하게 단역들의 설정과 성격 창조, 스토리라인의 복선, 대사의 한계, 코믹성, 두 주인공의 로맨스 사랑 장면의 설정 등을 구상하는 방식이 따른다.

로저스가 뉴욕의 아파트나 코네티컷 집에서 악상을 구상하고, 해머스타인이 펜실베이니아 농장에서 작품 골격을 완성하면, 이 두 거장은 편지나 전화로 대사를 일러주고 단순한 멜로디를 부르며 작업을 시작하고 이어갔다.

대체로 로저스의 작곡은 많은 시간을 소비하지 않았다. 머릿속에 음악의 물꼬가 트이면, 어떤 상황이나 어떤 장소에서도 작업이 가능한 사람이었다. 반드시 피아노가 있어야 하는 것도 아니었다. 사무실이나, 택시 안이나, 침대 위에서나, 점심을 먹다가도 종이만 있으면 그는 악보를 그려댔다.

한 번은 제작자 조슈아 로건Joshua Logan의 아파트에서 두 사람이 모임을 가졌다. 해머스타인이 집에서 쓴 가사를 죠슈아가 로저스에게 주었다. 로저스는 그것을 받아 읽으면서 실로 5분 만에 곡을 완성했다고 한다. 이것이 그 유명한 뮤지컬 〈해피 토크Happy Talk〉의 〈발리 하이Bali Hai〉란 노래다.

또 한 번은 로저스가 뉴욕 파크 애비뉴 그의 아파트에서 감기가 걸려 누워 있을 때였다. 해머스타인이 인편으로 가사를 보냈다. 그리고 가사가 도착했거니 생각하고 전화를 했다.

"하이, 오스카! 곡 다 썼네. 다음 노래 언제 보낼 건가?"

이어서 감기 걸린 로저스의 기침 소리가 해머스타인의 귓전을 울렸다. 작곡에 임할 때의 로저스는 매우 성실하면서 집요한 사람이었다. 작품이 시작되면 노래가 몇 주일 또는 몇 개월간 그의 머리를 맴도는 식이었다.

하루아침에 좋은 작가의 작품이 나오는 것이 아니라며 그는 "연륜과 다양한 지식을 익히고 축적한 것, 그리고 개인적 성향과 기질 등이 모두 한 번에 함축되어 나오는 것처럼 좋은 작곡가의 좋은 음악도 마찬가지다."라고 말하기도 하였다.

로저스와 해머스타인은 늘 매우 적합한 노래를 만들기 위해서 분명한 이유를 찾고자 노력했다. 그들은 그것을 드라마의 시츄에이션에서 찾으려고 노력했다. 노래를 중심으로 한 음악은 극적 스토리의 안과 밖을 넘나들어야 한다고 생각했기 때문이다. 즉 극적 스토리와 음악을 늘 연관지어 생각한 것이다. 노래가 곧 스토리였고 노래를 고려하지 않은 스토리의 전개와 구성 또한 상상할 수 없는 것이었다. 로저스는 이렇게 말했다.

"작곡가로서 내 임무는 '사람들'과 함께 있는 것이다. 배우가 아니라 배우가 연기하는 배역이 중요한 것이다. 내 음악이 사람들에게 어떻게 전달되어 느껴지는지가 늘 우선이듯이, 배역이 노래에 대해 어떻게 느끼는가에 따라서 표현의 극치를 이루는 적합한 노래를 만들어 낼 수 있다.”

　그는 절대로 의미 없는 노래를 만들거나 돈을 목적으로 일하지 않았다. 이들의 성공은 분명 이러한 뮤지컬 음악극의 신중하고 중요한 이해와 사랑에서 비롯된 것이다. 뮤지컬에서 작곡자는 대본을 쓰는 작가와 동일한 선상에 있다. 해머스타인과 로저스는 이 점을 절대적으로 신봉하고 있었고 그들의 작업에 반영했다. 해머스타인은 음악에 맞게 대본을 썼고 로저스는 이에 즉각적으로 한 치 오차도 없이 절묘하게 알맞은 음악을 작곡해냈다.

　이전의 뮤지컬이 구성을 결여한 음악극이었다면 이 두 사람 이후의 뮤지컬은 비로소 탄탄한 구성으로 완성된 ‘뮤지컬 연극’의 새 역사를 창조하였다. 단순한 오락 위주의 공연 형태에서 ‘음악이 있는 연극’으로 공연예술의 모체를 창조한 셈이다.

　다시 말해 탄탄한 스토리와 구성을 가진 대본이 우선 창조되고 이어서 탁월한 음악이 짝을 이뤄 하나의 완전한 스토리를 갖춘 음악극이 탄생하게 된 것이다. 여기에 노래는 늘 드라마와 음악 사이에서 스토리와 감정 그리고 정서를 잇는 가교 역할을 하였다.

　해머스타인의 말대로, “뮤지컬은 종합적이며 복합적인 예술의 형태로서 춤, 노래, 대사의 절묘한 융합 속에 하나의 독특한 공연예술 형태로 태어난 현대의 새로운 ‘예술 장르’다. 대본이라는 우산이 펼쳐져 있고 그 우산 밑에 노래, 춤, 무대, 의상, 조명, 연출, 기획, 제작 등 모든 요소를 종합한 공연예술이다.”

로저스와 해머스타인의 뮤지컬 〈The King & I〉에 출연한 배우
율 브린너는 4,500여 차례의 공연을 소화했고 아카데미상을 수상한
동명 영화에도 출연했다.

　로저스는 이러한 뮤지컬에 대한 신념에 걸맞게 배우들의 노래 연
습도 하루 4~5시간에 걸쳐 직접 진행했으며, 해머스타인은 끊임없
이 음악에 맞는 가사를 고치고 만들기에 여념이 없었다.

　이렇게 해서 수십 년간 그들에 의해 불후의 명작 뮤지컬이 탄생되
었으니 앞에서도 언급한 뮤지컬 〈오클라호마〉(1943)를 비롯해 〈플
라워 드럼 송〉(1958), 〈카루젤〉(1945), 〈남태평양〉(1949), 〈왕과 나〉
(1951) 〈사운드 오브 뮤직〉(1959) 등의 걸작들이 그것이다. 지금도 이
뮤지컬들은 브로드웨이는 물론 세계 곳곳에서 공연되고 있고 영화로
도 제작되어 우리를 즐겁게 하고 있다.

1960년 65세의 나이로 해머스타인이 세상을 떠난 다음 로저스는 계속 자신이 작사 작곡한 〈노 스트링즈No Strings〉(1962) 외에 〈두 아이 히어 월츠Do I Hear Waltz?〉(1965), 〈투 바이 투Two by Two〉(1970), 〈렉스 Rex〉(1976), 〈아이 리멤버 마마I Remember Mama〉(1979) 등을 발표하다 1979년 해머스타인 곁으로 떠났다.

뮤지컬 역사상 가장 완벽한 두 사람의 예술가는 갔지만 지금도 그 들의 작품은 여전히 그 위력을 발휘하며 우리에게 감동을 선사하고 있고 앞으로도 그럴 것이다. 진실로 "인생은 짧고 예술은 길다."란 명제를 되새기게 해준 뜻 깊은 사례라 하겠다.

3. 조지 거슈윈

Summertime and the Livin' is easy

Fish are jumpin' and cotton is fine

Oh your daddy's rich and your ma is good looking

So hush little baby, don't you cry……

One of these mornings

You're goin' to rise up singing

Then you'll spread your wings

And you'll take the sky

But till that morning

There's nothing' an harm you

With daddy and mammy standin' by……

뮤지컬 〈포기 & 베스〉의 작곡가
조지 거슈윈. 필자가 가장 좋아하는
뮤지컬 작곡가이다.

한여름 어스름한 저녁 후텁지
근한 날씨에 심신이 피로한 우리
의 일상처럼 끈적끈적한 멜로디의
노래, 그리고 뭔가 흐물대는 듯한
정감 속에 감춰진 삶의 신비와 비
밀……. 이 노래는 영락없는 여름
의 모습 그대로인 음악적 표현이자
넋두리처럼 우리에게 다가온다.

소위 미국 3대 재즈 오페라 또
는 뮤지컬의 영역을 넘어 포크 오
페라Folk Opera라고 불리는 뮤지컬
〈포기와 베스Porgy & Bess〉(1935)의 대표적 뮤지컬 넘버 〈서머 타임
Summertime〉은 가사에서부터 멜로디 자체에 이르기까지 미국의 여름
뿐 아니라 세계인이 누구나 공감할 수 있게 만드는 여름 훈풍 같은 정
서와 표현의 절정이다.

이 노래를 작곡한 조지 거슈윈George Gershwin의 또 다른 음악 〈랩
소디 인 블루Rhapsody in Blue〉를 들으면 왠지 기지개를 켜고 싶어지
듯 그의 음악은 피곤에 지친 삶을 어떤 면에선 충분한 여유로움으로
가득 차게 만들어 더욱 풍성한 에너지를 던져준다.

빼어난 뮤지컬과 오페라 작곡가인 조지 거슈윈은 1898년 뉴욕 브
루클린에서 우크라이나에서 이민 온 유대인 부모 사이에서 태어났
다. 늘 피아노 앞에서 놀던 그는 형인 아이라 거슈윈Ira Gershwin을 따

라 브로드웨이를 다니며 작곡을 시작했다.

그리고 프랑스 파리의 나디야 불랑제Nadia Boulanger에게 수학하면서 〈파리의 미국인An American in Paris〉을 작곡하기도 했다. 이 곡은 1928년 카네기 홀에서 발표되었다. 사실은 별로 배울 것 없었던 파리에서 돌아온 그는 곧 작가 뒤보즈 헤이워드DuBose Heyward, 형 아이라 거슈인과 함께 〈포기 & 베스〉 작곡에 착수한다. 이 작품이 20세기 가장 빛나고 중요한 미국의 뮤지컬이자 오페라 작품이 될 줄은 누구도 몰랐다 .

사남매 중에 둘째 아들로 태어난 조지 거슈윈은 이미 열 살 때 음악에 남다른 관심을 가졌고 부모님이 맏형인 아이라 거슈윈을 위해 피아노를 샀지만 정작 피아노를 천재적으로 연주한 것은 조지 거슈윈이었다고 한다. 그럼 거슈윈의 집안이 음악과 여타의 예술에서 탁월한 재능이 있었던 걸까?

조지의 여동생 프란시스 거슈윈이 음악 연주자로 돈을 벌더니 결혼해서는 그림 그리는 작업에 몰두했다. 이러한 영향인지 조지 역시 그림 그리기에 상당한 취미를 가졌으며 또한 그림에도 대단한 재능을 보여주었다. 여하튼 조지 거슈윈은 찰스 햄비처Charles Hambitzer 밑에서 특히 유럽의 클래식 음악과 피아노 연주법을 사사 받아 음악에 대한 이해를 더욱 넓혀갔다.

1918년 선생인 찰스 햄비처가 세상을 떠난 뒤에도 거슈윈은 그를 평생의 멘토로 삼았다. 이어 루빈 골드마크Rubin Goldmark에게 작곡 공부를 한 조지는 1919년 〈스와니Swanee〉란 노래를 작곡해 파티 석상에서 연주했는데 당시 브로드웨이 뮤지컬 배우이자 가수인 앨 존슨Al Jolson이 이 노래를 듣고 그의 쇼에서 부르게 되어 브로드웨이 뮤지컬계에 더욱 명성을 떨친다.

당시 풍미했던 브로드웨이 보드빌 쇼에 음악 편곡, 작곡, 연주를 하며 조지 거슈윈은 더 큰 자신의 음악 세상을 꿈꾸기 시작한다. 1920년대 초 마침내 조지는 작사가 버디 드실비아Buddy DeSylva와 함께 최초의 1막짜리 재즈 오페라 〈블루 먼데이Blue Monday〉를 할렘에서 만들었다.

이어 1924년 조지 거슈윈은 형 이라와 함께 뮤지컬 코미디 〈레이디 비 굿Lady be Good〉을 완성한다. 그리고 같은 해에 역시 필자가 가장 좋아하는 음악인 〈랩소디 인 블루〉를 발표하고 이어서 1929년과 1930년 역시 형 이라와 함께 〈쇼 걸Show Girl〉, 〈걸 크레이지Girl Crazy〉 등을 발표해 드라마 부문 풀리처상을 받게 된다.

본격적인 작곡가의 길로 들어선 조지 거슈윈은 〈포기와 베스〉를 완성하고자 하는 열망에 사로잡힌다. 그 자신 스스로 '포크 오페라'라고 명명한 〈포기와 베스〉는, 브로드웨이 연극 역사학자 로버트 킴벨Robert Kimbell이 "포기와 베스는 뮤지컬인지, 아니면 오페라 장르에 속해야 하는지, 아니면 두 장르에 다 속하는 특이하면서 특별한 작품인지 여하튼 〈포기와 베스〉는 20세기 미국 음악극 가운데 가장 중요한 작품이 아닐 수 없다."라고 피력하듯이 매우 중요한 획기적인 작품이 되었다.

듀보즈 헤이워드의 소설인 『포기Porgy』를 배경으로 드라마타이즈한 뮤지컬 〈포기와 베스〉는 캐롤라이나 흑인 주거 지역을 배경으로

후에 뮤지컬 영화의 대스타가 되었던 프레드 아스테어의
브로드웨이 뮤지컬 〈Lady, Be Good〉의 한 장면.

흑인들의 삶과 애환을 그린 명작이다. 따라서 등장인물 대부분이 흑
인으로 구성된 이 작품은 당연히 백인이 주를 이루고 있는 미국 문
화권에서 경시당할 수 있는 요소가 많았다. 더구나 조지 거슈윈이 유
대계 백인임에도 이러한 흑인을 위한 작품을 오랫동안 생각하고 완
성했다는 점에서 매우 이례적이라 하겠다.

  아니나 다를까? 1935년 첫 공연은 참담한 실패로 끝났다. 이 충격
에서 벗어나지 못했는지 조지는 이후 캘리포니아로 거처를 옮겨 영화
음악 작곡을 시작한다. 이때 탄생한 작품이 유명한 전설의 뮤지컬 영

브로드웨이 뮤지컬 〈Lady, Be Good〉에서 아스테어와
아델의 춤추는 모습.

화 스타 프레드 아스테어Fred Astaire와 진저 로저스Ginger Rogers가 주
연으로 출연한 영화 〈쉘 위 댄스Shall We Dance〉다. 이 작품에서도 그
는 특유의 재즈 선율을 발레의 움직임 속에 도입해 관객의 귀를 색다
른 음악의 세계로 사로잡았다.

프랑스 유학 당시 최고의 클래식 작곡가 모리스 라벨Maurice Ravel
은 "조지 거슈윈의 음악을 통해 비로소 재즈 음악이 리듬과 멜로디

에서도 매우 독특하며 탁월한 음악이란 걸 알았다."고 할 정도로 조지 거슈윈은 재즈를 깊이 이해하고 있는 작곡가였다. 이처럼 당대 최고의 이 두 작곡가는 각각 클래식과 재즈 음악을 통해 서로 영향을 주고받았다고 해도 전혀 과언이 아니다.

라벨뿐 아니라 조지 거슈윈은 프랑스 유학 시절 쇼스타코비치, 스트라빈스키, 쇤베르그 등 당대 최고의 클래식 작곡가들과 교류하며 음악의 영역을 넓혀갔다. 한 번은 쇤베르그에게 음악 레슨을 해 달라고 청하자 "그러면 오히려 나쁜 쇤베르그가 될 텐데? 이미 자넨 거슈윈 그 자체로 완성되었네!"라고 말했다고 전해질 정도로 조지 거슈윈의 음악은 매우 독자적인 음악 세계를 구축하고 있었다. 거슈윈이 말했다.

"진정한 음악은 자신이 살고 있는 지역 사람들의 열망, 꿈, 그리고 생각을 반영한 예술 행위다. 나는 미국인이다. 그러므로 나의 음악은 미국에 기초한다. 또 지금 내가 살고 있는 이 시대가 곧 내 음악의 배경이 되는 것이다."

명작 〈포기와 베스〉도 이러한 조지 거슈윈의 음악적 사념과 철학에 기초했다고 볼 수 있겠다. 이러한 그의 업적과 생각을 기초로 미국 정부에 의해 '조지 거슈윈 음악상'이 제정되었으니, 2007년 3월에 첫 수상자로 대중음악 작곡가 폴 사이먼Paul Simon이 수상했다.

1937년, 전부터 뇌를 앓기 시작한 그는 머리 아픈 증상과 함께 이상하게도 종종 고무 타는 냄새를 맡는 것 같다는 묘한 증상에 시달

조지 거슈윈의 불후의 명작 뮤지컬 〈포기 & 베스〉.

린다. 그해 여름 할리우드에서 〈골드윈 폴리즈The Goldwyn Follies〉를 작곡하는 도중, 쓰러져 병원에 옮겨진다. 그로부터 이틀도 채 지나지 않아 안타깝게도 그는 뇌종양이란 병명으로 38세의 짧은 나이로 세상을 떠난다. 사후 그의 시신은 뉴욕 웨스트체스터에 있는 공동묘지로 이장됐다.

그의 죽음을 애도한 수많은 이들의 후원 속에 그를 기념하는 콘서트가 그해 9월 8일 할리우드 볼Hollywood Bowl에서 열렸다. 그리고 지금도 세계 곳곳에서 불후의 명작 뮤지컬 〈포기와 베스〉를 비롯해 수많은 그의 영화음악과 작품들이 해마다 많은 연주자, 가수, 그리고 오케스트라단에 의해 연주되고 있다.

생전에 결혼은 하지 않았지만 그는 여류 작곡가 케이 스위프트Kay Swift와 교제하며 이성과 음악적 관계를 함께 누렸다. 당시 케이는 이미 결혼을 한 몸이었지만 조지와의 관계를 위해 이혼을 할 정도로 조지를 진심으로 사랑했던 것으로 알려졌다.

두 사람이 결혼으로 맺어지지 못했던 가장 큰 이유는 조지의 모친이 케이가 유대인이 아니라는 이유로 반대했다는 이야기가 전해져 온다. 여하튼 조지가 죽은 후에도 케이 스위프트는 그를 위해 여러 편의 음악 편곡과 음반 제작을 주선하는 등 애정과 열의를 다했다고 알려졌다. 전 세계에서 공연되는 그의 음악을 통해 사후에도 그는 가장 돈을 많이 벌어들이는 작곡가로 남아 있다.

지금도 우리 귀에 익숙한 그의 불멸의 음악들, 〈Piano Concert in F〉(1925), 〈Dream Sequence〉(1929), 〈Cuban Overture〉(1932), 〈March from Strike Up the Band〉(1934), 〈Variations on 'I Got Rhythm'〉(1934), 〈Catfish Row〉(1936), 오페라 〈Blue Monday〉(1922), 그리고 사후에 발표된 뮤지컬까지 포함해서 뮤지컬 〈Lady be Good〉(1924), 〈Tip-Toes〉(1925), 〈Tell Me More〉(1925), 〈Oh, Kay〉(1926), 〈Funny Face〉(1927), 〈Rosalie〉(1928), 〈Show Girl〉(1929), 〈Girl Crazy〉(1930), 〈Of Thee I Sing〉(1931), 〈Pardon My English〉(1933), 〈Let'Em Eat Cake〉(1933), 〈My One and Only〉(1983), 〈Crazy for You〉(1992), 〈Nice Work If You Can Get It〉(2012) 등이 지금도 곳곳에서 공연되고 있다.

4. 알란 제이 러너와 프레더릭 로우

1950년대 뮤지컬에 새로운 걸작을 만든 장본인들이 알란 제이 러너 Alan Jay Lerner와 프레더릭 로우Frederick Loewe다. 로우는 독일 출신으로 음악가인 아버지 밑에서 신동 소리를 들으며 자란 인물이다. 뉴욕에 정착한 그에게 대공황은 그를 어렵게 만들어 재즈 바에서 피아노를 치며 연명해야 했다.

2차 세계대전이 끝나고 그가 뮤지컬에 입문했을 때 이미 그의 나이는 마흔이 넘은 때였다. 그가 1939년 연극 〈위대한 여인〉에서 음악을 작곡하게 되면서 작사가 제이 러너와 운명적인 만남이 이루어진다.

이 두 사람은 안무가 죠지 발란쉰이 제작을 맡은 〈왓츠 업What's Up〉(1945)에서 첫 작품을 선보였고 이어 〈브리가둔Brigadoon〉에서 맛깔난 음악으로 세상의 주목을 받는다. 뮤지컬 〈브리가둔〉은 스코틀랜드에 여행을 간 두 미국인이 브리가둔 마을에서 그곳 아가씨와 사랑을 나누게 된다는 다소 이국적인 소재의 민속적인 춤과 노래가 곁들여진 작품이었다.

이어서 이들의 성공을 실현한 명작이 만들어졌으니 1954년 영국 작가 버나드 쇼 원작 『피그말리온』을 각색한 뮤지컬 〈마이 페어 레이디My Fair Lady〉이다. 뮤지컬을 위해 태어났다고 해도 과언이 아닐 정도로 탁월한 뮤지컬 배우 줄리 앤드류스가 출연한 이 작품은 당시 토니상 9개 부문을 휩쓸며 뮤지컬 〈오클라호마〉의 흥행 아성을 뛰어넘는다.

언어학자 히긴스 교수가 어느 날 런던의 한 극장 앞 길거리에서 꽃을 파는 엘리자를 발견하고 그녀를 세련된 상류사회의 귀부인으로 만든다는 판타스틱한 이 이야기는 곧바로 브로드웨이 흥행작으로 재탄생한다. 길거리 여자를 사교계의 여왕으로 등극시키는 이 뮤지컬은 단연 관객에게 대리 만족과 성공의 판타지를 제공하며 뮤지컬의 새 이정표를 세웠다.

이어서 성공한 뮤지컬이 늘 그렇듯이 할리우드에서 영화로 만들어져 주인공 역할을 맡은 오드리 헵번의 매력과 마력을 음악과 함께 세계에 다시 알리게 된다. 필자는 이 작품을 무대 공연은 물론 영화를 통해서도 감상했지만 작품의 소재는 물론, 음악과 화려한 의상에 이르기까지 모두 대중적 성공을 거두기에 충분하였다.

뮤지컬 〈마이 페어 레이디〉의 성공에 힘입어 두 사람은 곧이어 1960년 새로운 뮤지컬을 완성했으니, 바로 아서왕과 그의 왕비 그

뮤지컬 〈마이 페어 레이디〉(1956)는 뮤지컬 여자 배우들이
가장 하고 싶어 하는 신데렐라 같은 작품이다.

리고 기사 캔슬럿의 삼각관계를 그린 〈카멜롯Camelot〉이다. 필자가
뉴욕에 있을 때 명배우 리처드 버튼을 보기 위해 링컨센터에 가서
이 뮤지컬을 관람한 적이 있었는데, 중세 시대의 각종의 액세서리
와 무대의 소품, 그리고 품격 있는 음악은 매우 뛰어난 뮤지컬의 한
전형이었다.

　뮤지컬의 특성상 작곡가와 작사가의 만남은 필수적인 절대 조건인
데 이 두 사람의 음악적 만남은 더없이 간절하면서 절실하였다. 제
이 러너가 로우보다 2년 빠른 1986년에 세상을 뜨고 곧이어 로우가
1988년 세상을 떠나니 두 명의 뮤지컬 대가들이 세상을 등진 것도
거스를 수 없는 두 사람의 운명이라고 하겠다. 이렇게 프레더릭 로우

시장 바닥에서 꽃 파는 처녀가 사교계의 여왕으로 변신하는
뮤지컬 〈마이 페어 레이디〉의 한 장면.

와 제이 러너는 50년대 뮤지컬을 얘기할 때 절대 빼놓을 수 없는 장
본인들이 됐다.

5. 현대 뮤지컬의 기수, 스티븐 손드하임

오스카 해머스타인과 리처드 로저스의 뮤지컬 황금기가 지나면서 뮤지컬계는 항상 그렇듯이 과거와 미래를 이어줄 새로운 뮤지컬 스타를 기다리고 있었다. 이러한 기대에 부응하여 여러 명의 작곡가가 출연했으나 그 가운데 가장 적확하게 들어맞는 새로운 뮤지컬 음악의 천재가 나타났으니, 그가 바로 스티븐 손드하임Stephen Sondheim 이다.

1970년대부터 1990년대에 걸쳐 그의 음악은 뮤지컬의 새로운 지평을 열었다고 해도 과언이나 과찬이 아니다. 작곡가 겸 작사자로서 그의 영역과 능력은 가히 절대적이었다.

작사를 맡았던 〈웨스트 사이드 스토리West Side Story〉(1957)에서부터 지금도 자주 리바이벌 공연되는 〈집시Gypsy〉(1959), 〈Anyone Can Whistle〉(1970), 〈Company〉(1970), 〈Follies〉(1971), 〈A Little Night

현대 뮤지컬의 천재 스티븐 손드하임(맨 오른쪽)이 십대 때 오스카 해머스타인 일가와 함께 한 사진. 해머스타인(오른쪽에서 두 번째)은 한눈에 손드하임의 천재성을 알아보고 같이 일했다.

Music〉(1973). 일본 사무라이를 주제로 일본에서 시작해 나중에 브로드웨이에서도 공연한, 거의 모든 배우가 아시아계로 이뤄진 〈Pacific Overtures〉(1976). 빅토리아 시대의 멜로드라마를 잔혹 뮤지컬로 번안한 최근에는 영화로 제작되어 조니 뎁이 출연해 인기를 모은 〈Sweeny Todd〉(1979), 〈Merrily We Roll Along〉(1981), 〈Sunday in the Park with George〉(1984). 어린이 동화를 소재로 한 걸작 뮤지컬 〈In to the Woods〉(1987). 비록 관객동원에 실패했지만 미국 대통령의 가상적 암살을 주제로 한 색다른 뮤지컬의 완성본이라 할 수 있는 〈Assassins〉(1991) 그리고 〈Passion〉(1994) 등 그의 뮤지컬은 해머스타인과 리처드 로저스를 계승하는, 다양하면서 획기적이고 매우 현대적이며 가히 현대 뮤지컬 거장의 역작으로 전혀 손색이 없다.

손드하임은 오스카 해머스타인의 후예로, 또 제롬 컨의 뒤를 이은 리처드 로저스를 계승한 뮤지컬 역사에서 매우 중요한 인물로 평가받고 있다. 해머스타인은 손드하임을 가르쳤다. 처음부터 중간 그리고 끝까지 적절하게 노래를 어떻게 구성할지, 노랫말 하나하나가 얼마나 중요한지 가르친 것이다. 이러한 수업 결과가 후에 그를 뮤지컬의 새로운 희망이자 실천가로 떠오르게 한 셈이다. 훌륭한 선생이 배출한 훌륭한 제자의 예가 아닐 수 없다.

손드하임이 배운 과정을 한 번 살펴본다.

프로젝트 1. 아주 탄탄하고 좋은 희곡을 골라 뮤지컬로 만들어 보라.

프로젝트 2. 별로 좋지 않은 희곡이거나, 고치면 괜찮을 희곡을 골라 뮤지컬로 만들어 보라.

프로젝트 3. 희곡 작품이 아닌 소설을 골라 뮤지컬로 만들어 보라.

프로젝트 4. 완전히 새로운 뮤지컬 작품을 만들어 보라.

손드하임은 대학을 다닐 때 이러한 프로젝트에 준한 뮤지컬 작업을 이미 시도했다. 뮤지컬의 거장 손드하임은 매우 불행한 유년 시절을 보냈다. 그가 열 살 되던 해 부모는 이혼했고 아버지의 권유로 어린 나이에 어머니를 돌봐야 했다. 아홉 살 때 브로드웨이에서 관람한 〈Very Warm for May〉를 보고 뮤지컬에 지대한 흥미와 관심을 두게 되었고 다음 해 〈쇼 보트〉, 〈오클라호마〉, 〈남태평양〉 등을 보면서 뮤지컬의 정수를 맛보게 된다.

그는 해머스타인을 만나 작업하면서 창조의 기쁨을 누리며 삶의 보람을 얻게 됐다고 술회한다. 손드하임의 1962년 작 〈A Funny Thing Happened on the Way to the Forum〉에는 이러한 해머스타인의 모습을 아버지이자 스승으로 그리고 있다.

그뿐만 아니라 윌리엄즈 대학 시절엔 로버트 바로우Robert Barrow 라는 음악 선생에게 많은 영향을 받아 삶에 변화가 오기 시작했으니 로맨틱한 음악의 세계와 작곡가로서 훌륭한 테이블을 만들어내는 목수처럼 그는 음악의 기교와 열정을 서서히 익혀 간다. 이러한 그의 탁월한 음악 수업은 마침내 당시 전위 음악의 작곡가 밀턴 바빗Milton Babbitt과의 작업으로 한층 무르익어 갔다.

그리고 함께 뮤지컬 작업 속에서 일한 해머스타인이나 극작가 버트 쉐블로브Bert Shevelove, 아서 로렌츠Arthur Laurents 등으로부터 그는 뮤지컬 음악과 드라마의 필연적인 극적 유기성을 체득해 나갔다.

스티븐 손드하임의 뮤지컬이 그 이전의 뮤지컬과 다른 점은 무엇일까? 이전에는 관객에게 스토리를 전달하면서 마지막 부분을 해피엔딩으로 결말 맺으며 인간의 아름다운 가치를 전달하려고 했다(대부분 평범한 센티멘틸리즘에 입각한 작품들이었다). 그러나 손드하임의 뮤지컬 철학은 달랐다.

즉, 감성보다는 지적인 반응에 관심을 두었고, 달콤함에 신랄함을 첨가했으며, 따뜻하지만 냉철함 속에 초월된 경지를 보여주려고 시도했다. 대본의 형식과 톤, 무드에 따라서 그의 음악은 자연스럽게 물 흐르듯 따르고 있는 셈이다. 롬버그, 제롬 컨, 로저스, 해머스타인 등 이전의 작곡가들이나 작가들은 대본이 스토리 자체였고 음악이 그를 따랐다. 그러나 손드하임은 대본은 아이디어와 개념으로서 뮤지컬 연극의 한 요소로 등장한다고 생각했다. 말하자면 새로운 의미에서 '컨셉 뮤지컬Concept Musical'을 창시한 셈이다.

그가 대하는 뮤지컬의 대본은 뮤지컬의 '기름'이요 유기적인 측면의 '조력자'라고 생각한 것이다.

"좋은 대본은 곧 작품의 방향이며 공연 그 자체이고 또한 안무이며, 디자인이고, 음악의 화음이라고 믿은 것이다. 훌륭한 뮤지컬은 훌륭한 대본에서부터 비롯되는 것이다. 좋은 대본은 등장인물의 성격을 흥미롭게 극명하게 조명하고 있다. 삶에 있어 우선이 사람이며, 예술에도 사람이 우선이듯이 말이다."

이러한 관점에서 손드하임의 노래들은 다른 뮤지컬 작곡가들에 비해 대중적으로 알려진 것이 많지 않다. 그 이유는 대본에 충실하고, 배역에 충실하게 만들어진, 바꿔 말해서 매우 '뮤지컬 음악적인 곡'이기 때문이다.

그의 노래는 매우 특별하게 드라마 상황에 짜 맞춰져 있다. 마치 햄릿의 대사가 일체 모두 그의 성격에 맞게 디자인되고 조율되었듯이 뮤지컬 대본도 배역의 노래에 맞게 디자인되고 조율되어야 한다고 생각했던 것이다.

작곡을 할 때 손드하임은 음악적인 주제를 생각해 작품에 맞는 특별한 리듬과 박자, 음조, 두운, 각운, 멜로디, 하모니에 따른 화성을 만들었다. 그러므로 무대에서 공연하는 배우들은 관객이나 음악 분야 사람들과는 달리 그의 음악에 마치 알맞은 옷을 입은 듯이 신뢰와 확신과 흥미를 갖게 되는 것이다.

대개 성공한 뮤지컬 작곡가들이 그들의 노래가 대중에게 어필하고 히트하기를 바라는 반면 손드하임은 그런 면에서의 관심은 전혀 안중에도 없는 듯 보인다. 노래가 드라마를 말해주면 드라마는 자연 발전되는 것이란 게 그의 뮤지컬에 대한 기본 철학이었다.

그의 대표적인 노래들은 연습 중이나 시연회 때 완성된 경우도 많다(예를 들어 〈Comedy Tonight〉 경우). 대본이 무대화 되는 과정 속에서 배우를 보고 그 배역에 가장 알맞은 '음악의 옷'을 지어 입힌 식이다. 뮤지컬 〈Comedy Tonight〉 가운데 〈Being Alive〉, 〈I'm Still Here〉, 〈Send in the Clowns〉 등의 노래가 모두 그렇게 탄생되었다.

그래서 그의 뮤지컬은 '컨셉 뮤지컬'이란 수식어가 붙게 된 것이다. 즉 음악, 가사, 연출의 방향, 대사 그리고 모든 무대 디자인에 이르기까지 작품의 컨셉에 맞춰야 한다는 것이다. 종합예술로서 각 파트는 절대 따로 놀 수가 없기 때문에…….

여기에 덧붙여 그의 컨셉을 살펴보자.

① 예상 밖의 것을 만들어 가끔 관객을 놀래주어야 한다.
② 놀라운 사실을 자주 만들라.
③ 노래는 음악을 통해 드라마를 듣는 것처럼 만들라.
④ 대사는 가능하면 압축하고 리드미컬하게 만들어라. 그래야 드라마가 음악적으로 진행된다.

손드하임과 뮤지컬 가사의 미학

손드하임의 대본은 배역의 확실한 성격과 개념이 분명한 게 사실이지만 거기에 덧붙여 뮤지컬의 핵심인 노래 가사에 있어 탁월함을 보여주는 것은 듣는 이에게 매우 즐거운 일이 아닐 수 없다.

여기서 잠깐 그의 가사에 대한 미적 감각과 컨셉을 살펴보자.

첫째, 그의 뮤지컬 가사는 시적인 구성에다 문장, 리듬감이 탁월해 관객이 극의 흐름을 명료하게 따라가는 데 기여하고 있다. 뮤지컬 속의 노래는 들으면서 이해되어야 한다는 측면에서 손드하임의 노래 가사는 전주 부분부터 놓치지 않도록 진행되며 극의 분위기와 내용의 암시까지 매우 탄력 있게 전달되고 있다. 특히 반주 음악 속에서도 가사 전달이 명확하게 전달되도록 배려한 것은 매우 창조적이다.

예를 들어 그의 뮤지컬 작품 〈Follies〉 가운데 〈Could I Leave You〉란 노래는 가사만 들어도 노래를 부르는 배역의 성격, 극적 진행과 상황, 노래를 부르는 배역의 감정 상태를 즉시 파악할 수 있도록 만들어준다.

둘째, 뮤지컬 가사는 연주되는 음악을 어디까지나 배경으로 쓰고 있는 것이다. 즉 음악의 멜로디, 하모니, 리듬이 결국 가사와 함께 음악을 더욱 풍요롭게 만드는 역할을 한다는 것이다.

손드하임처럼 음악의 총체적 감성을 아는 예술가의 경우는 이러한 종합적인 조화를 절묘하게 창조할 줄 안다고 하겠다. 그가 만들어 이미 우리의 귀에 익은 〈포기와 베스〉 속의 〈Summertime〉, 〈오클라호마〉의 〈Oh, What a Beautiful Morning〉, 〈웨스트 사이드 스토리〉의 〈Maria〉, 〈지붕 위의 바이올린〉의 〈Do You Love Me?〉 등이 그 예다.

위에 열거한 노래들의 가사를 그냥 읽으면 단순하고 매우 평범하게 느껴지겠지만, 음악의 반주에 실려 노래가 불려지면 비로소 뮤지컬 넘버로서의 하모니와 함께 절묘하게 완성되고 있음을 느끼게 된다. 역시 음악은 반주에 있어 어떤 악기가 어떻게 편성되는가에 따라 그 맛을 달리할 수 있다는 것을 보여준다.

해머스타인도 그랬지만 손드하임 역시 가사를 쓸 때, 음악이 완성되기 전이나 음악이 완성되는 즉시 가사를 작성했다. 그러므로 음악이 가사를 감지하면서 도와주고 동시에 느끼게 만드는 것이다.

리처드 로저스도 해머스타인의 가사가 만들어진 다음에 멜로디를 썼다는 경우는 바로 이러한 것을 시사한다. 그리고 손드하임은 가사에 쓰이는 단어를 음악의 템포와 고저에 따라 변화를 이끌게 하고 마무리를 짓도록 절묘하게 구성해 놓는 것이었다.

그의 노래 가운데 〈Company〉의 경우 스타카토에 맞게 가사 하나하나가 대응되도록 만들었다. 예를 들어 'Com-', 'pa-', 'ny'란 단어가 리듬에 정확히 녹아들도록 해서 이 노래를 부르는 극적인 상황과 캐릭터가 하나로 조화되어 관객의 귀를 한껏 음악적 즐거움 속에 빠져들게 만드는 것이다. 단어는 물론 문장과 문장, 앞뒤의 두운과 각운, 그리고 그 단어 배열에 있어서의 시적 구조는 곧 멋진 음악을 만드는 원동력이 되었다. 물론 잘 만들어진 오페라가 그렇지만.

그렇다면 손드하임의 뮤지컬에서 '노래'의 정설이란 무엇일까?

결국 '좋은 노래(뮤지컬 넘버)'는 노래가 없는 다른 연극이 도저히 창조할 수 없는 '극적인 순간'을 만들어내는 특성을 최대한 살릴 수 있다는 것이다. 말하자면 뮤지컬에서의 좋은 노래나 음악은 무대를 캐릭터는 물론 극에 대한 사고와 극적 감정을 활기로 가득차게 만들어주는 효과를 자아낸다는 뜻이다.

이러한 순간들이야말로 관객들이 기대하는 것이며 동시에 그 순간을 영원히 기억나게 만드는 것이다. 손드하임의 이러한 생각은 매우 당연하며 그럼으로써 뮤지컬이 갖는 최대 장점이 될 수 있다.

손드하임은 가사 속에 숨겨진 보석 같은 작품의 의미를 배우와 연출자에게 제공해 준다. 배우에게는 연기할 여지와 공백을 만들어주고, 연출자에겐 무대 미학을 창조할 수 있는 여지를 제공해주는 셈이다.

드라마에서 우연이란 없다. 뮤지컬 드라마에서 좋은 가사란 관객에게 드라마를 설명해 주는 것이 아니다. 바꿔 말하면 노래로 하는 설명이 아니라 노래로 '연기'하는 것이어야 한다. 배역이 모르는 사실을 관객이 아는 것이 곧 좋은 드라마 아닌가? 셰익스피어의 〈오델로〉에서 오델로 자신은 모르고 있는 손수건의 진실을 관객은 이미 알면서 그 비극의 파국을 즐기는 것이나 마찬가지다.

이처럼 뮤지컬에서 부르는 노래는 손드하임의 말 그대로, "그 노래를 부르는 배역의 깊은 마음속 내면에 내재된 생각을 관객에게 전달하고 표현하는 것"이다. 노래 속에 지금 일어나고 있는, 그리고 나중에 곧 일어날 상황과 그에 따른 감정의 상태를 전달하고 표현한다.

손드하임의 가사는 또한 삶에 대한 유머와 위트가 번쩍이는 재미가 있다. 그의 대사와 노래 속에 관객들은 시종 웃음을 감추지 못한다. 이것이야말로 진정한 '뮤지컬 코미디'의 정석이 아닐 수 없다.

배역이 극적 상황에 어떻게 대처하는가는 관객의 최대 관심사다. 손드하임은 이러한 상황을 유머 있게 대처해 나간다. 그의 〈A Little Night Music〉에 나오는 Anne, Fredrik, Henrik 등이 그 예다. 클라이맥스, 비비 꼬인 대사, 조크 등이 적절히 배치되어 시종 드라마의 코믹한 긴장을 유지시키고 있다. 그의 탁월한 두운(문장 앞의 시적 단어의 선택)과 각운(문장 끝말의 운)의 대비법은 셰익스피어처럼 그만의 천부적 재능이었다.

예를 들어 그의 〈Company〉 중에 〈The Little Things You Do Together〉 가운데 다음과 같은 구절이 그 예다.

"share-swear-wear…"
"enjoy-annoy-destroy…"
"bug and rug… delight and polite…"
(우리가 외국 뮤지컬을 대할 때 번역의 한계를 절실히 느끼는 점도 이런 대사의 맛과 멋이라고 할 수 있겠다.)

위에서 보듯이 손드하임은 그의 노랫말에서 시적인 단어로 운을 맞추는 데 일가견을 가진 인물이다. 이러한 두운과 각운이 절묘하게 맞아 떨어져야 뮤지컬의 리듬이 절로 만들어진다고 그는 믿고 있다. "말이 먼저고 다음이 음악"이라는 그의 지론이 뮤지컬의 원칙을 정립해놓은 셈이다.

하나의 노래가 만들어지기까지 하루 10시간 넘게 작업하면서 일주일의 시간이 걸리는 이유도 이러한 그의 용의주도한 뮤지컬 방법론에 의거하기 때문이다.

현대 뮤지컬 시장에서 가장 성공한 앤드류 로이드 웨버 같은 작곡가가 우선 노래와 음악을 음반으로 만들고 이어 뮤지컬에서 성공하는 식의 비즈니스적인 마인드를 가졌다면, 손드하임은 이와 달리 첫째도 뮤지컬이요, 둘째도 오로지 뮤지컬만을 위해 음악과 노래를 만드는 스타일의 작곡가다.

극적 상황과 심지어 극장에 맞게 가사 한 마디 한 마디, 톤, 멜로디, 주변 환경의 고려, 캐릭터, 극적 모티브까지 염두에 두고 계산해서 작곡하는, 그야말로 뮤지컬 작곡가의 전형적인 모델이다. 그러니 그의 음악이 대중을 위한 음반으로 만들기엔 자연히 거리감이 있을 수밖에 없지 않겠는가?

그는 놀랍게도 이전의 뮤지컬에서 표현되었던 낭만적인 뮤지컬의 음악이 아니라 매우 현대적인 감각의 소리를 창조한 '현대 뮤지컬 작곡가'다. 그러므로 그의 음악은 간혹 불협화음의 요소를 띤 멜로디에 복잡한 화음이 끼어 있어 관객이 듣기에 놀랄 정도다. 이런 하모니를 섞어 작곡을 하는, 현대의 부조리 연극 같은 계열의 뮤지컬 작곡가이기도 하다. 그의 대표작인 〈Sweeny Todd〉, 〈A Little Night Music〉, 〈Follies〉 등이 이런 경우라 하겠다.

어쨌거나 손드하임은 미국 뮤지컬 역사에서 가장 독보적인 위치를 가진 작곡가다. 다른 작곡가와 달리, 음악 시장을 위해 그의 뮤지컬 노래들이 음반으로 만들어지는 것을 또한 싫어했다. 예를 들어 앤드류 로이드 웨버 같은 작곡가는 그의 뮤지컬 노래들을 팝 가수들이 부르게 하여 대중에게 널리 알려지도록 하는 소위 음악 비즈니스를 잘 하지만 손드하임은 비즈니스조차 절대 거부하는, 진실로 뮤지컬만을 위한 뮤지컬 작곡가다.

손드하임은 뮤지컬 작곡가 또는 연극음악 작곡가로서 자신이 좋아하는 특정한 드라마에만 열중하는 사람이었다. 그러므로 그의 뮤지컬 노래들은 드라마와 매우 깊이 연계되어 있어 드라마를 모르는 일반 대중에게는 어렵고 거리감이 느껴지게 마련이다. 이러한 이유로 그의 음악은 매우 개인적 취향이 짙게 드리운 것처럼 들린다.

현대 사회에 대한 철학과 비판과 쟁점처럼 현대 음악의 감각은 불협화음이어야 하며, 복합적이고 비일상적 멜로디 구성에다 놀라울 정도의 하모니를 띠고 있어야 한다는 것이 그의 음악에 대한 견해다. 심지어 특정 시대물을 소재로 한 뮤지컬 〈Follies〉의 경우도 음악을 듣는 관객에게 확실히 누구도 흉내 낼 수 없는 손드하임의 음악임을 확연히 알게 만들었다. 이러한 음악은 결코 일반 대중을 즐겁게 해줄 수는 없다. 그러나 손드하임의 음악 세계는 뮤지컬 평론가나 뮤지컬을 신중히 공부하는 학생들을 더없이 열광하게 만든다.

그가 만드는 뮤지컬의 가사는 완벽할 정도로 소절 소절에 맞춰져 있고, 가사가 끝날 때 음악 또한 적절하게 끝을 맺는다. 전혀 군더더기가 없다. 솔로 음악도 드라마의 순간순간과 특정한 내용을 제공해

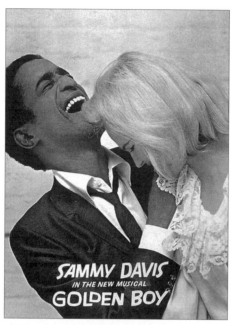

미국 뮤지컬계와 연예계에 하나의 큰 족적을 남긴 흑인 스타
새미 데이비스가 폴라 웨인과 함께 출연했던 뮤지컬 〈Golden Boy〉(1964).
인종차별이 심했던 당시 흑인 남자와 백인 여자와의 사랑 이야기로 꾸며진
이 작품은 일대 파문을 일으켰다. 흑인 인권 운동가 마틴 루터 킹 목사는
물론 말콤-X도 이 작품을 보고 찬사를 아끼지 않았던
히트 소셜 뮤지컬 드라마다.

주며, 전체 음악은 드라마의 컨셉을 매우 적절하게 표현해 주고 있
는 것이다.

뮤지컬 〈Follies〉의 경우 대본의 소재가 시간, 기억, 유령들, 그림
자 그리고 지난 과거를 다루고 있는데, 그의 음악은 혼성 음악으로
과거와 현재를 절묘하게 내포시키고 있다. 또 하나 로맨틱한 뮤지
컬 〈A Little Night Music〉의 경우도 그는 확연하게 3/4, 3/2, 6/8,
9/12 박자에 맞춘 작곡을 창조해냈다. 이것은 마치 딱 들어맞는 양

복처럼 작품의 품격과 의미를 한층 되살리고 있는 것이다.

손드하임의 뮤지컬 〈어쌔신Assassins〉 같은 작품은 미국적인 음악의 자산인 포크 발라드에서부터 애국적인 행진곡 등의 전통을 작품 속에 포함시키려는 노력이 엿보인다. 또한 챔버 오페라 같은 뮤지컬 〈Passion〉은 매우 서정적이면서 광적이며 풍부한 음악성을 지니고 있어 관객들에게 광대한 음악적 풍요로움을 더해 주고 있다.

이처럼 손드하임은 작품마다 그 작품에 맞는 개인적 구성의 틀과 묘를 완성해내는 작곡가다. 박자나 멜로디에 맞게 적절히 구사하면서 노래는 마치 물을 꼭꼭 씹어서 다져가듯이 전개되어 더욱 드라마틱한 뮤지컬 노래와 극적 상황을 연출하게 만든다.

뮤지컬 〈Company〉의 오프닝 노래를 작곡할 때 관객들에게 주요 등장인물과 무대 세트, 작품의 스타일, 작품의 톤 등을 일목요연하게 소개하기 위해서, "love is company, three is company, good friends, weird friends, married friends, phone rings, bells buzz, no ties." 등의 아주 짧은 단어 연결로 한결 노래를 돋보이게 구성한 탁월한 센스를 발휘했는데 이것은 '뮤지컬의 극적인 표현'으로 기가 막혔다. 이런 효과는 하나의 스타일로서 이 작품의 독특한 맥박을 창조한 것이나 다름없다고 하겠다.

그는 분명 언어를 음악적으로 소화시키는 본능적 탁월함을 지니고 있으며, 급기야 그만의 색깔을 지닌 뮤지컬을 창조시킨 것이다.

손드하임은 조지 애버트, 마이클 베넷, 레오나르드 번스타인, 래리 갤바트, 제임스 골드맨, 제임스 래파인, 아서 로렌츠, 해롤드 프린스, 제롬 로빈스, 리처드 로저스, 허버트 로스, 쥴 스타인, 존 웨이드맨, 휠러 등의 기라성 같은 뮤지컬 관계자들과 함께 일했으며, 이런 인맥을 통해 그가 만든 뮤지컬 노래는 무려 400여 개가 넘는다.

또한 그는 독자적인 작곡으로 1957년부터 〈Gypsy〉, 〈A Funny Thing Happened on the Way to the Forum〉, 〈Anyone Can Whistle〉, 〈Do I hear a Waltz?〉, 〈Company〉, 〈Follies〉, 〈A Little night Music〉, 〈Pacific Overtures〉, 〈Sweeny Todd〉, 〈Merrily We Roll Along〉, 〈Sunday in the Park with George〉, 〈Into the Woods〉, 〈Assassins〉, 〈Passion〉 등의 뮤지컬 작품을 내놓았다.

손드하임은 많은 논란의 중심에 있지만, 뉴욕 타임즈가 그에 대한 논평에서 "미국 뮤지컬에서 가장 위대하고 가장 알려진 예술가……."라고 언급했듯이 확실히 그는 그 이전의 초기 미국 뮤지컬과 앞으로 다가올 미래의 뮤지컬을 이어주는 핵심 인물이다.

어떠한 작품이라도 대중과 평론가 그리고 제작자에 휘둘리지 않고 그만의 세계로 뮤지컬을 만들어 이룩한 업적은 누구도 부인할 수 없다. 그의 테크닉과 지적인 감수성은 매 작품에서 빛을 발했다. 다른 작곡가와는 달리 그의 작품에선 등장인물이 문제아, 상반되는 견해, 좋아할 수 없는 것으로 묘사되기 일쑤였는데, 그는 그 어려운 재료를 가지고 탁월함을 발휘했으며, 차고 거칠면서 신랄하고 매혹적이지 않은 것으로 그려내는 데 일익을 담당했다.

음악과 더불어 가사 역시 기지에 넘치고 동시에 시니컬한 비판 의식이 깃들어 있으면서 반전음을 자주 쓰는 지적인 작곡의 범주를 창조해 내기도 했던 것이다.

　재미있는 사실은 손드하임이 전통의 뮤지컬을 포옹하면서 꾸준히 새로운 뮤지컬에 도전하고 있다는 것이다. 이런 측면에서 당대 최고의 뮤지컬 작곡가인 앤드류 로이드 웨버와는 달리 그의 뮤지컬은 다분히 미래 지향적으로 무한의 도전을 시도하고 있는 셈이다.

제**3**장

컨템퍼러리 뮤지컬의
도래

20세기를 기점으로 뮤지컬은 대중 공연의 한 중심으로 자리매김하면서 다양한 무대용 기계와 기술을 이용한 기술적인 측면의 발달과 방대한 제작비의 규모, 소재의 다변화에 따른 다양함, 그리고 브로드웨이식 뮤지컬의 독자적 형식과 같은 변화로 나타나기 시작했다.

특히 이 가운데 영국, 프랑스, 러시아에서 제작되기 시작한 뮤지컬이 기존의 브로드웨이 편중의 뮤지컬 시장에 새로운 판도를 형성하고 영향을 주기 시작했다.

1980년대 한때 미국 브로드웨이의 뮤지컬은 사양길에 접어드는 듯했다. 그런데 이 시점에 브로드웨이를 구한 새로운 대작 뮤지컬은 흥미롭게도 영국에서 만들어진 일련의 뮤지컬 작품들이었다.

〈에비타Evita〉, 〈캐츠Cats〉, 〈Me and My girl〉, 〈레 미제라블Les Miserables〉, 〈Starlight Express〉, 〈오페라의 유령The Phantom of the

Opera〉, 〈미스 사이공Miss Saigon〉, 〈Sunset Boulevard〉 등이 그 예다.

여기에 혜성처럼 등장한 작곡가가 앤드류 로이드 웨버Andrew Lloyd Webber다. 그는 명연출가 트레버 넌Trever Nunn과 짝을 이뤄 매우 유럽적이면서 만인의 가슴을 울릴 명작을 연이어 만들어냈다. 여기에 탁월한 제작자이며 기획자인 카메룬 매킨토시Cameron Mackintosh가 미국과 세계에 수출할 뮤지컬을 제작해 성공을 거둔다.

이들의 성공 뒤에는 일단 뉴욕 브로드웨이 제작비 3분의 1밖에 안 되는 돈으로 만들어냈다는 것과 더불어 질적인 측면에서 탄탄한 작품을 제작했다는 사실이 뒷받침하고 있다. 고갈된 뉴욕 브로드웨이에서 새로운 뮤지컬을 기다리고 있던 시점에 영국에서 제작한 이런 일련의 작품들은 절묘하게 맞아 떨어진 셈이다.

아이러니하게도 이 시기에 고어 챔피언, 마이클 베넷, 밥 포시, 제롬 로빈스 같은 전설적인 미국의 안무자들이 참여한 〈Grind〉, 〈Rags〉, 〈Smile〉, 〈Legs Diamond〉, 〈Nick & Nora〉 등의 작품이 모두 흥행에 실패했던 것이다. 이것은 분명 관객들이 새로운 뮤지컬을 열망하고 있었다는 것을 반증한다.

1975년 오프오프브로드웨이에서 시작된 〈코러스 라인Chorus Line〉이 전대미문의 흥행을 기록하며 10년의 흥행가도를 달렸던 1985년, 뮤지컬은 32개 작품에서 19개 작품으로 축소되었고, 관객 또한 600만 명에서 500만 명이 채 안 되는 초라한 기록을 남긴다.

브로드웨이가 이러한 어려움에 직면해 있을 때 런던을 중심으로 한 뮤지컬은 새로운 활력을 불어넣기에 충분했다.

해마다 브로드웨이 46번가 더피Duffy공원 앞에서 브로드웨이 뮤지컬 배우들이 뮤지컬 갈라 쇼를 펼치며 브로드웨이를 홍보한다.

"런던에서 성공한 뮤지컬은 뉴욕에서 대박이 난다!"

이런 공식이 딱 맞아떨어질 정도로 브로드웨이에서 흥행 성적을 거두기 시작했으니, 그 가운데 뮤지컬 〈레 미제라블〉과 〈스타라이트 익스프레스〉 두 공연은 당시 전체 브로드웨이 수익의 12.6%를 차지할 정도의 대박 공연 상품이었다. 뮤지컬 〈레 미제라블〉은 연일 매진 사례였고 〈스타라이트 익스프레스〉는 좌석률이 무려 90%를 웃돌았다. 브로드웨이는 당연히 런던의 새로운 뮤지컬을 받아들일 수밖에 없었다.

1983년에서 1985년 사이 뉴욕 주 정부에서 조사한 자료에 의하면 뉴욕을 찾는 여행객들에게 뉴욕 시에서 가장 원하는 것에 대해 설문조사를 한 결과 42%가 브로드웨이 연극을, 28%가 관광을, 9%가 쇼핑과 식사를 원한다는 결과가 나왔을 정도였다.

브로드웨이는 다시 런던의 뮤지컬 덕분에 활기를 띠게 된 것이다. 그야말로 문화 비즈니스가 끼치는 영향력이 대단함을 여실히 보여주고 있다.

1994년 뉴욕 시 교통국이 조사한 자료에 의하면 그해 브로드웨이 연극을 통한 수입이 20억 3천만 달러, 식당 수입이 2억 6670만 달러, 호텔 및 숙박 수입이 2억 4천2백만 달러, 쇼핑이 9천백만 달러, 택시와 그 밖의 교통 수입이 3540만 달러로 집계되었다.

1991년에서 1992년 브로드웨이 시즌 동안 런던에서 들어온 뮤지컬에 배우, 스태프 등을 포함해서 연인원 2만 6천여 개의 일자리가 창출되었고 이들을 위한 경비로 1억 7천6백만 달러가 지불되었으며, 무대장치 비용만 해도 4천만 달러, 극장 대관료만 해도 3천2백만 달러가 지불되었다고 기록돼 있다.

이러한 런던 뮤지컬의 돌풍은 3명의 핵심 멤버가 주축을 이뤘으니, 제작자인 카메룬 매킨토시Cameron Mackintosh와 연출자 트레버 넌Trevor Nunn, 그리고 작곡가 앤드류 로이드 웨버Andrew Lloyd Webber였다.

일약 세계적인 제작자가 된 카메론 매킨토시는 뮤지컬 〈캐츠〉, 〈레 미제라블〉, 〈오페라의 유령〉, 〈미스 사이공〉을 제작한 장본인이다. 그리고 연출자 트레버 넌 역시 정극 〈Nickolas Nickleby(필자가 감동적으로 본 8시간짜리 연극 작품)〉의 성공은 물론 뮤지컬 〈캐츠〉, 〈레 미제라블〉, 그리고 무비컬 〈선셋 블루바드〉 등의 작품으로 뮤지컬 연출에도 성공한 대표적 연출자다.

작곡가 앤드류 로이드 웨버는 뮤지컬 〈지저스 크라이스트 슈퍼스 타〉, 〈에비타Evita〉, 〈캐츠Cats〉, 〈송 앤 댄스Song & Dance〉, 〈스타라이 트 익스프레스〉, 〈오페라의 유령〉, 〈사랑의 관점Aspects of Love〉, 〈선셋 블루바드Sunset Boulevard〉, 〈Joseph and Amazing Technicolor Dream-coat〉 등으로 전대미문의 대박을 터트려 현재 최고의 작곡가 반열에 올라섰다.

우선 작곡가 앤드류 로이드 웨버를 일별한다.

1. 앤드류 로이드 웨버의 신기루

웨버Andrew Lloyd Webber는 1948년 3월 22일 영국 켄팅턴에서 작곡가이며 음대 교수인 아버지 윌리엄 웨버William Webber와 피아노 선생인 어머니 밑에서 자랐다. 이미 다섯 살 때 바이올린과 피아노를 연주했고, 일곱 살 때는 작곡을 해 주위를 놀라게 했으며, 여덟 살에 미국 뮤지컬 작품을 연출할 정도로 천재성을 지닌 작곡가다. 어린 시절 연극배우였던 숙모의 영향을 받아 연극에 관심을 갖기 시작했고 어릴 때 봤던 뮤지컬 〈마이 페어 레이디〉, 〈지지〉를 통해 뮤지컬에 관심을 갖기 시작한다.

클래식에서부터 록 음악까지 들으며 자란 그에게 뮤지컬 작곡가 리처드 로저스Richard Rodgers는 선망의 대상이었다. 웨스트민스터 고등학교와 옥스퍼드 대학교에서 역사와 인문학을, 그리고 아버지가 재직하고 있던 로열예술대학에서 음악을 전공하면서 차츰 그의 운명은 뮤지컬의 세계로 접어든다.

그의 나이 열일곱 살 때 절친한 친구인 작사가 팀 라이스Tim Rice를 만나 음악극 〈The Like of You〉를 만들고 이어 스무 살 때 역시 친구 팀 라이스와 함께 런던의 세인트 폴St. Paul 학교 합창단을 위해 성경을 바탕으로 한 뮤지컬 〈칸타타〉 음악을 만들기 시작하면서부터 뮤지컬 작업에 본격적으로 뛰어든다.

이때의 작업에서 나중에 완성한 그의 〈Joseph and the Amazing Technicolor Dreamcoat〉가 완성되었다. 처음에 15분짜리로 만들어진 이 소품이 런던 선데이 타임즈에서 호평을 받으며 웨버와 라이스는 자신감을 갖게 된다. 마침내 1976년 이 작품은 2막짜리 뮤지컬로 완성돼 브로드웨이 무대에 오르고 1982년엔 토니상 후보에도 오르게 된다.

이어 웨버와 라이스는 'New Venture Theatrical Management'란 회사를 차려 본격적인 뮤지컬 작업을 시작한다. 1969년 싱글 앨범을 발표하고 마침내 1970년 공전의 대히트를 기록해, 두 사람의 이름을 세계에 알린 〈지저스 크라이스트 슈퍼스타Jesus Christ Superstar〉를 제작한다. 웨버의 나이 불과 스물세 살 때의 일이다.

예수의 최후 7일간의 행적을 다룬 이 작품은 '록 뮤지컬'이란 새로운 뮤지컬 장르를 만들어냈으며, 탁월한 비즈니스로 공연 전에 이미 앨범으로 제작해 미국에서만 150만 장을 파는 슈퍼 메가 히트를 기록한다.

1971년 10월 12일 브로드웨이 마크 헬링거 극장 초연 당시 이 공연을 반대하는 수천 명의 기독교 단체 회원들의 시위가 이어질 정도

록 뮤지컬 〈지저스 크라이스트 슈퍼스타〉(1971년 브로드웨이)

였지만 공연은 연일 매진사례를 이어갔다. 마치 영화 〈대부〉가 마피아들의 협박과 반대에도 불구하고 대박 매진을 이어간 것과 같은 경우였다.

1972년 스물네 살의 나이에 이미 성공을 거둔 웨버는 대학 때 만났던 친구 사라Sara와 결혼을 한다. 탄탄대로를 달리던 웨버는 팀 라이스와 음악적 견해 차로 잠시 헤어지는 아픔을 겪는다. 그 후 극작가 엘런 아이크 반과 1975년에 만든 〈지브스Jeeves〉는 안타깝게 38회로 막을 내려야 하는 흥행 참패를 경험하기도 한다.

다시 팀 라이스와 합세한 웨버는 이어 1976년 〈에비타Evita〉를 최고의 브로드웨이 뮤지컬 연출자 해롤드 프린스와 함께 만들어 그해 토니상의 작품상, 작곡상 등 무려 7개 부문 상을 휩쓸며 다시 공전의 대히트를 기록한다. 그러나 팀 라이스와의 작업은 이 〈에비타〉가 마지막이 되었다(필자가 본 견해지만 음악도 연출도 당시 최고의 무대였다. 해롤드 프린스의 탁월한 연출 능력이 십분 발휘된 작품이기도 했다).

웨버는 다시 'Really Useful Group'을 설립해 1981년 제작자 카메룬 매킨토시와 함께 뮤지컬 〈캐츠Cats〉를 만들어 기염을 토한다. T. S. 엘리어트의 시집 『지혜로운 고양이가 되기 위한 지침서』란 책에서 고른 14편의 시에 곡을 붙인 이 작품은 웨버가 첫 번째로 작곡한 〈Memory〉로 더욱 작품의 흥행 성적을 높였다. 뮤지컬 넘버 〈메모리〉는 지금도 라디오 전파를 탈 정도로 대히트곡이 됐는데 170여 명의 각각 다른 가수들이 600회 이상 녹음할 정도로 최고 인기를 누렸다. 뮤지컬 〈캐츠〉는 토니상 7개 부문을 수상했고 그래미상도 두 차례나 받았다. 필자 또한 1981년도에 뉴욕 윈터 가든 극장에서 이 공연을 보며 〈메모리〉를 부르는 장면에 진한 감동과 전율을 느꼈던 기억이 지금도 생생하다.

뮤지컬 마이다스의 손
웨버는 뮤지컬에 관한 한 마이다스의 손이었다. 1984년에 아들과 함께 기차 여행을 했던 경험에서 영감을 얻어 〈스타라이트 익스프레스Starlight Express〉를 만들었다. 그리고 1986년 소설을 뮤지컬로 만들어 지금까지 1억 명 이상이 관람한 불멸의 뮤지컬 〈오페라의 유령 Phantom of the Opera〉을 발표한다.

이 작품은 웨버의 두 번째 부인인 브라이트만(직접 여주인공으로 출연)을 위해 만들었다고 전해지며 공전의 대히트를 기록한다. 지금도 곳곳에서 공연되고 있는 이 작품은 브로드웨이 뮤지컬 역사상 최장기 공연으로 기록되고 있다. 영국에서만 2003년까지 7천 회를 기록했고 뉴욕 머제스틱 극장에선 지금도 공연되고 있다. 웨버는 뮤지컬 영화로도 이 작품을 제작했다.

뮤지컬 〈오페라의 유령〉은 웨버의 절정기 작품으로 평가받고 있는데, 이후에도 그는 〈Aspect of Love〉(1989), 〈Sunset Boulevard〉(1993), 〈Whistle Down the Wind〉(1997), 〈The Beautiful Game〉(2000), 〈Woman in White〉(2004) 등을 계속 발표하면서 영국 왕실이 탁월한 업적을 남긴 예술가들에게 수여하는 기사 작위까지 받는다. 이미 어려서부터 타고난 뮤지컬 음악의 감수성을 갖고 자란 웨버에 대해 많은 평론가들이 이런 논평을 했다.

"그의 뮤지컬 노래 속에 풍겨져 나오는 독창적인 멜로디와 극적인 상상력은 노래 속에 묻어나는 강렬한 감정의 깊이로 관객들의 마음을 사로잡는다."

웨버에 이르러 뮤지컬 음악이 일반 대중음악처럼 많은 사람들에

뮤지컬 〈캐츠〉(1981) 무대에서 출연자들이 보는 가운데 피아노를 치는 웨버의 모습.

게 히트가 될 수 있는 계기가 다시 마련된 셈이고 그야말로 대중의
편에 서서 어떤 음악이 좋을 것이란 음악의 맛을 그는 제공할 줄 알
았다.

　그는 종종 뮤지컬 공연 전에 이미 몇몇 노래를 그것도 국제적으로
성공시켰다. 예를 들어 뮤지컬 〈지저스 크라이스트 슈퍼스타〉의 〈I
Don't Know How to Love Him〉, 〈에비타〉의 〈Don't Cry for Me
Argentina〉, 〈캐츠〉의 〈Memory〉 등이다. 지난 20여 년간 웨버처
럼 국제적으로 뮤지컬계에 히트작을 연속으로 내놓았던 장본인도
드물다고 하겠다.

여하튼 관객들은 앤드류 로이드 웨버의 뮤지컬에 열광했다. 우선 다른 어떤 뮤지컬보다 노래 가사와 멜로디가 복잡하지 않고 쉬워서 좋아했다. 그의 음악은 전례 없는 무대의 특수효과와 세트 디자인 등으로 마치 영화의 한 장면을 보는 것 같아 더욱 현대 관객들에게 어필할 수 있었다. 특히 젊은 관객들은 그의 록 스타일 음악에 매료되었다. 런던 선데이 타임즈의 연극 평론가 Robert Hewison은 이렇게 논평했다.

"웨버의 음악은 마치 전에 어디서 들은 것 같은 착각을 불러일으킬 정도로 우리 귀에 친밀하게 전해진다."

어쨌거나 1980년대 앤드류 로이드 웨버는 브로드웨이와 런던의 뮤지컬 양대 산맥을 일시에 바꾸어 놓았다. 그의 〈오페라의 유령〉이 뉴욕 브로드웨이에서 첫 공연을 가질 때, 제작 담당자인 알렉산더 코핸Alexander Cohen은 "금세기 최대의 히트 작품이 될 것이다. 브로드웨이가 없어지지 않는 한 이 작품은 계속될 것이다."라고 언급했을 정도다.

1989년 필자가 이 작품을 처음 보고 1997년도에 다시 봤을 때도 이 작품의 영구성은 그대로 나의 심금을 울리고 있었다. 뛰어난 음악의 힘이 스토리와 뮤지컬로서의 예술성을 탄탄히 떠받치고 있었다. 안타깝게도 후에 그가 제작한 뮤지컬 영화 〈오페라의 유령〉은 무대보다 기대에 훨씬 못 미쳤다.

그 이유가 뭘까?

배우? 로케이션? 감독? 카메라……? 역시 생동감 있는 공연예술
은 무대에서만 그 호흡과 냄새가 진하게 우리에게 전달되는 것이리
라. 영국 여왕으로부터 귀족 호칭과 기사 작위를 받고, 토니상과 그
래미상에서 3회 이상의 수상, 영화로도 아카데미 작곡상, 인터내셔
널 에미상, 6회에 걸친 올리비에상 수상과 골든 글로브상, 그리고
1999년엔 작곡가 명예의 전당Songwriter's Hall of Fame에 올랐고 2006
년엔 케네디센터 명예상 등을 수상하는 등 그의 위업은 아직도 현
재 진행형이다.

1992년 문화적으로 소외된 청소년들을 위해 '앤드류 로이드 웨버
재단'을 설립했고, 지난 2011년 8월 재단에 10만 파운드(약 2억 원)
의 금액을 쾌척하는 등 불우 청소년들에게 뮤지컬을 통한 지원을 계
속하고 있다.

2. 레오나르드 번스타인
- 클래식에 버금가는 뮤지컬의 도전

뮤지컬이 클래식 음악, 특히 오페라에 자극되어 근대 이후 새로운 극장 공연물로 등장한 것은 자명한 사실이다. 수많은 형식의 음악극이 시대에 따라 발전되고 변모되고 실험되어 오늘날의 뮤지컬이 탄생됐듯이, 이 가운데 한 사람의 탄탄하면서도 열정에 찬 작곡가의 등장이 뮤지컬의 수준을 한 단계 높이는 역할을 했다면 지나친 말일까? 필자는 단연코 지나친 말이 아니라고 말하고 싶다.

바로 이러한 논의의 중심에 선 사람이 레오나르드 번스타인(Leonard Bernstein 1918~1990)이다. 그는 작곡가이면서 동시에 저명한 지휘자 그리고 음악 교육가로서 이름을 떨친 장본인이다.

1918년 미국 메사추세츠 주 로렌스에서 러시아 출신 유대인 가정에서 태어난 그는 어린 시절부터 피아노 연주를 좋아했고 탁월한 음악적 재능을 보여 주위를 놀라게 했다. 하버드 대학에서 작곡을 전공하고 1937년 모더니즘 음악의 대가인 디미트리 미트로폴로스Dimitri Mitropolous를 만나 큰 영향을 받는다.

그리고 하버드 대학의 미학 교수였던 데이빗 프롤David Proll로부터는 예술에 대한 깊고 폭넓은 이해와 음악 표현을 배경으로 인간에게 미치는 영향을 깨우쳐, 후에 그의 활동에 지대한 신념으로 작용한다.

1943년 번스타인은 세계적인 뉴욕 필하모닉의 음악감독인 아서 로진스키Arthur Rodzinski의 인정을 받아 보조 지휘자가 되면서 탄탄한 음악 인생을 걷게 된다. 바로 그해 뉴욕 필하모닉의 지휘자 브루

현대 뮤지컬의 전설 스티븐 손드하임(피아노에 앉아있는)과 클래식과 뮤지컬을 섭렵한 작곡가이자 지휘자 교육자인 레오나르드 번스타인(오른쪽에 서 있는)의 뮤지컬 〈웨스트 사이드 스토리〉 연습장에서의 모습.

노 발터Bruno Walter가 급작스런 병가로 지휘를 못 하게 되자 대신 지휘를 맡으면서, 슈만의 〈만프레드 서곡〉, 슈트라우스의 〈돈키호테〉, 바그너의 〈뉘렌베르크의 마이스터징어〉 1막 등을 섬세하면서도 열정적인 모습으로 지휘했다. 이것이 CBS 방송을 타고 전국에 중계되면서 번스타인은 일반에 널리 알려진다.

바로 이 한 번의 기회로 일약 유명세를 타면서 그의 음악 활동은 본격화된다. 1990년까지 지휘자로서 명성을 얻게 된 그는 이전에 외국인 일색이었던 미국 지휘자의 세계에서 미국인으로 미국에서 키워진 첫 지휘자가 정상으로 발돋움하는 계기가 된다.

한때 그는 독일의 세계적 지휘자 카라얀과 흥미진진한 라이벌 구도를 만들어 클래식 음악의 대중적인 확산과 성공에 기여했다. 카라얀이 번스타인보다 열 살 연상이었는데, 두 사람이 처음 만난 것은 1948년 번스타인이 서른 살 때였다.

클래식 음악의 본고장 비엔나에서 번스타인의 공연과 카라얀의 공연이 앞뒤로 자주 열렸는데, 1988년 가을 어느 날 카라얀의 공연을 번스타인의 부지휘자가 보고 싶어 표를 구했는데 번스타인이 그 공연을 보고 싶다고 얘기한다.

"마에스트로가 그 공연을 보러 같이 가시면 언론에서 큰 스캔들을 만들 겁니다."

부지휘자가 이렇게 말하자 번스타인의 대답이 걸작이다.

"그자의 음악은 싫은데, 그 얼굴은 자세히 보고 싶단 말이야."

이렇게 얘기했다는 일화는 유명하다.

번스타인은 또한 한 사람의 지휘자로서 매우 방대한 음악 녹음 작업을 한 사람으로도 유명하다. 1979년부터 1981년 사이에 그는 베토벤 교향곡 전곡과 서곡, 현악 4중주 14번, 말러의 교향곡 9번 등을 정열적으로 녹음해 시판하기도 했다. 그 후에도 브람스 교향곡 전집, 쇼스타코비치 교향곡 7번, 거슈인의 〈랩소디 인 블루〉, 바그너, 브루크너, 슈만의 음악 등을 망라해 녹음하기도 했다.

이렇게 세계적인 지휘자로서의 활동뿐만 아니라 1953년 11월 18일 당시 CBS-TV 다큐멘터리 시리즈 '버지니아'에 출연해 베토벤 교향곡 5번에 대한 유창한 설명을 하면서 많은 사람들에게 단순한 음악가를 넘어 탁월한 교육가로서도 인정을 받기 시작한다. 이로써 그가 세운 'YOUNG PEOPLE CONCERT(청소년 음악회)'가 출발하면서, 이후 작곡 외에 음악 교육가로서도 부동의 자리를 잡게 된다.

음지에 있는 청소년들에게 음악의 세계를 나눠주는 그의 탁월한 음악적 배려는 새로운 예술의 교육적 역할로서 성공 사례를 만들어 많은 나라에 영향을 주기도 했다. 한 사람의 음악 예술가가 일생 동안 이처럼 많은 분야에서 성공을 거둔 경우는 매우 드문 일이다.

1944년 자신이 처음 작곡한 교향곡 〈Jeremiah Symphony〉를 피츠버그 교향악단을 직접 지휘하여 발표하며 작곡가로서 국제적 명성을 얻게 된 번스타인은 계속해서 같은 해 발레 음악으로 작곡한 〈팬시 프리〉, 1949년 오든의 시를 기조로 한 피아노와 관현악곡을 위한 〈불안의 시대〉, 그리고 말론 브란도 주연의 영화 〈워터 프론트〉 영화 음악 작곡과 흥행 뮤지컬 〈웨스트 사이드 스토리〉(1957)로 그야말로 대성공을 거둔다.

레오나르드 번스타인의 뮤지컬 〈웨스트 사이드 스토리〉(1957). 필자에게 처음으로 뮤지컬의 힘과 아름다움을 일깨워준 명작이다.

한 사람의 음악인으로서 클래식부터 발레 음악, 뮤지컬, 영화음악의 영역에까지 손을 대서 두루 성공한 사례는 매우 드문 일이다. 어쨌거나 그의 음악적 영감은 뮤지컬계에 새 바람을 일으켰다.

특히 그의 뮤지컬 〈웨스트 사이드 스토리〉는 뉴욕 맨해튼에서 살아가는 인종이 다른 젊은이들의 현주소를 배경으로 우정과 사랑과 꿈과 죽음의 좌절을 함께 그려 공전의 대히트를 기록한다. 그의 주옥같은 뮤지컬 넘버 〈Tonight〉 등은 뮤지컬 작품의 음악적 질을 한껏 고양시켰다. 더불어 브로드웨이 뮤지컬 사상 최고의 전설적인 안무자 제롬 로빈스의 빼어난 안무가 번스타인의 음악을 감각적으로 완성하는데 한몫을 했다.

뮤지컬 〈웨스트 사이드 스토리〉

이제 뮤지컬 〈웨스트 사이드 스토리〉에 대해 얘기하자.

1940년대 미국의 보호령으로 지정된 푸에르토리코에서 미국 이민이 시작되면서 뉴욕에 제2의 할렘처럼 하나의 빈민층을 형성한다. 이 뮤지컬의 시작은 이런 푸에르토리코인들과 백인들이 인접해 사는 지역인 웨스트 사이드에서 이뤄진다.

인종 차별에 따라 서로 텃세로 시작된 이들의 싸움은 급기야 백인들의 제트 갱단과 푸에르토리코의 샤크 갱단의 깊어진 앙숙 관계로 발전된다. 주도권을 다투던 중, 댄스파티를 주최하게 되자 앙숙 관계에도 불구하고 사랑하게 되는 토니와 마리아의 관계는 점점 떼려야 뗄 수 없는 관계로 발전한다.

이러한 가운데, 리브와 마리아의 오빠인 베르나르드가 싸움을 벌여 마침내 리브가 죽고, 어쩌다 토니가 마리아의 오빠를 죽이게 된다. 그런 다음 샤크 갱단의 치노가 베르나르드를 죽인 드니에게 복수를 하면서 또 살인이 이어진다.

이 비극적인 죽음을 맞이하는 마리아의 오열은 작품이 끝나도 계속 이어진다. 막이 내리면서 관객들은 미국의 진정한 자유와 사랑, 인종분쟁의 근원적 물음 앞에 진중한 감동으로 쉽사리 자리를 뜨지 못하는 것이다.

뮤지컬의 교과서라고 불리는 이 작품은 셰익스피어의 〈로미오와 줄리엣〉의 미국적 뮤지컬 각색 작품이라고 볼 수 있다. 당시 토니 안무상과 장치상까지 받았고 1961년엔 영화화되어 작품상, 감독상 등 아카데미 11개 부문을 수상한다. 번스타인은 이 작품 외에도 뮤지컬로서 〈피터 팬〉, 〈칸디드〉, 〈거리에서〉, 〈타히티의 트러블〉 등을 발표해 그만의 색깔을 지닌, 클래식에 버금가는 뮤지컬을 탄생시켰다.

　하버드 대학 수석 졸업과 클래식에서부터 뮤지컬 음악에까지 광범위한 분야에 걸쳐 잊지 못할 음악을 선사한 번스타인은 음악에 관한 한 모든 것을 이룬 달인이었다.

3. 제리 복과 셸던 하닉

1967년 2월 6일 런던의 허 마제스티Her Majesty's Theater 극장에서 공연된 뮤지컬 〈지붕 위의 바이올린〉의 커튼콜은 뜨거운 열광과 감동의 도가니였다. 주옥같은 음악과 가사는 관객의 심금을 울렸다. 가족이 있고 민족이 있고 자유를 찾고 사랑이 있는 이 작품은 유대인들의 춤과 함께 대성공을 거두었다.

바로 이 작품에서 당시만 해도 무명의 이스라엘 배우였던 토플은 대스타로 등극했다. 나중에 동명 영화에서 주연을 맡은 그는 곧바로 뮤지컬 스타가 된다. 그를 두고 쏟아진 찬사 "위대한 배우의 모든 것!" 이것은 곧 걸작의 진가를 두고 한 말이다. 이 작품은 그 후 2,030회의 공연 기록을 세웠다.

뮤지컬 〈지붕 위의 바이올린〉은 1964년 9월 22일 뉴욕 브로드웨이 임페리얼 극장Imperial Theater에서 초연되었다. 당시 1963년,

뮤지컬 〈지붕 위의 바이올린〉(1964)의 작사가 셸던 하닉(왼쪽)과 작곡가 제리 복(피아노 앞), 그리고 안무자 제롬 로빈스의 모습.

1964년을 통틀어 단연 최고의 작품이었다. 다른 뮤지컬과 달리 이 작품은 진지하면서 독창적이고 예술적 감각을 모두 담아 놓은 작품으로 평가되었다.

바로 이 작품의 음악과 가사를 완성한 제리 복Jerry Bock(1928~2010)과 셸던 하닉Sheldon Harnick(1924~2010)은 이 한 작품으로 로저스와 해머스타인의 계보를 잇는 뮤지컬계의 '짝꿍' 파트너로 자리 잡는 데 문제가 없어 보였다.

작곡가 제리 복은 코네티컷 주 뉴헤이븐에서 1928년에 태어났다. 두 살 때 부모를 따라 뉴욕으로 갔고, 성장하여 위스콘신 대학에서

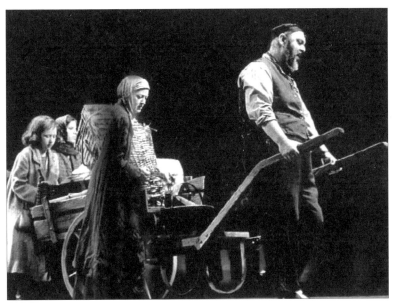

뮤지컬 〈지붕 위의 바이올린〉은 유태인의 정체성과 우수성을 전 세계에 알린 문화 아이콘이다. 필자는 이 작품을 보고 우리 한국인의 우수성을 알릴 뮤지컬 작품으로 뮤지컬 〈청아〉와 뮤지컬 〈여인의 향기(춘향전)〉를 쓴 적이 있다.

음악을 전공하며 뮤지컬은 물론 영화음악, 방송음악 작업에 종사하기 시작한다.

서서히 그의 이름이 알려지기 시작하면서 드디어 그는 브로드웨이 뮤지컬 〈지붕 위의 바이올린〉으로 혜성처럼 등장한다. 작가 하닉과 함께 유대인 이야기에 유대인의 성격을 최대한 살리면서 원본 〈Aleichem〉이 담고 있는 주제 또한 최대한 살리는 데 총력을 기울인다.

〈지붕 위의 바이올린〉은 1905년 러시아의 작은 농촌 마을에서 벌어지는 유대인 가족의 이야기지만, 유대인이 아니더라도 누구나 느

낄 수 있고 공감할 수 있는 민족성과 가족의 소중함과 보편성을 살려냈다. 제리 복의 음악은 스토리의 드라마적 갈등과 요소뿐 아니라 유연성에다 더욱이 뮤지컬에서 빼놓을 수 없는 로맨스까지 섞어 적절히 가슴 적시는 노래들로 표현해냈다.

특히 유대인들의 전통 음악을 다루는데도 별 여과 없이 듣는 이들의 귀에 잔잔한 감동과 잊을 수 없는 선율을 심어 놓는 데 성공한 것이다. 대표적 노래인 〈Sun rise Sun set〉은 공연이 끝나고도 관객의 귓가에 맴도는 불후의 명곡이 되었다. 셸던 하닉은 사실 작사뿐 아니라 작곡가로서도 탁월함을 갖춘 인물이다.

여하튼 이 두 사람은 1958년 〈The Body Beautiful〉을 시작으로 〈Fiorello〉(1959), 〈She Loves Me〉(1963), 〈Fiddler on the Roof〉(1964), 〈The Rothchilds〉(1970) 등의 작품을 통해 탄탄한 음악과 스토리뿐만 아니라 전통에 밀착된 뮤지컬의 전형을 보여주었다. 지금도 세계 곳곳에서 이들의 뮤지컬은 끊임없이 공연되고 있다.

4. 멜 브룩스

미국 예술계에서 가장 재능이 많은 사람 가운데 한 사람을 꼽으라면 두 말할 나위 없이 멜 브룩스Mel Brooks를 지칭할 것이다. 영화감독이자 시나리오 작가, 작곡가, 작사가, 코미디언, 배우이며 제작자이기도 한 그는 틀림없이 천부적인 '끼'를 가진 예술가다.

1926년 뉴욕 브루클린에서 멜빈 제임스 카민스키Melvin James Kaminsky란 이름으로 태어난 그는 특히 독창적인 코미디의 일가견을 창출한 장본인이다. 본래 스탠드 업 코미디언 출신인 그는 TV 버라이어티 쇼인 'Your Show of Show'의 작가로 활동하면서 세간에 알려지기 시작했다. 코미디언으로선 파트너 역할을 했던 칼 레이너Carl Reiner와 함께 명성을 날렸다.

1970년대 이후 〈Young Frankenstein〉, 〈Spaceballs〉, 〈Blazing Saddles〉, 〈The Producers〉, 〈The Elephant Man〉 등 그의 일련의

영화들이 공전의 히트를 기록해(이런 그의 영화들은 그해 최고 흥행 영화 10편 안에 들 정도였음) 영화감독으로서의 재능을 맘껏 발휘한다.

특히 이 가운데 〈Blazing Saddlers〉는 미국에서 제작된 코미디 영화사상 손꼽히는 100편 속에 변함없는 6위를 기록하고 있고 〈The Producers〉는 11위, 그리고 〈Young Frankenstein〉은 13위를 기록하고 있을 정도다.

이 가운데 몇 편의 영화는 소위 '무비컬(영화를 뮤지컬로 만들었다고 해서 지어진 명칭)'의 시초로서 뮤지컬 공연으로 만들어져 장기 공연을 한 진기록을 남기기도 했다. 그중 하나가 뮤지컬 〈The Producers〉다.

브로드웨이 뮤지컬 제작자의 고충과 꿈과 사랑 이야기를 담은 뮤지컬 〈프로듀서즈The Producers〉는 뮤지컬의 뒷이야기를 통한 코믹 패러디물로 시시각각 관객들의 폭소를 자아내기에 충분했다. 필자 역시 이 작품을 봤지만 역시 멜 브룩스다운 코미디의 성공이라 할 수 있겠다. 이러한 폭넓은 그의 활동은 그래미상을 비롯해 에미상, 토니상, 아카데미상까지 타는 명예를 안겨준다.

독일 유대인 가정에서 태어난 멜 브룩스는 사형제 가운데 막내로 태어났다. 두 살 때 아버지가 신장염으로 세상을 떠나자 그의 술회대로 그는 하나님을 지독히 원망했다고 한다. 사실 그의 코미디는 이러한 그의 원망과 분노에서 씌어졌다고 해도 과언이 아니다.

열네 살 때 드럼을 배워 아르바이트로 돈을 벌기 시작했고 필자가 대학원 수업을 받았던 브루클린 대학Brooklyn College에서 정신분석학을 전공하다 군에 입대하여 2차 대전을 프랑스에서 치른다.

군에서 제대한 후, 뉴욕 일원의 나이트클럽이나 리조트에서 피아

헐리웃 영화를 소재로 뮤지컬로 만들어진 무비컬 〈Throughly Modern Millie〉(2002)의 한 장면.

노와 드럼 연주자로 일하기 시작하면서 멜 브룩스Mel Brooks라는 예명을 갖게 된다. 차츰 코미디에 일가견이 있는 재능을 드러내기 시작한 그는 마침내 스탠드 업 코미디언으로 농담이나 유명 스타들의 인상착의를 코미디로 표현하면서 점차 널리 알려진다. 그러면서 그가 쓰기 시작한 TV 코미디 시트콤들이 성공의 계단을 오르다가 1949년 NBC-TV의 코미디 시리즈인 'Admiral Broadway Revue'에서 마침내 대박을 터뜨린다.

이어 1950년 그의 이름을 널리 알리게 만든 TV 코미디물 'Your Show of Show'에서 공전의 히트 코미디물을 창조하게 된다. 이때 그와 함께 일한 작가 가운데 한 명이 바로 오늘날 브로드웨이 코미디의 대작가가 된 닐 사이먼Neil Simon이다.

브룩스의 코믹은 거의 전부가 즉흥적인 데서 출발한다. 한 마디

멜 브룩스의 뮤지컬 코미디 〈프로듀서즈〉. 그의 영화를 뮤지컬로 만들어 성공한 대표적 무비컬이다.

로 그는 즉흥 코미디의 대가였다. 이러한 그의 성공이 브로드웨이로
의 입성을 부추기는 건 당연한 결과였다. 1957년 마침내 그의 첫 브
로드웨이 작품이 만들어졌으니 그것이 곧 〈Shinebone Alley〉다. 그
리고 이어 뮤지컬 〈All American〉을 1962년에 썼는데, 과학 선생
의 이야기를 그린 이 작품으로 토니상에 처음으로 노미네이트된다.

1964년엔 유명 연기파 여배우 앤 밴크로프트Anne Bancroft와 결혼
하면서 그의 활동 영역은 더욱 커지고 바빠졌으니 그는 할리우드와
뉴욕을 오가며 영화, TV, 그리고 브로드웨이 코미디와 뮤지컬에 많
은 노력과 시간을 바친다.
오랫동안 아돌프 히틀러에 대한 황당한 뮤지컬 코미디를 구상하
던 그는 드디어 〈The Producers〉란 작품으로 결말을 맺는데, 1968

년 완성된 영화 〈프로듀서즈〉는 메이저 영화사에서 제작과 배급을 꺼려해서 할 수 없이 예술영화 배급망을 통해 비로소 알려지게 되었다.

그러나 그야말로 대박을 터뜨린 이 영화는 곧이어 뮤지컬로 만들어져 당시 토니상 수상 작품으로는 최다 부문인 12개 부문에서 상을 거머쥐며 대성공을 거두게 된다. 브로드웨이에서 〈프로듀서즈〉가 공전의 대히트를 기록한 후, 브룩스는 다시 2006년 4월 뮤지컬 〈Young Frankenstein〉 작곡에 몰입한다.

시애틀에서 첫 공연을 가진 후, 다음 해인 2007년 브로드웨이로 옮겨와 평론가들의 찬반이 엇갈린 평을 받았으나 관객들의 절대적인 호응 속에 성공을 거두며 권위 있는 휴고Hugo상과 누블라Nubula상을 동시에 받는다.

멜 브룩스!

그는 영화를 뮤지컬로 제작해서 성공한 무비컬의 대표적인 인물로서, 영화뿐 아니라 음악과 코미디와 무대를 두루 아는, 천부적인 다방면의 탤런트를 지닌 매우 특별한 인물 중의 한 사람이라 하겠다.

5. 엘튼 존과 팀 라이스

엘튼 존Elton John은 국내에서도 여러 번 콘서트를 가진 바 있는 영국 태생의 대중음악 가수이자 작곡가로서 대중음악뿐 아니라 뮤지컬 음악계에서도 커다란 획을 그은 인물이다. 두말할 나위 없이 앤드류 로이드 웨버처럼 뮤지컬 영역에서 활기 있는 작품 활동을 벌인다. 엘튼은 지금껏 나온 앨범이 거의 대부분 대히트를 기록했다. 소위 골든 앨범(35회 이상)의 영역을 일구어 전 세계에 2억 장이 넘는 앨범을 판매한 장본인이기도 하다. 대중음악 부문의 최고 영예인 그래미상을 수차례 석권했으며 수많은 대중음악에 관계된 상을 받은 작곡가이자 가수다.

그런 그가 1990년대부터 팀 라이스Tim Rice와 합동 작업을 시작하면서 새로운 음악의 전기를 마련한다. 그것은 뮤지컬 〈라이언 킹〉과 〈아이다〉인데, 두 작품 모두 토니상과 그래미상을 받는 쾌거를 이룬다. 이후 〈빌리 엘리엇Billy Elliot〉 역시 영화를 뮤지컬로 만들어 런던 공연에 이어 브로드웨이를 석권하게 되었다. 특히 〈빌리 엘리엇〉은 영국 뮤지컬 사상 9개 부문의 올리비에상을 받는 기록을 만들었다.

작곡뿐 아니라 'Elton John Foundation'을 만들어 '엘튼 존 월드 투어 콘서트' 또는 개인적으로 에이즈 퇴치를 위한 콘서트 등 사회 활동에도 크게 기여하고 있는 음악인이다. 2004년 케네디센터에서 주관하는 케네디센터 명예 예술인으로 선정되었으며, 일찍이 1998년엔 영국인으로 탁월한 예술가에게 수여하는 SIR 작위를 획득하기도 했다. 그의 끊임없는 음악 영역과 활동은 지금도 여전하며 앞으로도 많은 기대를 낳고 있다.

팀 라이스는 본래 앤드류 로이드 웨버와 절친한 친구로서 웨버와 함께 〈The Like of You〉(1965), 〈Joseph and the Amazing Technicolor Dreamcoat〉(1968), 〈Jesus Christ Superstar〉(1969), 〈Evita〉(1976) 등 많은 작업을 했던 뮤지컬 전문 작사가로서 뮤지컬뿐만 아니라 동명의 영화로 국제적 명성을 얻은 인물이다.

웨버와 독립한 이후 팀 라이스는 1983년에 스티븐 올리버Stephen Oliver와 함께 런던에서 뮤지컬 〈Blondel〉을 올렸으나 실패한다. 이후 1986년에 〈Chess〉를 제작해 1988년 브로드웨이에 입성했으나 역시 실패를 맛본다.

1990년대에 들어선 팀 라이스는 디즈니영화사의 영화음악 쪽에서 일하면서 새롭게 그의 재능을 알리게 된다. 바로 그 첫 작품이 〈알라딘〉이다. 이어서 뮤지컬 〈라이언 킹〉을 통해 엘튼 존과 함께 일하면서 다시 영화와 뮤지컬 영역의 국제적 명성을 얻게 된다. 자신이 세

Princess Amneris in Aida (2000), a Disney stage original.

2000년도에 공연된 엘튼 존의 뮤지컬 〈아이다〉의 한 장면. 엘튼 존은 이후 뮤지컬 〈빌리 엘리엇〉 등도 작곡을 해 성공한다.

운 크리켓 팀을 운영하기도 하는 팀 라이스는 계속 뮤지컬 작업과 오페라, 영화음악의 영역까지 아우르며 일하고 있다.

6. 존 칸더와 프레드 엡

1927년에 태어난 존 칸더John Kander는 뉴욕 컬럼비아 대학에서 석사학위를 받은 후, 뮤지컬 리허설 피아니스트이자 편곡자, 지휘자로 활동했다. 그러던 중 그에게 첫 번째 뮤지컬 작곡의 기회가 찾아왔다.

1961년 작곡한 〈A Family Affair〉는 그다지 주목받지 못한 첫 작품이었으나 역시 컬럼비아 대학을 졸업한 프레드 엡Fred Ebb을 만나면서부터 브로드웨이와 런던 무대에 대히트 작품이 된 〈Cabaret〉(1966), 〈Chicago〉(1975)를 위시해서 〈The Act〉(1977), 〈The Rink〉(1984) 등 일련의 작품을 내놓는다.

특히 작사가 프레드 엡은 뮤지컬은 물론 정극에도 탁월한 글 솜씨로 관객들을 매료시켰던 극작가다. 위에 열거한 작품들 외에도 히트한 정극 〈Zorba〉(1968), 뮤지컬 〈Kiss of Spider Woman〉(1992) 등 브

브로드웨이 뮤지컬계의 또 하나의 명콤비. 작사가 프레드 엡과
작곡가 존 칸더(피아노 앞) 그리고 대형 스타 라이자 미넬리의 모습.

로드웨이에 묵직한 소재의 작품을 내놓은 뛰어난 작가다.

작곡가 존 칸더는 브로드웨이 흥행 뮤지컬 〈시카고〉에서 탁월한
감성적인 음악으로 그 존재를 부각시켰는데, 여기에 날개를 단 듯
세기적인 안무자 밥 포시가 빼어난 안무를 가미해 관객들의 탄성을
자아내게 만들었다.

뮤지컬 〈시카고〉는 1924년 시카고 트리뷴지에 실려 세간의 관심
을 모은 살인 사건의 기사를 배경으로 1926년 달라스 왓킨스Dallas
Watkins가 희곡으로 쓴 작품이다. 공연이 됐지만 별로 주목받지 못했
던 이 작품을 존 칸더와 프레드 엡이 공동 작업을 해 뮤지컬 〈시카고〉

로 세상에 내놓는다.

1920년대 퇴폐적인 도시 시카고를 무대로 당시 최고의 배우 벨마 켈리와 보드빌 무대의 스타를 꿈꾸는 록시 하트가 살인 사건으로 감옥에 수감되면서 시작되는 이 뮤지컬은 재즈를 기조로 한 선정적인 음악과 소셜댄스인 탱고의 리듬 등을 현대적으로 취합해 만들어낸 빼어난 수작이다. 지금도 우리의 귀에 익은 뮤지컬 넘버가 상당수 있으니, 〈All That Jazz〉를 비롯해 〈Cell Block Tango〉, 〈Roxie〉, 〈Razzle Dazzle〉 등이 존 칸더의 뮤지컬 작곡가로서의 뛰어난 음악적 구성과 센스를 여지없이 보여주고 있다.

필자가 뉴욕에 있을 당시 보았던 뮤지컬 〈시카고〉의 전편에 흐르는 선율은 매우 감성적이었고 육감적이었으며 특히 오케스트라가 무대 중앙에 자리 잡고 그 앞과 좌우의 공간을 연기 공간으로 활용한 아이디어는 매우 생생하며 파격적이었다.

더욱이 프로시니엄 아치 기둥을 오르내리며 하는 연기 연출과 안무자 밥 포시의 섹시하면서도 감각적인 안무는 필자가 앉은 객석을 가만두지 않을 정도였다. 수백 편의 뮤지컬을 보고 여러 편의 뮤지컬을 해본 필자에게 있어서도 이 뮤지컬 〈Chicago〉는 이제껏 본 가장 미국적인 뮤지컬의 진수라고 생각되었다.

칸더와 엡의 대표작 뮤지컬 〈시카고〉는 6개의 토니상을 수상했으며 영국의 권위 있는 연극상인 올리비에상에서도 최고의 영예인 최우수 뮤지컬상을 휩쓴다. 그리고 2002년엔 뮤지컬 연출자이며 안무자인 롭 마샬Rob Marshall에 의해 영화화되어 아카데미에서 작품상 등 6개 부문에서 수상하는 쾌거를 연출해내기도 했다.

7. 하비 슈미트와 톰 존스

1960년대 미국 사회는 골치 아픈 베트남 전쟁과 히피와 마약이 판치고 있었다. 그 당시 150석밖에 안 되는 오프오프브로드웨이 극장 설리반 스트릿 플레이하우스Sullivan Street Playhouse에서 뮤지컬의 신기원이 이뤄졌다.

그 이후 2002년까지 42년 동안 단 한 차례도 빠짐없이 공연된, 기네스 최장기 뮤지컬로 기록된 작품이 바로 〈판타스틱스The Fantasticks〉다. 이 전설적인 작품의 주인공 작곡가 하비 슈미트Harvey Schmidt와 작사가 톰 존스Tom Jones는 본래 텍사스 대학 학창 시절부터 함께 뮤지컬을 만들어 왔다. 이들이 졸업하자마자 내놓은 첫 작품이 바로 이 〈판타스틱스〉이다.

〈판타스틱스〉는 본래 셰익스피어의 〈로미오와 줄리엣〉에서 모티브를 따온 작품이었다. 사실은 대학 재학 중에 만든 작품으로 처음엔 〈Joy Comes to Dead Horse〉란 이름이었다. 당시 미약하기 짝이 없던 실험극 위주의 오프브로드웨이에서 이 작품은 사막에서 피어난 신기루처럼 뮤지컬 성공 신화를 만든 작품이었다. 이후 뮤지컬 〈드림걸즈〉, 〈코러스 라인〉, 〈헤어〉 등이 이러한 경로를 걸은 작품들이다.

여하튼 뮤지컬 〈판타스틱스〉는 개막 당시 대통령이었던 아이젠하워를 비롯해서 10명의 대통령이 바뀔 때까지 롱런을 한 작품으로 지금도 공연되고 있다. 초연 당시 입장료는 2.9달러였으며 관객 가운데는 대학 시절 공연을 보았던 사람이 훗날 손자손녀를 데리고 관람을 할 정도로 장기 공연한 작품이다.

물론 초연 당시의 배우들 가운데는 이미 고인이 된 사람도 많고, 후에 세계적으로 유명한 배우로 알려진 이들도 많았으니 뮤지컬 〈카바레〉의 주인공 라이자 미넬리를 비롯하여 영화 아마데우스에서 살리에르 역으로 인상 깊은 머레이 에이브라함, 영화 〈오션스 일레븐〉에 나왔던 엘리엇 굴드 등이 이들이다.

근래에 다시 극장을 옮기면서 공연되고 있는데, 그러고 보면 지금까지 출연 인원만 수천 명을 기록할 정도로 뮤지컬에서는 연극의 〈햄릿〉처럼 뮤지컬 배우로서 반드시 짚고 넘어가야 할 작품이 되었다.

뮤지컬 〈판타스틱스〉의 작곡가 하비 슈미트의 주옥같은 뮤지컬 넘버 몇 곡은 후에 유명 가수 바브라 스트라이샌드 등이 불러 대중적으로도 널리 알려질 정도였다. 예를 들어 〈Try to Remember〉, 〈Much More〉, 〈Round Round〉 등의 노래인데 작사가 톰 존스의 빼어난 정서를 담은 가사가 더욱 아름다운 음악을 만들어냈다.

전원을 배경으로 한 이 작품은 하이틴 남녀 주인공, 마트Matt와 루이자Luisa가 이웃에 있으면서 사랑에 빠져 자신이 꿈꾸던 환상과 현실의 아픔을 겪으면서 사랑의 진정한 의미를 찾아간다는 내용의 완전 '감성感性 뮤지컬'이다.

필자는 설리반 스트릿 플레이하우스에서 1979년과 1998년 두 차례에 걸쳐 관람했는데, 정말 동화 같은 뮤지컬의 아름다움을 절절이 느꼈다. 피아노와 하프 두 개의 악기로만 이뤄진 반주에 서른 살이 훨씬 넘은 배우들이 10대의 주인공 역할을 순수한 세계로 표현해 놓는 연기력은 감동 그 이상이었다. 더욱이 작은 소극장에서도 얼마든지 진실과 진리와 우주를 수놓는 뮤지컬을 할 수 있다는 뮤지컬 예술의 진수를 한꺼번에 체험할 수 있었던 경험이다.

초연 이래 미국 2천 개 이상의 도시에서 공연되었고 우리나라와 아프리카 짐바브웨는 물론 아프가니스탄 등 무려 67개국 이상에서 자국 언어로 공연되어 강한 뮤지컬의 향기를 곳곳에 심어주었다.

하비 슈미트와 톰 존스는 이후에도 개성 있고 색깔 있는 뮤지컬 〈110 in the Shade〉, 〈I do, I do〉 등을 통해 탄탄한 뮤지컬의 수준 높은 실례를 선보여 왔다.

8. 조나단 라슨

드디어! 나의 시간이 다가왔네.

내 몸이 말해주네 즐길 때라는 걸

맘껏 놀아 보고 싶어 말썽이 나면 좀 어때

섹시한 치마 입고 유혹하고 싶어

규칙 따윈 필요 없어

난 원하는 건 뭐든 하고 싶어

일어나 기막힌 곳으로 나가자

뒷골목 물 좋은 집 알고 있지

돈 필요 없어 거긴 공짜니까

나와 함께라면 당신도 공짜!

Let's go out…… Tonight……

놀고 싶어 자, 우리 함께 즐겨요

크리스마스까지 날 데려가 줘

지나가는 사람들마다 우릴 바라볼 거야

나와 함께 있는 당신은 행운아

Let's go out Tonight 가야만 해 Out Tonight

네온 불빛이 화려한 밤에

집에 있기엔 너무 슬퍼

초라했던 내 어린 시절 생각나니까

자, 찾아가! 조명 불빛 어두운 곳으로!

내 상처 모두 지울 수 있게

다 모두 다 Out Tonight

나 갈 거야 Out Tonight

당신이 좋아! 우리 나가요!

마치 발정 난 고양이처럼 소리를 질러봐

부탁해 Out Tonight

거절하지 마! Out Tonight

나 오늘 네 꺼야 Out Tonight tonight tonight……

이 섹시하면서도 색정적인 비트의 록 뮤지컬 넘버는 듣는 이로 하여금 흥분을 일으키게 하지만 동시에 비탄과 슬픔에 젖어들게 만든다. 듣는 사람이 매우 도시적인 외로움에 흠뻑 빠져들게 만드는 뮤지컬 〈렌트〉의 대표적인 노래 〈Out Tonight〉이다.

뮤지컬 〈렌트〉의 작곡가 조나단 라슨Jonathan Larson은 1960년 2월 4일 뉴욕 화이트 플레인즈의 미국 유대인 가정에서 태어났다. 어려서부터 그는 음악과 연극을 탐닉하는 분위기 속에서 자랐다. 어려서

투바와 트럼펫을 가지고 놀았고 학교의 합창단에서 노랠 부르며 음악과 친숙했다.

그는 비틀즈 음악에서부터 엘튼 존, 도어즈The Doors, 빌리 조엘, 더 후The Who 등의 음악을 좋아했고, 묘하게도 뮤지컬 작곡가 스티븐 손드하임의 뮤지컬에 심취했다. 고등학교 시절에는 학교에서 공연하는 연극 작품에 주연으로 출연, 활동하면서 스스로 무대에 대한 체험을 하게 된다. 대학은 뉴욕 주 가든시티에 있는 아델피 대학의 연극과에서 4년 동안 장학생으로 수업하면서 연극과 뮤지컬에 심취한다.

바로 그 시절에 그는 드디어 뮤지컬 음악을 서서히 습작으로 작곡하기 시작한다. 학교 재학 중인 1981년 마침내 그의 첫 뮤지컬 작곡 작품 〈Sacrimmoralinority〉가 만들어졌다. 후에 이 작품은 〈Saved!-An Immoral Musical on the Moral Majority〉로 개명되어 뉴욕 42번가의 조그만 소극장에서 4주 동안 공연돼 ASCAP상을 수상한다.

대학 졸업 후 뮤지컬에 대한 꿈을 안고 뉴욕으로 이주한 그는 한겨울에 히터조차 나오지 않는 싸구려 그린위치 빌리지에 위치한 5층 다락방을 얻어 생활한다. 이러한 생활 가운데 즐거움이라면 오로지 주변의 많은 재능 있는 예술 동지들과 교제를 갖는 것이었다. 주중에는 뮤지컬 음악 작곡을 하고 주말엔 레스토랑에서 웨이터로 일하면서 조나단은 더 큰 그의 꿈을 키워나간다.

1983년에서 1990년 사이 그는 많은 영감 속에 작곡을 시작하고 완성해 나가기 시작했으니, 그 가운데 한 작품이 조지 오웰의 소설

뮤지컬 〈렌트〉의 작사 작곡가인 조나단 라슨. 짧은 생애였지만 강렬한 뮤지컬을 우리에게 남겨 놓았다.

『1984』를 배경으로 만든 뮤지컬 〈Superbia〉다. 소설처럼 매우 미래 주의적인 록 뮤지컬이었다.

비록 동명 소설의 판권을 얻고 만든 작품은 아니었으나, 이 뮤지컬 은 리처드 로저스 프로덕션이 주는 음악상을 받는 동시에 작품에 대 한 개발비를 받게 되었다. 드디어 1989년 뉴욕 빌리지 게이트 극장 에서 공연이 됐으나 결과는 실망스럽게 끝나고 말았다.

그러나 그는 좌절하지 않고 서른 살 때인 1990년 1인 뮤지컬로 기획 한 작품에 자신이 직접 출연한 작품을 탄생시켰다. 뮤지컬 〈tick tick BOOM!〉이 바로 그 작품이다. 나중엔 〈Rock Monologue(30/90)〉이 란 작품으로 개명되어 Village Gate, Second Stage 등의 극장에서 공 연되었다. 평소 스티븐 손드하임을 존경하던 그는 이 작품을 두고 이 렇게 말할 정도였다.

"절대적으로 손드하임의 영향으로 이뤄졌다."

사실 손드하임도 젊고 실력 있는 조나단 라슨을 위해 여러 뮤지컬 제작자들에게 소개를 할 정도로 절친한 사이였다. 라슨은 〈Rock Monologue(30/90)〉 작품으로 스티븐 손드하임 음악상을 수상한다. 마침내 1996년 라슨을 대중적으로 성공시킨 뮤지컬이 완성되었으니 권위의 퓰리처상과 토니상 그리고 드라마 데스크 뮤지컬상을 동시에 받게 만든 뮤지컬 〈Rent〉다.

어느날 극작가 빌리 아론손Billy Aronson이 푸치니의 라보엠 줄거리를 가지고 현대적인 뮤지컬로 만들고 싶어 한다는 이야기를 듣고 라슨은 뉴욕 초창기 자신이 살던 아파트의 이야기로 대체시켜 뮤지컬을 발전시키는 데 성공한다. 지금은 세계 곳곳에서 공연되어 성공한 뮤지컬이지만 라슨이 작품의 컨셉과 모티브를 듣고 3년간이나 제작자, 연출자와 함께 발전시켜 완성한 작품이 뮤지컬 〈렌트〉다.

그러나 라슨은 첫 공연도 보지 못한 채 아까운 나이에 세상을 떠나고 말았다. 바로 공연 이틀 전, 대동맥 파열로 작품만 남기고 홀연히 세상을 떠나고 만 것이다.

오열 속의 박수갈채

〈렌트〉가 오프닝을 하던 날. 라슨의 부모가 뉴욕으로 날아왔고 관객들은 고인이 된 조나단 라슨을 위해 끊이지 않는 오열 속에 박수갈채와 더불어 대성공을 거둔다.

이 작품 역시 오프브로드웨이에서 시작해 브로드웨이 무대까지 오르는 전설을 만들어낸다. 오프닝 날의 성공 이후 뮤지컬 〈렌트〉는 연일 매진을 이어갔다. 마침내 1996년 4월 29일 브로드웨이 Nederland 극장으로 옮겨져 2008년 9월 7일까지 성황리에 공연을 이어가 당시 브로드웨이 역사상 9번째 장기 공연의 기록을 세우기도 했다. 그리고 이어서 2011년 다시 브로드웨이에서 리바이벌 공연되었다.

그런가 하면 뮤지컬 〈렌트〉는 국내 무대는 물론 영국을 비롯한 유럽 전역, 캐나다, 중국, 멕시코 등 전 세계의 극장에서 공연되었고, 지금도 세계 각처에서 공연되고 있다. 〈렌트〉는 성공 못지않게 상복도 많아 권위 있는 퓰리처상을 비롯해 토니상, 드라마 데스크상, 오비(OBIE) 연극상 등을 수상하는 영예까지 얻는다.

선천적인 유전성 동맥 질환으로 말미암아 조나단은 아깝게도 1996년 1월 25일 히트작의 공연을 불과 이틀 앞두고 35세의 나이로 세상을 떠나고 말았다. 담당 의사의 말대로 치료만 잘 받았어도 그렇게 허무하게 세상을 떠나지 않았을 거란 얘기는 사람들을 더욱 안타깝게 했다. 여하튼 한 명의 아까운 뮤지컬 스타가 안타깝게도 자신의 세계를 충분히 펴 보지도 못한 채 일찍 세상을 떠나버린 셈이다.

훗날 라슨의 가족과 친구들은 그의 안타까운 죽음을 기리기 위해 'Jonathan Larson Performing Arts Foundation'을 설립해 특별히 뮤지컬계의 가능성 있는 젊은 작가와 작곡가에게 창조적 작업을 돕는 지원을 아낌없이 하고 있다.

9. 프랭크 와일드혼

국내에서도 꽤나 알려진 뮤지컬 〈지킬 & 하이드〉의 작곡가 와일드
혼Frank Wildhorn은 뉴욕 할렘에서 1958년 11월 29일 태어났다. 어
린 시절 뉴욕 퀸즈로 이주해 살다가 열네 살에 플로리다로 이주한다.

어렸을 때에는 음악에 대한 남다른 애정이나 소질은 없어 보이던
그가 열다섯 살 되던 해 몇 가지 악기에 관심을 갖기 시작하며 비로
소 음악에 대한 흥미를 뒤늦게 내보이기 시작한다. 혼자 독학으로
배운 피아노를 치면서 급기야 그는 음악을 작곡해 보겠다는 열정과
열망을 갖게 된다.

고등학교 재학 중 친구들과 밴드를 결성해 리듬 & 블루스, 재즈에
서부터 Rock & Roll에 이르기까지 연주와 작곡을 겸하면서 음악에
익숙해진다. 캘리포니아 USC 대학에서 역사학과 철학을 전공한 그
는 그때 이미 〈Jekyll & Hyde〉를 구상하고 쓰기 시작한다.

마침내 1990년 세계 초연으로 Broke Plymouth 극장에서 공연을 하고 1995년에서 1996년까지 미국 순회공연, 그리고 드디어 1997년 뉴욕 브로드웨이에서 성공적인 막을 올리면서 2001년까지 장기 공연을 하기에 이른다.

1999년 한 해에 프랭크 와일드혼은 갓 불혹을 넘긴 마흔한 살의 나이에 브로드웨이 극장가에 자신이 작곡한 뮤지컬 작품 〈Jekyll & Hyde〉(1990), 〈The Scarlet Pimpernel〉(1997), 〈The Civil War〉(1998) 등 세 편이 한꺼번에 공연되는 눈부신 영광을 누린다.

그 후에도 와일드혼은 직접 새롭게 작곡한 뮤지컬 〈카르멘〉(Jack Murphy 작사, 대본)을 2008년 10월 프라하에서 올리고, 이어 〈몬테크리스토 백작〉을 역시 잭 머피 작사, 대본으로 작곡해서 스위스 취리히에 있는 St. Gallen 극장에서 2009년 3월 막을 올린다.

그리고 같은 해 캘리포니아 La Jolla Playhouse에서 뮤지컬 〈Bonnieand Clyde〉와 플로리다 탬파 퍼포밍 아트센터에서 뮤지컬 작품 〈Wonderland : Alice's New Musical Adventure〉를 올리는 등 계속 왕성한 활동을 펼친다.

2010년에는 캘리포니아의 유서 깊은 Pasadena Playhouse에서 새로운 뮤지컬 〈Havana〉를 초연했지만 여러 제작 지원의 문제로 장기 공연은 하지 못하고 중도에 좌초하는 아픔을 겪기도 했다.

그럼에도 불구하고 1998년 〈The Scarlet Pimpernel〉으로 토니상을 받은 이래, 〈The Civil War〉, 〈Bonnie & Clyde〉에서도 토니 작곡상을 받는 등 뮤지컬 작곡가로서 그의 능력은 이미 전 세계에서 인정받은 셈이다.

그의 음악적 탤런트는 수많은 대중가수들의 노래를 통해서도 널리 알려졌다. 〈Where Do Broken Hearts Go〉를 부른 휘트니 휴스톤을 비롯해 케니 로저스, 내틀리 콜, 트레이스 애드킨스 등 많은 가수들과 일을 하기도 했다. 또한 국제적으로 유명한 일본의 '다까라주까'란 여성들만의 뮤지컬 단체를 위해 뮤지컬 〈Never Say Goodbye〉를 작곡해주기도 하는 등 그의 음악적 지평은 매우 넓고 깊다.

그의 뮤지컬 작품은 거의 모두가 우리나라에서도 여러 번 공연되어 와일드혼은 우리 귀에도 매우 익숙한 작곡가 중의 한 사람이다.

10. 클로드 미셸 쇤베르그

유명한 뮤지컬 〈미스 사이공〉(1989)과 〈레 미제라블〉(1980)을 작곡한 클로드 미셸 쇤베르그Claude-Michel Schonberg는 1944년 프랑스 바네스에서 태어났다. 쇤베르그는 본래 음반 제작자와 가수로 그의 음악 경력을 시작한 사람이다. 그런 그를 세상에 각인시킨 작업이 1973년 작곡한 그의 뮤지컬 〈La Revolution Francaise〉부터다.

이 작품은 프랑스에서 처음으로 공연된 '록 뮤지컬'로서 그 자신이 루이 16세로 출연하기도 했다. 이어 1974년 그가 작사, 작곡한 〈르 프리미어 파스Le Premier Pas〉란 노래는 그해 100만 장이 넘는 음반 판매 기록을 한 프랑스 최고의 히트곡이 되었다.

그리고 불과 몇 년 뒤, 뮤지컬 관객들은 강렬하면서도 고전적이고 매우 아름다운 멜로디를 갖춘 한 편의 뮤지컬을 대하게 된다. 마치 우리 모두 이 작품 속에 나오는 에포닌이 부르는 〈On My Own〉처럼 나를 위한 뮤지컬이라도 된 듯이……

나 혼자서
그가 내 옆에 있는 듯이
나 홀로 난 그와 함께 아침까지 걸어요
그가 없어도 난 날 안아주는 그의 팔을 느끼죠
내가 길을 잃을 때면 난 눈을 감아요
그러면 그가 날 찾아오죠
빗속에 길은 은빛으로 빛나며 물들어요
모든 불빛은 강물 속에서 은은해지죠
어둠 속에서 나무들은 별빛으로 가득 차요
그리고 내 눈에 보이는 건
그와 내가 영원히 또 영원히 함께 있다는 것뿐이에요.

브로드웨이에서 장기 공연되고 있고 세계 곳곳에서 공연되고 있으며 또 2012년 제작자 매킨토시에 의해 뮤지컬 영화로도 제작된 빅토르 위고 원작의 뮤지컬 〈레 미제라블〉은 1978년 알랭 부브릴과 함께 만들었다. 그리하여 마침내 2년 뒤인 1980년 파리의 Palais de Sports에서 성공적으로 역사적인 첫 공연의 막을 올렸다.

1985년 런던 공연에 이어 1987년 브로드웨이에서 막을 올리면서 〈레 미제라블〉은 토니상 최고 뮤지컬 부문 작곡상을 포함해 모두 8개 부문을 휩쓸며 명실상부하게 쇤베르그의 성공을 알리게 된다. 〈레 미제라블〉에 이어 두 사람은 1989년 뮤지컬 〈미스 사이공Miss Saigon〉

을 필리핀 태생의 걸출한 뮤지컬 배우 레아 살롱가와 영국의 연기파 배우 조나단 프라이스를 주인공으로 런던에 올림으로써 세계를 또 한 번 놀라게 한다.

1991년 4월 11일 브로드웨이 공연 전, 이미 예매가 폭증하여 매진됨으로써 공연 전에 이미 2천400만 달러라는 어마어마한 예매 수익을 올려 브로드웨이 예매 역사를 새로 쓰게 만든 작품이 된다. 〈미스 사이공〉 역시 그해 최고 뮤지컬 작품상과 작곡상 등 토니상 10개 부문에 노미네이트되었다.

승승장구의 성공 가도를 달리며 쇤베르그와 부브릴 두 사람은 쉴 새 없이 다음 작품을 만들었고, 1997년 런던의 Prince Edward 극장에서 새 작품 〈Martin Guerre〉를 올린다. 이 작품 역시 관객과 평단의 호평 속에 그해 'Olivier 연극상'을 받고 유럽 전역과 미국 공연을 하게 되었다.

이후에도 쇤베르그는 영국 내셔널 발레단을 위해 〈폭풍의 언덕〉을 작곡하여 2002년에 공연하고, 2007년엔 16세기 아일랜드 해적을 배경으로 한 뮤지컬 〈The Pirate Queen〉을 제작하여 브로드웨이에 올린다.

하지만 뮤지컬 〈The Pirate Queen〉은 아쉽게도 흥행에는 실패하고 만다. 그럼에도 불구하고 음악적 성취도는 문학과 연관된 깊이 있는 작품의 작곡가로서 쇤베르그의 명성을 떨치게 만든다.

2011년에는 또 하나의 발레 작품 〈Cleopatra〉를 작곡해 세계적인 Northern Ballet 단을 통해 선보이기도 했다. 그리고 지금, 세계

뮤지컬 〈미스 사이공〉(1990). 필리핀 배우 Lea Salonga란 걸출한 배우를 탄생시켰다.

뮤지컬계는 두말할 나위 없이 그의 다음 행보에 이목을 집중시키고
있다.

11. 마빈 햄리쉬

1975년 전설의 뮤지컬 〈코러스 라인〉을 비롯해 〈Sweet Smell of Success〉 등의 뮤지컬 작품과 영화 〈데이빗〉, 〈Sting〉, 〈Ordinary People〉 등 십 수 편의 영화음악 히트 작품을 작곡한 마빈 햄리쉬 Marvin F. Hamlisch는 1944년 뉴욕에서 태어났다.

작곡뿐 아니라 지휘자로서도 많은 활동을 한 햄리쉬는 소위 'EGOT' (에미상, 그래미상, 오스카상, 토니상을 다 탔다는 의미)를 휩쓴 역사상 12명의 작곡가 중 한 사람이다. 뿐만 아니라 퓰리처상과 골든 글로브 작곡상까지 받은 탁월한 인물이다.

햄리쉬는 유대계 미국인의 아들로 뉴욕 맨해튼에서 태어났다. 아버지는 아코디온 연주자이며 밴드 리더였다. 그래서 그런지 그는 다섯 살 때부터 피아노 앞에서 연주를 했고 라디오에서 흘러나오는 음악을 들으면 곧바로 연주를 하곤 해서 주위를 깜짝 놀라게 했다. 마

1964년 뮤지컬 〈Funny Girl〉을 통해 혜성처럼 등장한
배우 바브라 스트라이샌드. 후에 영화배우, 가수, 감독으로 활동함.

침내 일곱 살이 되기 직전 음악 영재로 줄리아드 학교의 입학 허가서
를 받기도 한다.

　그의 음악과 관련한 첫 번째 직업적인 일은 유명한 여배우이며 가
수, 영화감독인 바브라 스트라이샌드가 출연한 뮤지컬 〈Funny Girl〉(
후에 영화로도 만들어진다)에서 리허설 피아노를 쳐주는 역할이었다. 이
를 계기로 뮤지컬계에 알려지면서 그는 1968년 그의 첫 영화 작품
〈The Swimmer〉를 작곡한다.

　그런가 하면 영화 〈오즈의 마법사〉에 출연한 쥬디 갈런의 딸이자

오즈의 마법사를 기조로 한 뮤지컬 〈Wicked〉의 한 장면.

뮤지컬 배우이며 가수인 라이자 미넬리의 첫 데뷔 앨범을 스무 살 전에 작곡해 뛰어난 음악 소질을 보였고 그후 그의 광범한 음악적 활동으로 꽃을 피운다.

영화감독 우디 앨런의 〈Bananas〉 등의 영화음악 작곡을 하고 1970년대부턴 더욱 왕성한 작곡 활동으로 세간의 이목을 집중시킨다. 이때 작곡한 작품 중 아카데미 영화음악 작곡상을 받은 영화 〈Sting〉의 음악이 있다. 당시 미국에서만 200만 장의 앨범이 팔린 영화 〈Sting〉의 음악은 지금도 필자의 기억에 생생하다.

그리고 역시 아카데미 영화 작곡상을 받은 〈The Way We Were〉,

1980년의 〈Ordinary People〉, 1982년의 〈Sophie's Choice〉 등의 영화음악으로 그 화려한 이력의 꽃을 피운다.

뮤지컬에서도 〈마이 페어 레이디〉, 〈집시〉, 〈웨스트 사이드 스토리〉 등을 유난히 좋아한 그는 마침내 뮤지컬 음악에 손을 대기 시작했으니, 바로 1975년에 세상에 나온 전설의 뮤지컬 〈코러스 라인A Chorus Line〉이다.

한꺼번에 토니상과 퓰리처상을 받은 이 작품에서 그는 오프브로드웨이에서 시작된 이 작품을 브로드웨이 장기 공연으로 끌어올려 대박을 터뜨리는 성공 신화의 주역이 된다. 물론 이 뮤지컬은 나중에 영화로도 만들어졌다.

이어서 1978년 〈They Are Playing Our Song〉을, 1983년 뮤지컬 〈Jean Seberg〉을 런던에서 올리고, 1986년 뮤지컬 〈Smile〉, 1993년 〈The Goodbye Girl〉, 그리고 2012년 새로운 뮤지컬 〈The Nutty Professor〉를 2012년 8월 6일 그가 사망하기 직전인 7월 24일에 공연한다.

햄리쉬는 지휘자로서도 피츠버그 심포니 오케스트라와 밀워키 심포니 오케스트라, 샌디에이고 심포니 오케스트라 등에서 지휘를 하는 등 그의 음악적 영역과 이력은 매우 다양하며 탁월한 업적을 이루었다. 지금도 국내는 물론 세계 곳곳에서 그의 뮤지컬 〈코러스 라인〉을 비롯해 많은 작품들이 공연되고 있다.

12. 엘리자베스 스웨도즈

타토 테오테페라
리포토 테오세테스카
팔로스디오스파리시
하파이시메남피미남

1982년 뉴욕에서의 공연과 그해 여름 이탈리아 스폴레토 뮤직 페스티벌에 참가했던 뮤지컬 〈트로이아의 여인들〉에서 그리스의 영웅적 전사 아킬레스 역을 맡았던 필자의 솔로 노래 가사다.

라틴어를 기조로 작곡가 엘리자베스 스웨도즈Elizabeth Swados가 직접 노랫말을 쓴 이 특유의 뮤지컬은 뉴욕 뮤지컬계에선 말 그대로 대박이었다. 도대체 영어도 아니고, 프랑스어도 독일어도 이탈리아어도 아닌 '지블리쉬'로 엮어낸 이런 노래가 거의 3시간 동안 관객들을 매료시켰다. 이런 노래 위에 루마니아 태생의 연극 연출가 안드레이 셔반Andrei Servan이 격정적이고 제의적이며 동양적인 접근으로 연출을 해 큰 성공을 거두게 되었던 것이다.

브로드웨이 뮤지컬계에서 가장 획기적이고 진보적인 음악을 창조하는 작곡가 엘리자베스 스웨도즈. 그녀는 1951년 뉴욕 주 버팔로에서 변호사인 아버지와 배우 출신의 어머니 사이에서 태어났다. 그러나 스웨도즈의 오빠가 어릴 때부터 정신 질환을 앓은 탓에 괴로움을 이기지 못한 어머니는 1974년 자살을 한다. 그녀의 오빠 역시 1989년 세상을 떠나고 마는 큰 아픔을 겪는다.

이러한 가정적 배경이 그녀의 음악에 많은 영향을 미쳐 그녀의 음악은 늘 어두운 음지의 삶과 인종문제, 살인, 정신적 질환 등을 다루어 왔다. 버몬트에 있는 Bennington 대학에서 음악을 전공한 스웨도즈는 이후 그녀의 뮤지컬 음악에 세계 여러 나라의 민속 음악을 도입하여 많은 영감을 얻으며 작업하는 독특한 뮤지컬 음악 세계를 확립한다.

특히 그녀의 첫 번째 성공적인 뮤지컬 〈Runaway〉는 다인종의 문제와 가정사를 그리는 내용을 충격적인 퍼커션 위주의 음악으로 뉴욕 Public Theatre에서 출발해 브로드웨이에 입성하는 쾌거를 이룩하기도 했다. 이 작품은 토니 최고 작품상에서부터 작곡상 등 무려 5개 부문에 노미네이트되는 파란을 일으켰다. 특히 이 작품은 매우 획기적이고 실험적인 뮤지컬이라 더욱 주위를 놀라게 했다.

그후 그녀가 만든 일련의 뮤지컬 〈Jumpin's Salty〉(1975),

〈Nightclub Cantata〉(1977), 〈Dispatches, a Rock & Roll War〉(1979), 〈Alice in Concert〉(1980), 〈Lullabye and Good-night〉(1982), 〈Jerusalem〉(1984), 〈Groundhog〉(1992), 〈Mental Missiles〉(2006), 〈Spider Opera〉(2006), 〈Kaspar Houser〉(2007) 등의 작품은 늘 브로드웨이 뮤지컬의 영역에서 색다른 음악과 작품성으로 관객들의 기대를 모았다. 1984년의 작품 〈예루살렘Jerusalem〉은 필자도 이스라엘에서 출연한 바 있다.

한때 아프리카 피그미 족의 음악 연구를 위해 아프리카에 갔다가 말라리아에 걸려 죽을 고비를 넘기기도 했던 그녀는 늘 음악을 위해선 과감한 체험적 필드 워크를 감행하는 작곡가이기도 하다. 필자는 그녀와의 여러 작품을 통해 특별한 친분을 가지고 있는데 작업장에서의 그녀의 집중력은 정말 대단하다. 영화와 TV 방송 음악에도 영역을 넓히며 많은 작업을 했기 때문에 영화감독 밀로스 포먼Milos Forman, 배우 말론 브란도, 숀 펜 등과도 친분이 깊다.

13. 마크 샤이먼

오오오 잠을 깨면 매일 새로운 이 느낌

오오오 허기져 뭔가를 찾을 때 내게 들려오네

도시의 리듬 날 불러내네 저 하늘의 메시지처럼

오오오 미소로 가득한 거리로 날 이끄네

굿 모닝 볼티모어

새로운 기회가 열리는 매일 밤 판타지는 펼쳐지고

모든 소린 음악 같아

굿 모닝 볼티모어

언젠가 내가 뜨게 되면 온 세상 밝혀주리

볼티모어와 나……

1962년 볼티모어를 배경으로 뚱뚱한 10대 소녀 트레이시 턴블

뮤지컬 〈헤어스프레이〉의 한 장면.

레드의 이야기를 뮤지컬로 만든 뮤지컬 〈Hair Spray〉(2007)에 나오는 이 노래 〈굿 모닝 볼티모어〉에서부터 벌써 관객은 들썩이기 시작한다. 당시 최고의 TV쇼에 뚱뚱한 트레이시가 우여곡절 끝에 출연해 댄싱퀸이 된다는 해피엔딩의 이 뮤지컬 코미디 작품은 수많은 뮤지컬을 작곡한 마크 샤이먼Marc Shiman의 이름을 알린 대표작 중의 하나다.

1959년 뉴욕 옆에 있는 뉴저지 주 뉴와크Newark에서 태어난 샤이먼은 토니상을 비롯해 그래미상, 에미상을 받은 뛰어난 작곡가다. 1979년 이래, 작사가 스콧 위트만Scott Wittman과 파트너로 함께 일하면서 뮤지컬 〈헤어스프레이〉, 〈Peter Allen : Upin One〉(1979), 〈Bette! Divine Madness〉(1980), 〈Leader of the Pack〉(1985), 〈Patti LuPone on Broadway〉(1995), 〈The Odd Couple〉(2005), 〈Catch Me If You Can〉(2009), 〈Charlie and Chocolate Factory the Musical〉(2013) 등을 만들어 냈다. 국내에서도 그의 〈헤어스프레이〉와 〈캐치 미 이프 유 캔〉은 성황리에 공연되었다.

샤이먼은 초창기에 연극과 카바레 공연 등에서 음악감독으로 일했다. 또한 편곡자로서 유명 가수 베트 마이들러Bette Midler와 오랫동안 함께 일했으며 코미디 연기자 빌리 크리스탈Billy Crystal 등과도 많은 일을 한다. 특히 빌리 크리스탈이 주인공으로 출연한 영화 〈해리가 샐리를 만났을 때〉의 영화음악을 작곡해 명성을 떨쳤다.

그러던 중 마침내 2002년에 제작된 뮤지컬 〈헤어스프레이〉를 통해 샤이먼은 그의 음악적 재능을 맘껏 발휘함으로써 8개 부문에 걸쳐 토니상을 받는다. 샤이먼의 탁월하고 가벼우면서도 재치 넘치는 음악은 뮤지컬은 물론 TV, 영화에서도 많은 작품을 부담 없이 양산해 냈다.

이러한 공로로 2007년 영화, TV 부문에 탁월한 공로를 인정해서 수여하는 권위 있는 'ASCAP's Henry Mancini 상'을 수상한다.

영화음악으로도 〈Misery〉(1990), 〈City Slickers〉(1991), 〈Sister Act〉(1992), 〈A Few Good Men〉(1992), 〈In & Out〉(1997), 〈Parental Guidance〉(2012) 등 많은 작품을 그가 작곡했다. 끊임없이 폭을 넓히는 그의 음악 작업은 여전히 현재 진행형이다.

14. 제닌 테소리

뮤지컬 작곡가 제닌 테소리Jeanine Tesori는 본명이 Jeanine Levenson으로 1961년에 태어났다. Barnard 대학을 졸업한 그녀는 1995년 브로드웨이와 인연을 맺는다. 당시 그녀는 〈How To Succeed in Business Without Really Trying〉이란 작품의 음악 편곡을 맡으면서 차츰 알려지기 시작한다.

1997년 오프브로드웨이 뮤지컬 〈Violet〉을 작곡해 Obie 연극상과 뉴욕 드라마 평론가상, 그리고 Lucille Lortel 상을 받으면서 비로소 브로드웨이로부터 러브 콜을 받게 된다. Obie 연극상은 필자도 뉴욕에서 활동할 때 수상한 바 있는 권위 있는 오프브로드웨이 연극상이다.

이후 테소리는 뮤지컬 〈Swing〉(1999)의 편곡과 작곡을 맡았고, 뮤지컬 〈The Secret Garden〉과 〈The Who's Tommy〉의 편곡 및 지

휘도 맡는다. 춤이 많이 들어간 뮤지컬 〈스윙Swing〉은 필자도 감동적으로 봤던 작품이다.

2000년에는 작사가 Dick Scanlan과 함께 뮤지컬 〈Thoroughly Modern Millie〉에 11곡의 뮤지컬 넘버를 새롭게 작곡해 작품의 완성도를 높여 토니상과 드라마 데스크상에서 최우수 작곡상에 노미네이트되기도 했다.

2004년에는 브레히트의 〈억척어멈〉을 뮤지컬로 각색해 〈Caroline, or Change〉란 이름으로 뉴욕 Public Theatre에서 공연해 역시 토니상 후보에 오르는 업적을 이루기도 했다.

지칠 줄 모르는 그녀의 왕성한 작곡 활동은 영화음악에도 기여했다. 우리에게도 잘 알려진 월트 디즈니 사 제작의 영화 〈슈렉〉, 〈인어공주〉, 〈뮬란〉, 그리고 〈The Loss of a Teardrop Diamond〉 등의 작품에 감미로운 음악으로 한층 영화를 살려주는 데 공헌한다. 이러한 인연으로 디즈니가 제작한 뮤지컬 〈Shrek the Musical〉의 음악을 작곡하게 된다.

2011년 알리슨 베치델의 소설인 『Fun Home』을 뮤지컬로 공연해 호평을 얻은 테소리의 음악적 확장과 행보는 향후 브로드웨이에 더욱 큰 기대와 즐거움을 던질 것이 자명하다.

15. 마크 홀맨

국내에서도 공연되어 잘 알려진 〈유린타운Urinetown〉(2001년)의 작곡
가이자 작사가인 마크 홀맨Mark Hollmann은 일리노이 패어뷰 하이츠
에서 성장했다. 어려서부터 연극과 음악에 대한 관심이 많았던 마크
홀맨은 시카고 Cardiff-Giant 극단의 단원으로 일하기도 했던 전형
적인 연극인이자 음악인이다.

트럼본 주자로 시카고 아트 록 밴드 Maestro Subgum and the
Whole의 일원이기도 했던 마크 홀맨은 'The Second City', '시카고
시티 리미츠' 등의 극단에서 피아노 연주자로 일하기도 했다.

뉴욕의 Engel 뮤지컬 디어터 워크숍에서 뮤지컬 작곡 실습을 시
작하면서 자연스럽게 오프브로드웨이 및 브로드웨이와 인연을 맺
는다. 이즈음 작가 Jack Helbig과 뮤지컬 〈The Girl, The Grouch,
The Goat〉를 발표하는데 LA와 시카고에서 대단한 호평을 받는다.

뉴욕에 정착하면서 본격적인 작품 활동을 시작한 마크 홀맨이 작곡하고 작사까지 한 뮤지컬 〈Urinetown〉이 오프브로드웨이에서 막을 올려 2001년 Obie 연극상을 수상하고, 2002년엔 마침내 토니상까지 거머쥔다.

우리말로 〈오줌 마을〉 정도로 표현할 수 있는 뮤지컬 〈유린타운〉은 본래 〈You are in Town〉이란 제목이 제격인데 작품이 지닌 풍자와 사회적 해학이 〈Urinetown〉(소리 나는 대로의 발음 표기)이란 독특하고 독창적인 제목으로 이름이 붙여졌다. 작품 탄생의 배경도 독특하고 독창적이다.

작품의 원작자인 그레그 커티스Greg Kotis가 1995년 유럽 여행 도중 여행경비가 다 떨어지고, 달랑 비행기표 값 정도밖에 없어 인근 기차역과 공원 등지에서 새우잠을 자며 유럽의 문물을 익히게 됐다. 그러던 중 어느 날 파리의 룩셈부르크 공원을 지나가는데 몹시 소변이 마려워 공원 화장실을 찾는다.

그런데 그 화장실을 사용하려면 돈을 내야 되는 상황……. 그레그는 생각 끝에 그럴 바에야 인근 식당에 가서 식사를 하면서 화장실을 써야겠다고 생각하면서 떠올린 아이디어. 파리에선 공공을 위한 공중 화장실도 조합에 의해 운영된다는 사실에 놀라움과 더불어 반발심이 생기면서 문득 공연작품으로 만들면 어떨까 하는 생각을 하게 된다. 이렇게 탄생된 작품이 바로 이 〈유린타운〉이다.

2001년 5월 6일 오프브로드웨이 American Theatre for Actors에서 뮤지컬 〈유린타운〉이 공연된 이후 관객들의 뜨거운 반응은 계속 이어졌다. 사회에 대한 모순과 관료들에 대한 세태 풍자, 정책의 부조리 등에 관객들은 통쾌한 반응을 보였다. 더불어 〈유린타운〉은 일상생활과 삶에 대한 스트레스를 풀어주는 작품으로 대단한 성공을 거두게 된다.

작품 가운데 뮤지컬 〈레 미제라블〉을 패러디한 장면부터 팬터마임의 과감한 도입, 그리고 종전의 뮤지컬과는 다르게 자유로운 플롯 등이 관객들에게 신선한 충격을 주며 동시에 새로운 형식의 뮤지컬로서 성공을 거두게 했던 것이다.

마크 홀맨은 특히 이 작품을 통해 랩 음악에서부터 가스펠, 재즈, 흑인 영가, 그리고 컨트리 음악 스타일까지 도입해 음악적 센스와 구성에 있어 화려한 성공을 거둔다. 보통의 브로드웨이 뮤지컬 작품들이 가진 보편적 사랑 이야기나 화려한 무대가 아니라 매우 사회적이며 시사적인 작품의 작품성으로 평단과 관객으로부터 열렬한 호평을 받았다. 어쨌거나 단 한 편의 뮤지컬로 토니상을 받는 등 마크 홀맨은 분명 떠오르는 별이 된 셈이다.

특히 이 작품에 나오는 두 명의 캐릭터 바비 스트롱과 호프 클라드웰 역은 「Theatre Monthly」 잡지가 제정한 '뮤지컬 100명의 뛰어난 역할'에 포함될 정도로 개성적이며 인상적인 배역의 창조였다.

16. 마이클 존 라키우사

브로드웨이 뮤지컬 〈Hello Again〉을 비롯해 〈Marie Christine〉과 〈The Wild Party〉, 〈See What I Wanna See〉 등의 작곡가 마이클 존 라키우사Michael John Lachiusa는 1962년 뉴욕에서 이탈리아 부모 밑에서 삼형제 가운데 첫째로 태어났다. 불행히도 부모 사이의 불화를 겪으며 자란 마이클은 아버지보다는 어머니의 영향 속에서 음악을 접하게 된다.

일곱 살 때 거의 독학으로 피아노를 배우고 연주한 그는, 미국 현대 음악 작곡가인 존 아담즈, 필립 글라스, 그리고 뮤지컬 작곡가 조지 거슈윈, 리처드 로저스, 손드하임의 음악을 들으며 꿈을 키워나간다.

TV 저널리즘을 공부하기 위해 학교에 등록했다가 한 학기도 끝나기 전에 그만둔 마이클은 1980년 뉴욕 시로 이주해 본격적으로 음악감독직을 맡으며 뮤지컬 세계로 뛰어든다.

　뉴욕에서 'Lehman Engel Musical Theater Workshop'에 참여하면서 뮤지컬 작곡을 시작하여 1993년 뉴욕의 대표적인 오프브로드웨이 극장 퍼블릭 시어터의 George C. Wolfe를 통해 뮤지컬 〈First Lady Suite〉를 공연하고, 다음해 링컨센터에 뮤지컬 〈Hello Again〉을 올려 성공을 거둔다.

　특히 이 작품은 아서 슈니츨러의 희곡 『라롱드La Ronde』를 새롭게 뮤지컬로 각색한 작품이다. 사랑에 관한 여러 에피소드를 배열한 이 작품은 드라마 데스크상에서 무려 10개 부문에 노미네이트되었다.

　이어 1995년 뮤지컬 〈Chronicle of a Death Foretold〉로 토니상 후보에 오르고, 마침내 1999년과 2000년 사이에 두 개의 라키우사 뮤지컬 작품이 동시에 브로드웨이를 뜨겁게 달구는 행운을 누린다. 바로 뮤지컬 〈마리 크리스틴Marie Christine〉과 〈와일드 파티The Wild Party〉가 그것이다.

　뮤지컬 〈마리 크리스틴〉은 그리스 비극 메디아를 기조로 만든 작품으로서 거의 오페라처럼 매우 스케일이 큰 스펙터클 뮤지컬이었다. 그러나 아쉽게도 마흔두 번의 공연으로 막을 내리고 말았다. 후에 라키우사의 말대로 〈마리 크리스틴〉은 "작품의 방대한 규모와 음악적 어려움으로 인해 마흔두 번이 아니라 오직 세 차례 공연으로도 만족해야 했던 작품이다."

　그의 뮤지컬 〈와일드 파티〉도 흥행엔 실패했으나, 토니상 7개 부문에 올라 그중 하나의 상을 받는다. 수상을 했건 안 했건 그것이 중요한 것이 아니라, 라키우사가 바라보는 뮤지컬의 영역과 세계는 분명 뮤지컬의 역사에서는 꼭 필요한 성과라고 하겠다.

2003년에 다시 뮤지컬 〈Little Fish〉를 발표하고 2005년 가을 다시 퍼블릭 시어터에서 〈See What I wanna See〉를 공연해 성공하면서 다시 드라마 데스크상의 여러 부문 후보에 오른다.

그의 뮤지컬에 대한 왕성한 열정은 계속되어 2006년 뮤지컬 〈Bernard Alba〉, 그리고 2008년엔 뮤지컬 〈카르멘〉 작업에 착수한다. 그리고 이듬해 4월 버지니아 주 시그니쳐 극장에서 1952년 에드나 페버의 소설 『자이언트Giant』를 뮤지컬로 각색해 무대에 올리기도 한다.

이렇게 자신만의 색깔과 철학으로 뮤지컬 작업을 진행해 온 그는 2011년 나이아가라 폭포에 얽힌 이야기를 배경으로 한 뮤지컬 〈Queen of the Mist〉를 유명한 뮤지컬 배우 메리 터스타, 쥴리아 머니 등과 함께 무대에 올려 각광을 받는다.

매체와의 인터뷰에서 늘 자기 자신은 게이이자 싱글임을 서슴없이 밝히는 라키우사는 역시 몇 안 되는 목소리 크고 개성 강한 뮤지컬 작곡가임에 틀림없다.

17. 아담 귀틀

필자도 초연 때 관람했던 뮤지컬 〈Light in the Piazza〉의 작곡가 아담 귀틀Adam Guettle은 오페라 작곡에도 재능을 가진 사람이다. 그의 뮤지컬은 늘 오페라와 고급 뮤지컬의 음악 사이를 넘나들고 있다. 그래서 그런지 필자가 그의 작품을 관람했을 때 관객의 대부분인 70% 이상이 머리가 하얀, 나이 많은 관객이었다.

아담 귀틀은 1964년 뉴욕 시 맨해튼에서 태어났다. 아버지 헨리 귀틀이 영화 제작자이면서 극장발전 진흥재단Theater Development Fund의 회장이었던 만큼 어렸을 때부터 부친의 영향을 많이 받았다.

어린 시절 그는 이미 뉴욕 시티 오페라단과 뉴욕 메트로폴리탄 오페라단에서 제작한 오페라 〈마술 피리〉와 〈펠레아스와 멜레장드 Pelle as et Melisande〉 등에 보이 솔로이스트로 출연하기도 한다. 그리고 음악에 남다른 재능과 관심을 가졌던 그는 고등학교에서 록과 재즈 밴드에서 베이스를 맡거나 노래를 부르기도 했다.

열세 살에 변성기를 거치면서 작곡에 전념하기 시작한 그는 클래식의 드뷔쉬, 라벨, 스트라빈스키 등의 작곡가로부터 영향을 받았고 또한 벤저민 브리튼, 스티비 원더, 뮤지컬의 대가 손드하임으로부터 막대한 영향을 입는다.

예일 대학을 졸업하고 싱어 송라이터로 오드리 맥도널드, 브라이언 달시 등의 노래 음반 작곡에도 참여해 명성을 떨치고 여러 편의 다큐멘터리 영화음악을 작곡하기도 했다.

2005년 뮤지컬 〈The Light in the Piazza〉를 발표, 최고 작곡상 등 두 개의 토니상을 받고 드라마 데스크상까지 받는다. 이어 그 여세를 몰아 2006년 뮤지컬 〈The Princess Bride〉를 캘리포니아 할리우드 볼 링컨센터에서 공연하고, 이듬해 2007년엔 안톤 체홉의 〈바냐 아저씨〉 공연에 파워풀한 음악으로 작품의 완성도에 기여했다.

2011년부터는 버지니아 주의 시그니쳐 극장이 후원하는 '아메리칸 뮤지컬 보이스 프로젝트'에 참가하여 뮤지컬 〈Millions〉와 〈The Invisible Man〉 등의 작업으로 뮤지컬계의 주목을 받고 있다.

18. 던컨 스콧 셰이크

국내에서도 〈스프링 어웨이크닝Spring Awakening〉으로 잘 알려진 뮤지컬 작곡가 던컨 셰이크Duncan Scott Sheik는 자신이 가수이기도 한 음악인이다. 수 년 전 그의 대표 뮤지컬 작품 〈스프링 어웨이크닝〉 공연 때는 필자가 공교롭게도 무대 위에 앉아서 공연을 관람했고 공연 후 그와 함께 레스토랑에서 담소를 나눈 기억이 지금도 생생하다.

1969년 뉴저지 주 몬클레어에서 태어난 그는 어렸을 때 할머니로부터 피아노를 배우면서 음악에 입문한다. 1996년 본인이 직접 작곡하고 부른 〈Barely Breathing〉이 대중적으로 대히트를 기록해 빌보드 차트에 55주 동안 상위에 오르면서 세상에 알려진 그는, 그 뒤에도 〈She Runs Away〉, 〈Reasons for Living〉, 〈Wishful Thinking〉, 〈On a High〉, 〈White Limousine〉, 〈Play Your Part〉 등의 앨범을 계속 발표하면서 인기를 얻었고, 영화는 물론 TV 음악에도 깊이 관여

해 널리 그 명성을 떨쳤다.

연극과 뮤지컬에도 지대한 관심을 가진 그는 셰익스피어의 작품 〈12야〉의 음악 작곡과 〈Through the Fire〉를 작곡했으며, 마침내 2006년 토니상과 그래미상을 동시에 수상하게 된 뮤지컬 〈Spring Awakening〉을 작곡하며 중요한 뮤지컬 작곡가의 반열에 오른다.

사실 이 작품이 공연되기까지는 엄청난 우여곡절이 있었으니, 무려 8년 동안의 워크숍을 통해 떠돌다가 마침내 빛을 보게 된 케이스다.

본래는 독일 극작가 Frank Wedekind의 희곡인데 뮤지컬로 각색된 이 작품은 탄탄한 드라마를 배경으로 쉬우면서 감성적인 작곡가 던컨 셰이크의 깊이 있고 밀도 있으면서 윤기 있는 음악으로 거듭나 더욱 뮤지컬로서 찬란한 빛을 발하게 된 것이다.

뮤지컬 〈스프링 어웨이크닝〉의 성공에 이어 2009년 그는 뮤지컬 〈Whisper House〉를 작곡하고 2012년엔 런던의 로열 내셔널 극장에서 〈이상한 나라의 엘리스〉를 재구현한 새 뮤지컬 작품 〈Alice by Heart〉의 막을 올린다.

이 밖에도 그는 뮤지컬 작품 〈Nero〉(2006), 〈The Nightingale〉(2006), 〈American Psycho〉(2012)와 함께 영화로 제작되는 〈스프링 어웨이크닝〉의 영화음악도 작곡했다.

19. 제이슨 로버트 브라운

각광받고 있는 또 한 사람의 뮤지컬 작곡가로 뉴욕 주 오씨닝에서
태어난 제이슨 로버트 브라운Jason Robert Brown을 빼놓을 수 없다.

로체스터 이스트만 음악학교에서 음악 수학을 하기도 했던 그는
어린 시절 손드하임의 〈스위니 토드〉와 〈Sunday in the Park with
George〉를 보고 깊은 감명을 받으면서 뮤지컬에 대한 꿈을 키웠다.

록 밴드의 일원으로 활동하기도 했던 그는 스물세 살 되던 해 친
구와 함께 뮤지컬의 대가 손드하임의 뮤지컬 공연에 초청되어 공연
을 보고 레스토랑에서 손드하임을 만나 공연에 대한 질문을 주고받
는 등 손드하임의 관심을 받기도 한다.

졸업 후, 뉴욕에서 작곡뿐 아니라 편곡, 지휘 그리고 피아니스트로
일하기 시작했으니 이때 나온 그의 작품이 〈Songs for a New World〉
다. 이 작품은 브로드웨이 연출의 대부인 해롤드 프린스의 딸 데이

지 프린스가 연출을 하기도 했다. 이 작품에 나오는 노래 〈Stars and Moon〉은 카바레 풍의 노래로 지금도 유명하다.

제이슨은 해롤드 프린스의 제안으로 마침내 새 뮤지컬 〈퍼레이드 Parade〉를 작곡하여 1999년 토니상 작곡상을 받는 영예를 안는다. 이어 2002년 제이슨은 다시 데이지 프린스와 함께 뮤지컬 〈The Last Five Years〉를 작곡하고 각본까지 써서 공연하게 된다. 이 작품은 2인 뮤지컬로서 사랑, 결혼 그리고 이혼에 이르기까지의 스토리를 음악을 통해 풀어 나가는 색다른 작품으로 지금도 미국 전역에서 공연되는 매우 파격적인 2인 뮤지컬 작품이다.

제이슨은 2003년 국내에서도 소개되었던 뮤지컬 〈Urban Cowboy〉를 발표해 다시 토니상 후보에 올라 뮤지컬 신예 작곡가로서 확고한 위치를 누린다. 2010년엔 뮤지컬 〈Honeymoon in Vegas〉와 우리에게도 널리 알려졌던 할리우드 영화 〈매디슨 카운티의 다리〉를 뮤지컬로 만드는 작업에도 착수한다.

연극 평론가 마크 셴톤이 피력했듯이 제이슨은 "새로운 조류를 지향하는 뮤지컬 작곡가"로 평가받는 인물이다. 종래의 뮤지컬과는 다른 리듬의 구성과 멜로디 등 특히 남자 연기자가 부르기 어려운 음계를 만드는 등 매우 현대 음악적 기법을 구사하는 작곡가로서 손드하임 이후의 차세대 기대주로 주목받고 있다.

20. 손드하임과 앤드류 로이드 웨버
이후의 뮤지컬

이상 살펴본 바와 같이 손드하임과 앤드류 로이드 웨버 이후, 브로드
웨이는 이들의 영향을 지대하게 받았다. 쉬운 소재와 듣기 편한 이
지 리스닝 위주의 음악으로 뮤지컬의 영역은 점차 변모되고 확대되
면서 더욱 다양한 맛과 멋을 갖추게 된 것이다.

그래서 나온 '록 뮤지컬', 댄스 위주의 '댄스컬', 영화에서 소재를
따온 '무비컬', TV 버라이어티 쇼를 방불케 하는 '버라이어티 뮤지
컬', 스토리 내용보다는 표현 방식을 더 중요하게 여기는 '컨셉 뮤
지컬', 대사 없이 진행하는 '넌 버벌 뮤지컬', 앞서가는 음악극 양
식으로 컬트를 지향하는 '컬트 뮤지컬', 힙합 음악을 중심으로 만든
'힙합 뮤지컬' 등 그 다양한 분야가 다양한 맛을 원하는 오늘날의 관
객 앞에 모습을 드러내기 시작한다.

필자가 본 뮤지컬 〈In the Heights〉도 힙합과 랩으로 만들어진 빼

어난 작품으로, 새로운 경향의 뮤지컬이었다. 이 가운데 새롭게 등장한 몇 개의 뮤지컬은 매우 특별한 옷을 차려 입고 관객 앞에 선을 보였다. 새로운 록 뮤지컬 〈헤어Hair〉, 〈렌트Rent〉, 디즈니 영화를 뮤지컬로 만든 애니메이션 무비컬 〈라이언 킹Lion King〉, 〈스파이더 맨Spider Man〉, 〈인어공주Mermaid〉, 〈슈렉〉, 소설을 뮤지컬로 각색한 작품들인 〈제인 에어Jane Eyre〉, 〈스프링 어웨이크닝Spring Awakening〉, 엘리자베스 스펜서가 쓴 소설을 뮤지컬로 만든 〈광장의 햇살The Light in the Piazza〉, 대사는 별로 없으면서 춤 위주로 진행되는 댄스컬 〈댄싱Dancing〉, 〈컨택트Contact〉, 밥 포시의 안무 작품을 주로 모은 뮤지컬 〈포시Fosse〉, 현대 무용가 트왈라 달프Twyla Tharp의 댄스컬 〈무빙 아웃Moving Out〉, 〈변화의 시대The Times They are a Changing〉 등이 있다.

또 컬트 뮤지컬의 대명사라 일컬어지는 〈록키 호러 픽쳐 쇼Rocky Horror Picture Show〉, 〈리틀 숍 호러스Little Shop of Horros〉 등의 등장과 컨셉 뮤지컬로서 어느 작은 마을에서 철자법 대회를 배경으로 한 10대들의 이야기를 그린 〈스펠링 비Spelling Bee〉 등은 현대에 들어서 새롭게 변화하고 있는 뮤지컬의 새로운 양상의 작품들이다.

뮤지컬 역사에서 손드하임은 천의 얼굴을 가진 진정한 뮤지컬 작곡가다. 새로운 양식의 뮤지컬을 추구하는 차세대 작곡가들은 말하자면 '포스트 손드하임' 세대라고 명명해도 전혀 이견이 없을 것이다.

위에서 언급한 뮤지컬 〈렌트〉, 〈틱틱 붐〉을 작곡한 조나단 라슨을 위시해 윌리엄 핀(〈팔세토〉, 〈스펠링 비〉), 마이클 존 라키우사(〈매리 크리스틴〉, 〈와일드 파티〉, 〈베르나르 다 알바〉), **제임스 로버트 브라운**(〈퍼레이드〉, 〈라스트 파이브 이어즈〉), **아담 귀틀**(〈광장의 햇살〉, 〈플로이드 콜린스〉), **제닌 테소리**(〈슈렉〉, 〈캐롤라인 오어 체인지〉), **프랭크 와일드혼**(〈지킬 앤 하이드〉, 〈드라큘라〉) 등이 말하자면 손드하임 이후 새로운 뮤지컬의 지평을 연 장본인들이다.

이들은 모두 대작 브로드웨이 뮤지컬이 아닌 오프브로드웨이나 지방 뮤지컬에서부터 시작한 뮤지컬 파이어니어Pioneer들이고 파이어니어답게 이들의 음악 세계는 매우 독창적이고 창조적이다. 향후 이들의 활동도 더욱 기대를 모으고 있지만 앞으로 새로운 옷을 입고 나타나 새 시대를 이끌어갈 새로운 세대 작곡가들의 새 뮤지컬 또한 흥미진진하게 기대되는 부분이기도 하다.

역시 음악극의 하나인 뮤지컬은 절대적으로 작곡가의 힘과 영향이 프로덕션 전체에 미치는 파급효과는 실로 엄청난 것이다. 마치 새로운 작곡가와 가수에 의한 대중음악의 변천이 쉴 새 없이 진행되듯이 말이다.

ALL ABOUT
MUSICAL
올 어바웃 뮤지컬

제**4**장

뮤지컬의
멋과 맛, 안무

1. 뮤지컬에서의 안무
2. 뮤지컬계 전설의 안무자들

1. 뮤지컬에서의 안무

뮤지컬에서 음악 다음으로 중요한 것이 있다면 춤이다. 춤은 인간의 감정을 직접적으로 표현하는 신체 표현이고 신체 언어다. 마치 연기에서 액션이 곧 감정과 감성의 가장 진솔하면서 가장 직접적인 표현이듯이, 뮤지컬에서 춤이란 곧 그 음악의 재해석 내지는 연장선에 이르는 육체적 표현인 것이다. 우리가 흥이 났을 때 노래가 절로 나오고, 몸이 절로 움직여지듯이 노래와 춤의 관계는 매우 밀접하다.

〈페임Fame〉이란 뮤지컬에서 청소년들의 꿈과 열정을 향한 노래에서 터져 나오는 음악은 곧 춤으로 바로 연계되어 객석을 뒤흔들게 만든다. 이런 현상이야말로 뮤지컬이란 음악극의 절대 감성의 꼭짓점이라 하겠다.

사실 춤은 태고적부터 우리 일상 주변의 삶과 예술의 표현 곳곳에 존재해 왔다. 고대 동굴 벽화에 으레 고대인들의 춤이 묘사되어 있고

보티첼리에서부터 드가, 모네, 고야, 피카소, 그리고 조선 시대 김홍
도의 그림에서도 춤은 지극히 당연한 일상의 움직임을 넘어선 감성
의 표현으로 등장한다.

춤의 표현이야말로 곧 인간 감성의 마지막 몸부림이 아니겠는가?
지금도 나이트클럽이나 파티 석상, 그리고 심지어 길에서 흥을 돋우
는 음악이 나오면 우린 절로 몸이 들썩이면서 춤으로 반응하고 화답
한다. 하물며 음악극인 뮤지컬에서 춤이 빠질 수 있겠는가. 춤이야
말로 빼놓을 수없는 가장 시각적 백미인 것이다.

철학자 데카르트가 "나는 생각한다, 고로 존재한다!"라고 말했다
면, 뮤지컬에선 "나는 음악 때문에 움직인다, 고로 존재한다!"라고
말해야 할 것이다. 심미안적인 측면에서 볼 때, 우주 만상의 움직임
은 곧 춤이라 할 수 있겠다. 그러므로 인간의 모든 움직임은 곧 춤이
라고 할 수 있다.

뮤지컬에서 가장 극적인 감정의 상태에 접어들 때, 노래가 나올 수
밖에 없듯이 바로 그 지점에 춤도 덩달아 상생하게 되는 것이다. 간
혹 지금도 뮤지컬에서 춤이 노래의 부수적인 역할을 하는 듯이 보인
다면 그것은 매우 잘못된 프로덕션이다. 안무는 보다 창조적이어야
하며 배우의 대사가 그렇듯이 춤은 작품의 숨겨진 메시지를 보완하
고 재창조시키는, 음악 작곡이나 대본 못지않게 동등한 정도로 중요
한 부분을 차지한다고 할 수 있다.

그러므로 뮤지컬 공연에 있어 안무야말로 대사나 노래만큼 효과
적이어야 하며 창조적이어야 한다. 음악이나 대사에서 할 수 없는

순수한 인간의 육체 표현을 우리는 안무를 통해서 감정적 동선으로 그릴 수 있는 것이다.

브로드웨이의 뛰어난 연출가 해롤드 프린스가 뮤지컬 〈지붕 위의 바이올린〉에 전설적인 안무자 제롬 로빈스Jerome Robbins를 안무 연출자로 천거한 이유도 이러한 명분에서였다. 그 결과 러시안 유대인들의 춤은 결국 모든 인종의 관객을 울리는 유니버설 무대 언어로 승화되었다. 춤 속에선 인종도 국경도 이데올로기도 뛰어넘는 순수한 인간적인 율동의 표현 예술로 자리 잡는 것이다.

안무의 요소

뮤지컬에서 음악이 그렇듯이 안무도 작품의 제시다. 즉 안무된 춤의 형태, 패턴, 컴포지션, 다이내믹, 스타일이 절대적으로 작품의 형식미를 만들고 또 도와주게 된다. 그러므로 춤의 형식을 어떻게 만드느냐 하는 것은 매우 중요한 관건이 된다. 마치 음악이 곧 그 뮤지컬의 내용과 그에 따른 성격이나 얼굴이 되듯이 안무도 작품의 모든 것과 통한다.

예를 들어 브로드웨이 역사상 '뮤지컬 드라마'로 금자탑을 쌓은 〈West Side Story〉의 체육관 파티 장면에서 무대 양쪽에서 토니와 마리아가 등장하며 만나는 장면이 있다. 음악과 춤이 흐르는 가운데 두 사람이 무대 중앙에서 자석처럼 만나면서 관객들에게 로맨스의 환상을 만들어 주고 이어서 양쪽으로 물러나는 장면에서 안무는 파티의 즐거움과 동시에 금방이라도 터질 것 같은 충돌을 동시에 예고해 준다.

이 장면의 안무는 매우 드라마틱하면서도 작품 감정의 분수령에 있도록 만들어야 한다. 이럴 때 안무자는 드라마와 음악을 배경으로 뛰어난 춤의 패턴을 짜내야 한다. 그러므로 패턴과 구성은 곧 특정 뮤지컬의 스토리가 되는 셈이다.

안무의 패턴에 있어서 대칭의 미는 안정감을 주는 반면 비대칭의 패턴을 쓰면 동시적이며 폭발적이고 폭력적인 분위기를 만들어 주기도 한다. 곧 노래의 가사가 음악적 리듬을 만들어주고, 음악이 노래의 리듬을 살려주듯이, 춤은 음악의 패턴을 종합적으로 시각화하는 작업이다.

춤에서 창조되는 스텝은 연기자의 몸에서 비롯되는 액션을 절대적으로 도와준다. 동시에 춤의 스타일은 또한 특별한 시대나 특정한 성격을 만들어 주기도 한다. 뿐만 아니라 작품의 색깔을 규정짓는 톤Tone이나 안무자의 자질까지 암시해준다. 어떤 안무자의 경우는 작품에 자신의 자질을 반영시키는가 하면 어떤 안무자는 작품을 자신의 자질에 대입시키기도 한다.

브로드웨이 역사상 최고의 안무자였던 제롬 로빈스Jerome Robbins는 자신이 가지고 있는 안무자로서의 모든 탤런트를 작품에 반영시키며 창조했던 장본인이다. 사후에 발레단에서도 그의 작품을 공연할 정도였다는 것은 그의 안무자로서의 업적과 뛰어난 안무 능력을 입증하는 사례로 충분하다.

이에 비해 또 한 사람 브로드웨이 안무의 전설 밥 포시Bob Fosse

의 경우는 작품을 자신의 자질 속에 대입시키면서 성공을 거두었다. 그의 뮤지컬 〈Pippin〉이나 〈시카고Chicago〉가 그 대표적인 예가 되겠다.

여하튼 안무자에 의해 만들어진 춤은 하나의 창조적인 요소로서 작품의 내용을 음악이나 연기와 더불어 종합성을 만드는 데 기여하게 마련이다. 뮤지컬 배우가 노래를 할 때, 몸의 자세, 움직임, 점프, 제스처 등은 안무자에 의해 협조되고 창조되는 것이다.

수 년 전 브로드웨이에서 공연된 〈Song & Dance〉는 노래와 춤이라는 뮤지컬의 이러한 양대 핵심 요소를 총망라해서 보여준 대표작이라 하겠다. 어떤 면에선 안무가 뮤지컬의 성패를 좌우한다고 해도 과언이 아니다.

연극 공연 속에 춤이 등장한 것은 언제부터일까? 이미 상고 시대 각 민족의 민속연극 속에는 당연히 춤이 나타나 있다. 당시의 연극은 대사보다 음악과 춤이 함께 존재하는 음악극 형식이 거의 대부분이었다.

지금도 페르시아의 '타지에' 연극, 인도나 인도네시아의 전통 연극 등에서 이런 형식은 존재하고 있다. 그런가 하면 우리나라를 비롯해 중국, 일본을 포함한 동양의 모든 연극과 심지어 고대 그리스 연극도 모두 음악극 형식이었다.

그리고 보면 뮤지컬은 전혀 새로운 공연의 양식이 아니다. 고대 그리스 시대의 예에서도 비극이건 희극이건 공연 때는 늘 노래와 춤이 기본적으로 함께 공연되었다. 로마 시대에도 팬터마임이 가장 사랑

받는 공연이었는데, 역시 춤이 혼재된 '댄스 드라마'였다.

중세 시대를 거쳐 유럽의 왕정에서도 춤과 음악은 도락을 위한 하나의 필수조건이었다. 프랑스 왕정 시대에 궁정 발레 〈발레 드 꾸르 Ballet de Cour〉가 궁정에서 공연되었고, 왕가의 결혼식에서 으레 행해진 궁정 댄스나 발레 등은 공연의 기본이었다.

이 가운데 특히 1581년 경 프랑스 궁정에서 행해진 왕비의 희극 발레 〈발레 코미크 드 라 렌Ballet Comique de la Reine〉은 연기, 음악, 춤이 종합된 일종의 총체적인 뮤지컬이었다. 어떤 공연은 당시 5시간이 넘는 공연으로 그야말로 '뮤지컬 스펙터클'이었다.

동양도 마찬가지다. 중국 궁정에서 행해진 공연도 연기, 음악, 춤이 가미된 음악극이었다. 그 전통의 잔재로 남은 것이 오늘날의 경극이다. 일본의 전통 연극도 그렇고 우리나라의 전통 연극도 같은 맥락이었다. 지금도 행해지는 우리의 가면극 〈탈춤〉은 각 지방으로 분산되었으나 여전히 연기와 음악과 춤이 결합된 하나의 완벽한 뮤지컬 연극 양식이다.

공간의 마술사 안무자

이러한 뮤지컬에서 빼놓을 수 없는 움직임과 무용을 창조하고 드라마와 연계해서 동작을 만들어내는 공간의 마술사는 바로 안무자다. 안무자가 누구냐에 따라 작품은 완전히 다른 성격의 옷을 입게 된다. 경우에 따라서 그것은 솜털처럼 가볍거나 두텁거나 또 현란한 색채를 띠거나 투박하지만 정이 넘쳐나거나 하는 무대를 만들어주는 것이다. 움직임이야말로 드라마를 휘젓는 또 다른 차원의 그림이다.

　뮤지컬은 철저하게 노래와 춤에 의존하는 공연예술이다. 특히 춤은 노래와 마찬가지로 작품의 중요한 부분과 특히 마지막을 맺어주는 드라마틱한 액션으로 자리 잡고 있다.

　예를 들어 〈웨스트 사이드 스토리〉란 작품에서 안무자 제롬 로빈스는 프롤로그에서 이미 뛰어난 안무로 제츠와 샤크스, 두 파의 대립과 싸움을 상징적으로 표현해내고 있다. 이것은 바로 뒤 이은 이 작품의 클라이맥스 부분인 체육관 안에서의 파티 장면과 마지막 춤 장면(The Rumble)을 미리 예시해주면서 작품의 톤을 만들어 한층 관객의 흥미를 이끌어주고 있는 것이다.

　특히 체육관에서 벌어지는 댄스파티에서 주인공 마리아와 토니는 40마디의 음악을 등에 업고 서로 춤추면서 접근하며 사랑을 맺고 있는데(러브댄스 장면), 이것은 그 어떤 대사보다도 강렬하고 절실한 사랑의 감성을 관객에게 전달해 준다. 그만큼 인간의 몸은 특정한 분위기에서 음악적이며 동시에 춤을 추게 만드는 살아있는 생명체로서의 역할을 하고 있다. 그러므로 우리가 발레나 민속 무용, 현대 무용 등의 공연을 보며 말은 없지만 오히려 말보다도 더욱 직접적인 감흥을 전달받게 되는 이유가 바로 거기에 있는 것이다.

　뮤지컬에서의 댄스 역시 작품의 무드와 분위기를 대사보다도 효과적으로 표현해낼 수 있고, 또 작품의 주제와 심지어 아이디어까지 암시하고 표현해주는 역할까지 할 수 있다. 만일 뮤지컬의 노래

하나가 하나의 장면을 예술적으로 묘사할 수 있다면, 뮤지컬의 무용 하나도 작품의 한 장면을 기막히게 전달하고 표현해서 충분히 감동을 연출할 수 있는 것이다.

두말할 나위 없이 뮤지컬에서의 춤은 노래에 버금가게 뮤지컬 작품을 가장 효과적으로 만드는 데 빼놓을 수 없는 요소다. 뮤지컬의 노래가 대사를 대변한다면 뮤지컬에서의 춤은 작품의 시각적 이미지를 극적으로 창출하는 탁월하고 중요한 영역인 것이다.

이런 관점에서 보면 뮤지컬 코미디에서 안무자가 대사 못지않게 춤으로서 코믹한 움직임을 창조해야 하니 얼마나 어렵겠는가? 대사는 경우에 따라 한 마디로 웃길 수 있는 충분한 요소가 되지만 춤 동작에서 이러한 효과를 낼 수 있다는 건 지극히 어려운 일이다.

그런데 천재적인 안무자 제롬 로빈스 같은 탁월한 예술가들은 이러한 어려움을 쉽게 풀어 관객에게 대사나 상황 이상으로 폭소를 자아내게 만든다.

제롬 로빈스의 발레 작품 〈The Concert〉나 뮤지컬 〈지붕 위의 바이올린〉에서 보여준 주인공 Tevye's Dream 같은 장면의 안무는 폭소를 자아내게 만들다 못해 보는 이로 하여금 찬탄을 금치 못하게 한다. 인간의 육체로 빚어내는 동작이 이렇게 기쁨과 슬픔의 표현을 천지차이로 만들어낼 수 있다는 사실은 역시 만물의 영장인 인간의 풍성한 감성 때문이 아니겠는가!

오늘날 스포츠 경기에서 벌어지는 매우 결정적 순간을 담는 라이브스포츠 TV 중계 화면 속에서 보여주는 슬로우 모션을 보면서 감탄을 하듯이, 뮤지컬에서 탁월한 안무가 보여주는 드라마틱한 역동의 춤은 분명 그 이상의 감동을 우리에게 안겨주고 있다. 이처럼 뮤지컬에서의 안무는 음악 못지않은 또 하나의 경이적이고 획기적인 제3의 창조 영역이다.

안무의 종류

대개 안무는 1인 안무, 2인 대무, 군무 등으로 나누어진다. 작품의 성격이나 내용에 따라 나름대로 선택되는 각각의 율동이 작품을 다양하게 채색해 주고 있다.

① 솔로 안무의 경우는 대개 한 가지 아이디어를 관객에게 심어주면서 동시에 그 캐릭터를 표현하는 데 기여한다. 경우에 따라 군무 속에서 독무를 출 수도 있는데, 이때도 솔로를 추는 역할의 배역이 곧 다른 군무의 사람들에게 어필하는 메시지를 여실히 담을 수 있다. 군무 속에서 1인 독무가 추어질 때는 물론 특별한 표현의 영역이기 때문에 안무자가 선택을 한다. 그러므로 솔로 안무는 더욱 어려운 댄스 테크닉을 감수해야 할 수 있다.

② 듀엣이 추는 2인 안무는 특히 로맨틱한 상황일 때가 많은데, 이럴 때 안무는 사랑의 밀어 이상의 효과를 창출해야만 한다. 음악과 더불어 사랑하는 두 연인의 손짓과 스텝과 몸의 율동은 관객의 감성을 십분 자극하고 충분한 감동을 주도록 해야 한다.

③ 군무는 뮤지컬 〈오클라호마〉처럼 남녀가 어울려 추는 장관의 뮤지컬적인 힘의 표현이며 동시에 작품을 더 확실하게 대변해

주는 역할과 작품 코멘트의 경지까지 제시해 줄 수 있다. 이처럼 군무의 경우는 대개 안무자가 가장 많이 신경 쓰는 부분으로 음악, 장치, 의상을 총체적으로 융합하는 뮤지컬에서 최고의 절정을 묘사하는 부분이라고 해야 할 것이다.

여하튼 뮤지컬에서 안무가 차지하는 비중은 음악 이상으로 크고 중요하다. 작품에 따라 뮤지컬 속의 안무는 탭에서부터 발레, 현대무용, 재즈, 쇼댄스까지 다양한 무용의 원천이 차용되게 마련이다. 이렇게 보면 움직임의 가능성과 표현은 배우의 대사 이상으로 무궁무진하다고 하겠다.

이러한 화려한 안무가의 대열 속에서 뮤지컬 역사상 오로지 몇 사람만이 지금도 전설로 남아 있다. 그리고 뮤지컬이 계속되는 한 새로운 아이디어와 안무를 통해 등장하는 새로운 전설은 앞으로도 계속 이어질 것이다. 이 가운데 필자가 반드시 언급하고 싶은 안무자는 죠지 발란쉰George Balanchine, 아그네스 드 밀Agnes de Mille, 제롬 로빈스Jerome Robbins, 마이클 키드Michael Kidd, 밥 포시Bob Fosse, 마이클 베넷Michael Bennet, 트왈라 달프Twyla Tharp 등이다.

필자가 이들의 작품을 보면서 공통적으로 느낀 점은 안무자로서 오락성과 예술성을 동시에 가지고 있는 사람들이란 점이다. 이들이 있었기에 뮤지컬 안무의 전통이 세워진 셈이고 또한 더불어 최고의 뮤지컬들이 이들에 의해 화려하게 단장되어 탄생됐다고 할 수 있다.

이제 제롬 로빈스와 밥 포시 등 뮤지컬계의 전설적인 안무자들을 차례로 소개할 차례다. 다행히 필자는 뉴욕에서 이들이 세상을 떠나기 전에 안무한 작품들을 현장에서 직접 감상할 수 있는 행운을 얻었으니, 이들과 동시대를 함께 살았다는 사실에 감사할 따름이다.

2. 뮤지컬계 전설의 안무자들

제롬 로빈스

제롬 로빈스Jerome Robbins(1928-1998)는 브로드웨이의 아카데미라 불리는 토니상을 다섯 번, 뮤지컬 영화 안무를 통해 아카데미상을 두 번이나 받은 안무가로 자타가 공인하는 천재적이고 탁월한 뮤지컬 안무계의 '전설'이다.

물론 본인이 직접 뮤지컬 연출도 했지만 역시 그는 안무에서 천재적 재능을 유감없이 보여준 장본인이다. 또한 그의 안무의 영역은 발레에까지 이르러 더욱 안무자로서의 예술적 재능을 인정받았다.

그는 뮤지컬 〈왕과 나〉, 〈웨스트 사이드 스토리〉, 〈지붕 위의 바이올린〉 등 수많은 명작들을 만들어냈다. 젊은 시절 무용수로 활동할 당시 그는 발레 〈지젤〉, 〈세 처녀와 악마〉 등에 출연도 했고, 마침내 1944년 〈Fancy Free〉, 1945년 모톤 굴드의 〈Interplay〉에서 안무를

뮤지컬 〈웨스트 사이드 스토리〉의 파티 장면. 주인공 토니와 마리아의 모습이 보인다.
영화로도 제작되어 아카데미상을 받는 등 대단한 흥행을 기록했다. 전설의 안무자 제롬 로빈스의
안무 작품으로 지금도 공연하기 어려운 음악과 안무의 뮤지컬이다.

맡으며 브로드웨이에 혜성처럼 등장했다.

제롬 로빈스는 본래 뉴욕 대학에서 화학을 전공했다. 그러나 경제 적인 이유 때문에 학업을 중단해야 했고 우연히 무용에 입문하게 된 다. 앤소니 튜더, 유진 로어링에게 발레를 배웠고 현대 무용, 민속 무 용, 그리고 안무법 등도 차례로 배우고 익히기 시작한다.

1940년 American Ballet Theater, ABT의 전신인 Ballet Theater에 입단하여 솔리스트로 활동하면서 〈트로이아의 헬렌〉, 〈로미오와 줄

리엣〉, 〈페트루슈카Petrouchka〉 등의 출연 무용수로서 그의 존재감을 알리기도 했다.

이어 1944년 레오나르드 번스타인이 작곡한 발레 작품 〈Fancy Free〉란 작품에 안무와 출연을 하면서 본격적으로 명성을 얻게 되는데, 이 작품을 통해 자연히 번스타인과 알게 되었고, 이를 계기로 후에 두 사람은 뮤지컬 〈On the Town〉(〈팬시 프리〉의 전신), 〈웨스트 사이드 스토리〉 등 불후의 명작을 함께 만드는 동지가 되었다.

발레 작품 〈Fancy Free〉 이후 계속 발레 작품 안무에 전념하였는데 1950년 〈Jones Beach〉, 〈The Cage〉(1951), 〈목신의 오후〉(1958), 〈3X3〉(1958), 〈Moves〉(1961) 등의 수작들이 그의 손에서 나온 작품들이다. 특히 이 가운데 〈Moves〉는 음악이 없는 무음의 발레로 지금도 획기적인 발레의 전설로 남아 있다.

1970년대에 들어서 발레 안무와 함께 뮤지컬 안무를 병행하면서 조프리 발레단과 뉴욕 시티 발레단을 위해 많은 작품을 만들기도 한다.

번스타인과의 특별한 인연은 뮤지컬 역사에 찰떡궁합의 작곡가와 안무자라는 기록을 남겼고, 밥 포시Bob Fosse와 더불어 뮤지컬 사상 최고의 안무자로 평가받게 하였다. 작곡가 번스타인처럼 그 역시 동성애자로서 그의 애인으로는 유명한 할리우드 배우 몽고메리 크리프트였다. 1950년대 초엔 한때 공산주의자로 낙인 찍혀 미국 하원 청문회에 불려가기도 했다.

1990년 자전거 사고와 1994년 심장판막 수술, 그리고 1996년엔 파킨슨병을 앓았고 1998년 뉴욕 시티 발레단의 〈레 노세스Les Noces〉를 마지막으로 영면했다.

제롬 로빈스의 발레 안무 작품들은 지금도 세계 곳곳에서 공연되고 있다. 발레 안무 작품도 그렇지만 그의 뮤지컬 안무 작품은 발레를 기본으로 하는 매우 역동적이고 선 굵은 동작으로 온몸을 이용해 표현하는 매우 어려운 안무법이라 하겠다. 인간의 육체를 파악하고 분석하고 분해해서, 해체 또는 조합하여 보여주는 듯한 그의 안무는 역사 속에 영구히 남을 것이라 생각한다.

밥 포시

미국 뮤지컬의 안무자이며 연출가, 그리고 영화감독으로 활동했던 예술가이다. 뮤지컬 안무의 역사에 길이 그 이름과 독특한 안무 스타일을 남긴 또 한 사람의 장인이라면 당연히 밥 포시Bob Fosse를 빼놓을 수 없다.

1927년 7월 23일 태어난 포시는 이미 10대 초반에 보드빌과 벌레스크 공연을 할 정도로 뛰어난 쇼 안무를 해낼 정도로 탤런트와 끼가 넘치는 몇 안 되는 인물이었다. 열세 살 때 이미 The Riff Brother란 무용 팀을 조직해서 나이트클럽과 벌레스크 극장에 출연하기도 했다. 그리고 열다섯 살 때엔 나이트클럽에서 사회를 보면서 사실상 그의 첫 번째 안무 작품이라 할 수 있는 〈That Old Black Magic〉을 만들었는데, 여기서 이미 그만의 독특한 안무 색깔인 '섹시한 관능미와 성적인 움직임의 모든 것'을 창조하게 된다.

브로드웨이 뮤지컬계의 스타일리스트 안무자 밥 포시의 안무 작품인 〈파자마 게임〉

　이어 1948년 '레뷔'에 코러스로 참가했다가 나중에 리더가 되어 〈Dance Me A Song〉을 안무하기에 이른다. 포시는 본래 안짱다리여서 무용가로서 발을 턴 아웃Turn out하기 힘든 사람이었다. 하지만 자신의 이런 신체적 콤플렉스를 극복하고 매우 독창적인 그만의 스타일을 창조한 노력파의 전형적 인물이다.

　시카고에서 태어난 포시는 쇼단의 배우였던 아버지 밑에서 많은 영향을 받았다. 2차 대전이 발발하자 해군으로 지원하여 해군 연예

두 차례에 걸쳐 토니 여우주연상을 받았던 뮤지컬 스타 Gwen Verdon의 〈Damn Yankees〉 중에서.

인단 소속으로 무용과 쇼의 경력을 쌓았고 제대 후엔 뉴욕으로 거처를 옮겨 본격적인 활동의 기틀을 마련한다.

밤에는 벌레스크나 쇼단에 출연하면서 낮에는 연기학교에 등록하여 연기를 배우기도 했다. 이처럼 풍부한 경험을 바탕으로 브로드웨이와 TV, 영화에 출연하던 중, 1954년 뮤지컬 〈Pajama Game〉의 안무를 맡으면서 처음으로 토니상의 안무상을 받으며 본격적인 안무자의 길로 들어선다.

이어 1959년 연극 〈Red Head〉의 연출을 맡았고, 10년 후

브로드웨이 뮤지컬 안무의 전설 밥 포시의 코믹 안무 작품. 〈비즈니스를 진심으로 하지 않으면 성공 못한다〉의 한 장면.

〈Sweet Charity〉로 영화감독 데뷔를 한다. 드디어 1972년 포시는 〈Cabaret〉로 아카데미상을 받게 되는데, 이 〈카바레〉는 종래의 뮤지컬 작품과는 달리 밝고 신나는 음악 영화가 아니라 결말이 불행하게 끝나면서 화면이나 색채 구성이 다르다. 그러나 포시 자신이 직접 감독과 안무까지 도맡으면서 작품의 완성도를 한층 높였다고 인정받았다.

이어서 밥 포시는 1979년 브로드웨이의 뒷무대를 배경으로 한, 자신의 반 자서전적인 뮤지컬 영화 〈All That Jazz〉를 만들어 칸느영화제에서 수상하는 영예를 누린다.

뮤지컬 역사상 가장 뛰어난 안무가의 한 사람인 포시는 그의 독특한 안무 스타일로 탁월한 완성도를 이룩한 뮤지컬 〈Chicago〉(1975)

전설적인 안무자 Bob Fosse의 모습. 탭, 재즈, 발레, 민속무용 등으로부터 그만의 안무 스타일을 창조한 천재적인 안짱다리 안무자다.

로 최고 안무가의 반열에 올랐다. 〈시카고〉는 지금까지 세계 곳곳에서 공연될 뿐만 아니라 브로드웨이 역사상 손꼽히는 롱런을 기록한 최고 흥행 뮤지컬로 자리를 잡는다.

뮤지컬 영화에서부터 공연 무용에 이르기까지 열정을 쏟아 붓던 포시는 아깝게도 그의 나이 60세 되던 해에 〈Star 80〉이란 작품을 끝으로 세상을 떠난다.

포시는 종래 브로드웨이 안무에서 대부분을 차지하던 발레 도입

밥 포시 안무의 결정적인 명작 뮤지컬 〈시카고(1975)〉. 존 칸더 작곡, 프레드 엡 작사의 이 작품은 실화를 바탕으로 한 뮤지컬이다. 이 작품의 성공은 역시 안무자 밥 포시의 공이 크다 하겠다.

의 관습을 과감히 깨뜨리고 자기 탐구와 피땀의 노력으로 자신만의 스타일을 이룩해 낸 걸출한 안무자다. 말하자면 포시는 감각적이고 센슈얼한 움직임 속에서 섹시함을 강조하는 자신만의 스타일로 공간의 미학을 창조한 안무자다.

그의 안무관은 춤이 단순히 노래를 장식하고 치장해주는 차원이 아니라 음악의 완전한 일부분으로 존재해야 한다는 생각으로 일관했던 뮤지컬 안무의 대표주자요 표본이라 하겠다.

포시의 대표작은 〈시카고〉 외에 〈Damm Yankees〉(1955), 〈Little

Me〉(1966), 〈Pippin〉(1972), 〈댄싱〉(1977) 등이 있다. 손끝 하나에
도 표현을 실은 그의 섬세한 안무는 브로드웨이를 충분히 열광시키
고도 남았다.

마이클 베넷

마이클 베넷Michael Bennett은 브로드웨이에서 무려 6,137회나 무대
에 올린 장기 공연 작품의 하나인 〈코러스 라인Chorus Line〉(1975)의
안무자로 성공하면서 입지를 확고히 굳혔던 안무자다.

그는 밥 포시와 동시대의 안무자로서 1943년 뉴욕 버팔로에서
태어났다. 10대 때부터 춤을 배우기 시작하여 열여섯 살에 뮤지컬
〈West Side Story〉 유럽 투어에서 존 역할을 맡아 뮤지컬과 인연을
맺었다. 이어 1966년 〈A Joyful Noise〉에서 첫 안무를 맡게 된다.

마침내 1968년 빌리 와일더 감독의 영화 〈아파트먼트〉를 뮤지컬
로 만든 무비컬 〈Promises〉의 안무를 담당하며 안무자로서의 위치
와 명성을 확고히 한다. 이어 브로드웨이의 전설적인 연출자 해롤드
프린스와 공동 연출로 〈Company〉와 〈Follies〉로 연출의 영역을 구
축하더니 드디어 브로드웨이 사상 롱런의 흥행 기록을 세운 〈코러스
라인Chorus Line〉과 〈드림걸즈Dream Girls〉의 연출 및 안무를 맡아 토
니상 4회 수상의 영예를 안는다.

쇼적인 안무의 전통에다 특히 군무 안무에 탁월함을 선보인 그는
음악과 함께 충동적이고 살아있는 안무의 컴포지션을 잘 짜는 안무
자 중의 한 사람이다.

1974년 마이클 베넷은 이전의 브로드웨이 뮤지컬에서 벗어나 새

로운 작품을 모색하고 있었다. 어느 날 그는 맨해튼에 스튜디오를 하나 빌려 24명의 무용수를 불러 모은다. 그리고 30시간에 달하는 무용수들의 개인적 이야기를 녹음테이프에 담아 새로운 작품 구상에 들어간다.

바로 이것이 뮤지컬계에서 소위 '컨셉 뮤지컬'이란 신조어로 탄생된 전설, 뮤지컬 〈코러스 라인Chorus Line〉이다.

오늘 작별의 키스를……
상냥함과 슬픔을 담아서……
나의 행운을 빌어 주세요.……
오, 당신에게도 똑같이 기도합니다.
나는 후회하지 않아요.
사랑을 위해 바쳤던 모든 것을…….

에드워드 크레번 작사, 마빈 햄리쉬 작곡의 이 애잔하면서도 강렬한 음악의 뮤지컬 〈코러스 라인〉은 마이클 베넷 연출, 안무 작품으로 1975년 뉴욕 Public Theater란 오프브로드웨이 극장에서 초연되었다.

폭발적인 성공에 이어 곧바로 브로드웨이 슈버트 극장으로 옮겨져 1990년까지 공연됐는데, 한 때는 공연 3개월 전에도 표를 구입할 수 없을 정도의 대박 작품으로 꿈의 브로드웨이 롱런의 흥행을 기록한 작품이다.

〈코러스 라인〉은 그해 토니상에서 연출, 안무상은 물론 작곡, 작사, 조명, 남녀 주인공 상 등 모두 9개의 상을 휩쓸면서 브로드웨이의 노른자 역할을 톡톡히 해냈다. 이 작품은 뮤지컬 역사가들에 의해 "브로드웨이 뮤지컬 역사는 코러스 라인 전과 후로 갈라진다."라는 평가를 들을 정도로 획기적이고 성공적인 공연 케이스의 한 사례였다.

나중에 전 세계 22개국에서 공연될 정도로 대성공을 거둔 이 작품은 곧바로 마이클 베넷의 이름을 브로드웨이의 정상에 굳건하게 올려놓는다(물론 나중에 영화로도 만들어져 좋은 흥행 성적을 기록한다.).

1981년 마이클 베넷은 또 하나의 신화를 창조했으니 바로 뮤지컬 〈Dream Girls〉의 탄생이다. 브로드웨이 역사상 가장 화려한 '쇼 뮤지컬'이란 명성을 얻었지만 그렇게 되기까지 작품 탄생 배경의 우여곡절은 이루 말할 수 없을 정도다.

이 작품의 시작은 1975년 작가이자 작사자 톰 이언이 작곡가 헨리 크리거, 마이클 베넷과 함께 일하면서부터다. 처음에 〈Big Dreams〉란 제목으로 출발한 이 프로젝트는 1981년 우여곡절 끝에 〈Dream Girls〉란 이름으로 브로드웨이 임페리얼Imperial 극장에서 막을 올린다.

첫 오프닝 공연 때 관객들은 이미 눈을 뗄 수 없을 정도의 화려한 무대 연출과 귀를 즐겁게 하는 40여 곡의 뮤지컬 넘버, 그리고 극적인 휴먼 드라마의 요소로 종래에 볼 수 없었던 성공을 예감했다. 아니나 다를까. 이듬해 토니상 6개 부문을 휩쓸면서 성공한 뮤지컬 〈드림 걸즈〉는 드라마 데스크상까지 받으며 블루칩으로 떠올랐던 이 작품은 이후 4년간 1,522회 공연의 대기록을 남긴다.

마이클 베넷의 탁월한 재능도 1987년 에이즈에 의한 합병증으로 세상을 떠나는 바람에, 결국 〈드림 걸즈〉는 그의 유작이 되고 말았다.

그리고 25년만인 2006년 뮤지컬 〈드림 걸즈〉는 할리우드에서 영화로 만들어져 또 한 번 흥행에 크게 성공하는데, 영화를 위해 새로 작곡된 〈Listen〉, 〈Love You I Do〉 등의 노래는 골든 글러브에서도 주제가상을 거머쥐게 만들었다. 에이즈만 아니었더라면 더 많은 훌륭한 뮤지컬이 그의 손에 의해 창조되었을 텐데 안타까울 뿐이다.

길리안 린

커다란 흥행을 기록한 뮤지컬 〈캐츠〉, 〈마이 페어 레이디〉, 〈오페라의 유령〉, 〈카바레〉, 〈시크릿 가든〉 등의 작품을 안무한 길리안 린 Gillian Lynne은 1926년 2월 20일 영국에서 태어났다. 그는 뛰어난 안무자로서 발레리나, 배우, 연출가 등을 겸임했던 인물이다.

어려서부터 탁월한 무용의 움직임을 가졌던 길리안은 이미 열세 살 때, 친구들을 모아 안무를 짤 정도로 타고난 무용인이자 안무가이다. 길리안의 무용 천재성은 동네 의사로부터 발견되었다고 전해진다.

하루는 길리안의 어머니가 길리안을 병원으로 데리고 가서 의사에게 길리안이 공부도 잘 안 하며 평소 집중력이 부족하다고 진료를 요구하자, 의사는 길리안과 이야기를 주고받은 후, 길리안의 어머니를 불러 라디오 음악에 맞춰 춤을 추는 길리안을 보게 하며 길리안의 타고난 무용 센스를 일러줬다고 한다.

브로드웨이 뮤지컬계의 대부 격인 연출가이자 제작자 해롤드 프린스의 뮤지컬 〈카바레〉 중에서.

처음에 Molly Lake 무용단에서 무용수로 춤을 추던 길리안은 20세에 로열 오페라 하우스에서 〈잠자는 숲속의 미녀〉 솔로이스트로 춤을 선보여 갈채를 받았다. 이어 로열 발레단의 수석 단원으로 전설적인 발레 안무자 프레더릭 애쉬톤Frederick Ashton의 〈지젤〉 등의 명작에 출연한다. 뿐만 아니라 웨스트엔드의 뮤지컬 〈Can Can〉에서 클라우딘Claudine 역을 맡는 등 연기자로서도 명성을 떨친다.

안무자로서 또 연출자로서 길리안은 웨스트엔드와 브로드웨이를 넘나들면서 수많은 명작을 소화해 냈다. 1970년 뮤지컬 〈Love on the Dole〉을 통해 그녀의 안무 능력은 인정받았고, 이어서 앤드류 로이드 웨버를 만나 흥행 대박 작품 〈캐츠〉, 〈오페라의 유령〉, 〈Aspects of Love〉 등의 안무를 맡게 된다.

2002년엔 무비컬 〈Chitty Chitty Bang Bang〉을 안무, 뉴욕 브로드웨이와 웨스트엔드에서 각각 성공을 거두었다. 발레의 움직임을 배경으로 삼는 힘 있고 클래식하면서 섬세한 그녀의 안무는 늘 작품을 예술적으로 한 차원 끌어올리는 견인차 역할을 해왔다고 평가받는다.

가스 페이건

연출자 줄리 테이머Julie Taymor는 필자와 함께 〈Tirai〉란 작품으로 함께 일한 적이 있다. 1979년 오프브로드웨이 작품 〈Tirai〉를 연출하고 탁월한 가면을 직접 제작했던 연출자 줄리 테이머가 디즈니 영화 〈라이언 킹〉 뮤지컬을 연출했을 때 그녀가 택한 안무자는 자메이카 태생의 가스 페이건Garth Pagan이다.

1940년 자메이카에서 태어난 가스 페이건은 어려서 기계체조와 무용에 남다른 관심을 가지며 무용에 입문했다. 자메이카 국립 무용단에서 활동했으며 1959년 쿠바의 통치자 카스트로가 취임했을 때 그의 앞에서 무용을 하기도 했다.

디트로이트에 있는 웨인 주립Wayne State 대학에서 예술 석사학위를 받고 몇몇 무용단과 함께 일하다가 1970년 뉴욕의 로체스터로 이주하면서 1973년 그의 무용단인 'Bottom of the Bucket BUT(Pagan Dance Company의 전신)'를 창단한다.

현대 무용의 전설 이사도라 던컨, 마사 그래함 등에게 사사 받은 후 자신의 무용단 작품은 물론 흑인 현대 무용의 전설 엘빈 에일리 댄스 컴파니를 비롯해 할렘 무용단, 호세 리몽 댄스컴퍼니 등의 명망 있는 현대 무용 작품 다수를 안무해 이름을 떨쳤다.

특히 그는 현대 무용과 발레, 캐리비안 민속 무용, 그리고 각종 사교댄스를 탁월하게 사용하면서 자신의 무용 세계를 구축한 독자적 안무자다. 1991년 뉴욕의 삶을 조명한 무용 작품 〈Griot New York〉는 일시에 세간의 주목을 받았다. 일상의 현대인의 모습을 자신의 삶과 대비시키며 쉽게 풀어 안무하는 특징을 지닌 그는 특히 결혼 생활의 모습이나, 이혼한 커플의 일상적 표현을 극명하면서 간결하고 의미있게 다뤄 탄성을 자아내게 했다.

브로드웨이의 새로운 성공을 일군 〈Lion King〉(1998)의 안무는 새로운 뮤지컬의 탄생을 꿈꾸는 뮤지컬계의 일대 혁신이었다. 엘튼 존의 음악과 줄리 테이머의 탁월한 감각의 가면을 이용하면서 아프로-아프리칸의 움직임을 새롭게 창조한 가스 페이건의 안무는 곧바로 토니 안무상을 거머쥐게 만들기에 충분하였다.

그의 일련의 안무 작품인 〈Moth Dreams〉(1992), 〈Draft Shadows〉(1993), 〈Prelude〉(1993), 〈Mix 25〉(1996), 〈Nikanyit〉(1997) 등은 그만의 안무 세계를 독창적으로 표현한 매우 독특한 작품들로서, 극적이면서 초콜릿 빛깔 육체에서 품어져 나오는 아프로-아프리칸적인 몸짓의 향연으로 관객들의 사랑을 받았다.

토니상 외에도 구겐하임 펠로우십 안무상 등 많은 상을 받은 가스 페이건은 안무 세계에서 클래식과 민속 무용을 넘나드는 흔치 않은 안무자의 한 사람이라 할 것이다.

페트리샤 버취

뮤지컬 〈웨스트 사이드 스토리〉에 출연해 탁월한 무용 실력을 발휘해서 관객의 눈을 사로잡았던 페트리샤 버취Patricia Birch는 역시 안무자로서도 뛰어난 기량을 발휘했다.

1971년 그녀에게 주어진 안무 작품은 뮤지컬 〈You're a Good Man, Charie Brown〉이다. 이 작품의 성공을 계기로 브로드웨이에서 가장 바쁜 안무자로 활동하기 시작했으니 이어서 나온 히트 뮤지컬 〈Grease〉(1972)는 그녀를 더욱 탄탄한 안무자의 자리로 인도했다.

이어서 1973년 뮤지컬 〈A Little Night Music〉 그리고 1975년 〈Over Here〉, 1976년 동양적 뮤지컬로 주목 받았던 〈Pacific Overture〉를 특색 있게 안무해 안무자로서의 다양한 가능성과 성과를 올렸다.

드라마 데스크 안무상을 두 차례나 받고 토니상 후보에 무수히 오르면서 그녀의 안무는 쉴 줄 모르고 이어졌다. 〈They are Playing Our Song〉(1979), 〈Anna Karenina〉(1992), 〈Candide〉(1997), 〈Parade〉(1998), 〈Love Music〉(2007) 등 좋은 작품에 그녀는 율동의 무용 시를 불어 넣었다.

현대 무용가 마사 그래함 무용단에서 솔로이스트로 출연해 공연하기도 했던 그녀는 또한 미국 TV 코미디 쇼 〈Saturday Night Live〉 프로에 무려 6년 간 시퀀스 안무를 담당해 시청자들을 즐겁게 하기도 했다.

밥 에비안

대박 뮤지컬 〈코러스 라인〉과 〈드림 걸즈〉를 안무했던 밥 에비안 Bob Avian은 1937년 뉴욕에서 태어났다. 젊은 시절 그는 브로드웨이 뮤지컬 〈웨스트 사이드 스토리〉, 〈Funny Girl〉, 〈Henry, Sweet Henry〉 등에 출연하면서 동시에 뮤지컬 제작자 보조 일까지 병행하며 뮤지컬 세계에 뛰어들었다.

1962년 탁월한 안무자 마이클 베넷과 〈No Where to Go But Up〉에 함께 출연하면서 예술적 교감을 나누고 그후 20여 년간 서로 돕고 돕는 안무의 짝꿍이 된다. 이렇게 해서 탄생한 안무 작품들이 뮤지컬 〈코러스 라인〉, 〈드림 걸즈〉, 〈Promises Promises〉, 〈Company〉, 〈Coco〉, 〈Follies〉 등이다.

밥 에비안은 제작자로서도 기지를 발휘하여 뮤지컬 〈Putting It Together〉 그리고 2006년에 리바이벌 된 뮤지컬 〈코러스 라인〉 등을 제작한다. 런던 웨스트엔드에도 진출하여 뮤지컬 〈Martine Guerre〉, 〈미스 사이공〉, 무비컬 〈선셋 블루바드〉 등을 안무하기도 했다.

그가 안무한 작품들을 통해 그는 드라마 데스크상을 비롯해 토니상, 로렌스 올리비에 연극상 등을 받는 영예도 누린다. 화려하지만 인간성 넘치는 율동의 안무와 에너지 넘치는 안무는 보는 관객으로 하여금 율동의 즐거움을 한껏 누리게 만든다.

토미 튠

본래 뮤지컬 배우로 시작해서 안무와 연출의 영역까지 좋은 작품들

을 만들어 온 만능 뮤지컬 스타 토미 튠Tommy Tune은 개인적으로 9
개의 토니상을 수상한 경력을 가진 진정한 만능 뮤지컬 스타이자 아
티스트다.

텍사스에서 오일 채굴업자인 짐 튠의 아들로 1939년 2월 28일 태
어난 그는 텍사스 잭슨 빌에 있는 Lon Morris 대학을 졸업했다. 어
려서부터 무용에 관심이 많았던 그는 텍사스 휴스턴에서 패찌 스웨
이즈 밑에서 무용을 수학한다. 이어 휴스턴 대학 대학원을 졸업하고
큰 꿈을 이루기 위해 뉴욕으로 이주한다.

1965년 토미는 비로소 뉴욕 브로드웨이 무대에 서게 되니 뮤지컬
〈Baker Street〉의 출연과 동시에 멋진 연기를 선보여 일약 떠오르는
뮤지컬계의 샛별이 되었다. 그로부터 빠르게 브로드웨이에 적응하
고 성장한 토미는 점차 뉴욕 뮤지컬계에서 두각을 나타내더니 마침
내 1978년 그가 염원하던 뮤지컬의 연출과 안무를 동시에 할 수 있
는 기회를 갖는다.

〈The Best Little Whorehouse in Texas〉란 뮤지컬로 이 작품을
통해 권위있는 드라마 데스크 최우수 연출상을 받게 된다.

제롬 로빈스나 밥 포시처럼 출중한 안무자만이 할 수 있는 안무를
겸비한 연출자로서의 영역을 구축한 토미는 1980년 역시 안무와 연
출을 겸한 뮤지컬 〈A Day in Hollywood〉를 필두로 〈Nine〉(1982),
그리고 필자도 관심 있게 보았던 뮤지컬 〈Grand Hotel〉(1989),
〈The Will Rogers Follies〉(1991), 〈The Best Little Whorehouse
Goes Public〉(1994) 등을 연달아 발표해 흥행의 돌풍을 일으킨다.

삽화가 허쉬펠드가 그린 브로드웨이 안무자 토미 튠의 모습.
허쉬펠드는 뉴욕 타임즈 등에서 일했던 유명 삽화가로 그의 작품은
삽화를 넘어 예술의 경지다.

특히 1990년과 1991년 연이어 토니상을 받는 기염을 토하며 토미
튠이라는 이름을 각인시켰다.

199cm의 훤칠한 키에 잘 생긴 외모는 그의 안무나 연출 작품만
큼이나 산뜻하게 만드는 것으로 정평이 나 있다. 필자가 흥미롭게
보았던 뮤지컬 〈Grand Hotel〉의 안무에선 발레에서부터 볼룸 댄스
전 영역을 보여주는 여러 무용의 장르들을 골고루 복합적으로 보여
줘 관객들에게 뮤지컬 안무의 맛과 멋을 충분히 음미하게 만들었다.

토니 스스로 배우이자 댄서, 그리고 싱어, 연출자이자 제작자로

서 뮤지컬의 팔방미인 역할을 훌륭하게 해내는 뮤지컬 만능인이라고 하겠다.

수잔 스트로만

여자 안무자로서 터프한 브로드웨이에 굳건한 자신의 세계를 확립하며 성공 가도를 달리는 아티스트를 꼽으라면 단연 수잔 스트로만 Susan Stroman일 것이다. 1954년 댈러웨어에서 태어난 수잔은 피아노를 팔던 아버지 밑에서 피아노 소리를 들으며 자랐다. 다섯 살 되던 해에 무용에 관심을 가지기 시작하면서 수잔은 탭, 재즈, 발레에 전념하기 시작한다.

댈러웨어 대학에서 영어를 전공하면서 수잔은 무용단 안무와 연극 연출을 댈러웨어 지역과 필라델피아 지역에서 겸하며 무대 공연에 대한 예술적 체험을 하게 된다.

1976년 대학을 졸업하고 뉴욕으로 온 수잔은 1977년 오디션 끝에 Goodspeed Opera House에 출연하는 영광을 갖는다. 이어 첫 브로드웨이 진출 작품으로 1979년 〈Whoopee〉에 앙상블로 출연을 하고, 이듬해 드디어 보조 안무자이면서 조연출로 〈Musical Chairs〉에 참여하면서 본격적인 안무자이며 연출자로서의 입지를 굳히기 시작한다.

드디어 이 금발의 미모를 갖춘 수잔에게 행운이 찾아오니 1987년 오프브로드웨이 Vineyard 극장에서 공연된 뮤지컬 〈Flora the Red Menace〉(존 칸더와 프레드 엡의 뮤지컬 작사, 작곡 작품)가 그것이다.

이 작품에서의 탁월하면서 감각 있는 그녀의 안무는 곧이어 뮤지컬 연출의 대부 해롤드 프린스Harold Prince의 눈에 띄어 뉴욕 시티 오페라단의 〈돈 죠반니〉의 안무로 이어졌고, 1991년에는 뮤지컬 〈And the World Goes Around〉를 맡아서 안무한다.

가수 라이자 미넬리의 라디오 시티 뮤직홀의 〈Stepping Out〉을 안무하면서 안무자로서 에미상 안무상에 노미네이트됐고, 같은 해인 1992년, 후에 그녀의 남편이 된 Mike Ockrent 연출 작품인 〈Crazy for You〉에 안무를 담당하면서 그해 토니 최우수 뮤지컬 작품상과 안무상을 동시에 받는 쾌거를 이룬다.

브로드웨이 안무자로서 정상에 올라서면서 필자도 감동적으로 관람했던 브로드웨이 대표 뮤지컬인 해롤드 프린스 연출 작품 〈Show Boat〉(1994)를 통해 수잔은 두 번째 안무상을 받게 된다. 70여 명이 넘는 배우들이 출연하는 이 대작을 안무하면서 수잔은 각 시대와 계층, 인종에 알맞은 안무를 만들어 관객들이 안무의 아름다움에 탄성을 자아내게 했다.

이어서 1994년 10년 이상 그녀의 안무를 지속하게 만든 〈A Christmas Carol〉을 그녀의 남편과 함께 만들어 성공했고, 1999년엔 영국의 연출자 트레버 넌Trevor Nunn이 연출한 리바이벌 뮤지컬 〈Oklahoma!〉를 안무한다.

그해 사랑하는 남편의 죽음을 뒤로한 채 그녀는 안무와 연출의 영역으로 활동 범위를 넓혀 드디어 그녀의 대표작이라 불리는 댄스 뮤지컬 〈Contact〉를 당시 링컨센터의 예술감독인 안드레 비숍Andre Bishop과 함께 발전시켜 대성공을 거두며 주로 무용을 보여주며 이야기를 끌고 가는 댄스컬의 장르를 새롭게 개척해 낸다.

이어서 2000년도에 뮤지컬 〈Music Man〉을 연출 안무하고, 2001년엔 〈Thou Shalt Not〉을 연이어 발표한다. 그리고 수잔의 또 하나의 히트작인 멜 브룩스의 뮤지컬 〈Producers〉를 연출, 안무하면서 연출의 이름에 남편의 이름을 헌정하는 현모양처로서의 면모까지 보여줘 세간에 뜨거운 부부애를 과시하기도 했다. 또한 이 작품으로 토니상에서 4번의 연출상과 5번의 안무상을 받는 진기록을 남긴다.

2005년엔 〈프로듀서즈〉 동명의 작품을 영화로 만들어 골든 글로브에 노미네이트되기도 했다. 지금도 왕성한 작업을 펼치고 있는 그녀는 뮤지컬 〈The Frogs〉(2004), 〈Young Frankenstein〉(2007), 〈Paradise Found〉(2010) 등의 작품에도 기여했다.

트왈라 달프

미국에서도 변방에 위치한 아름다운 서부 포틀랜드에서 태어난 트왈라 달프Twyla Tharp는 미국의 대표적인 안무가 중 한 사람이다.

필자가 뉴욕에서 활동할 당시 1983년 프랭크 시나트라의 노래를 가지고 그녀가 안무한 〈Sinatra Suite〉는 "프랭크 시나트라의 대중음악이 저토록 아름다운 율동으로 안무될 수도 있구나!" 하는 감탄을 자아내게 했던 작품이다. 지금도 생생히 기억되지만 여하튼 모든 음악은 무엇이든지 아름다운 무용으로 승화될 수 있다는 명쾌한 해답을 주었던 무대였다.

어려서 인디아나에 있는 할머니 할아버지 집에서 수개월씩 함께 살면서 조부모로부터 많은 영향을 받았고 후에 캘리포니아로 아버지가 이사하면서 야외 극장을 운영하게 되자 거기서 수많은 영화를

뮤지컬 〈Moving Out〉(2002) 작품. 트왈라 달프의 안무가 돋보였다.

보면서 꿈을 키웠다. 고등학교에 들어가면서 Vera Lynn 무용스쿨에서 본격적으로 무용을 하게 됐는데, 그녀의 무용에 대한 열정은 일반적인 10대 학생들이 갖는 일상적 생활을 완전히 도외시할 정도로 집중을 보여주었다.

나중에 뉴욕의 Barnard College로 옮기면서 미술사로 학사학위를 받는다. 그러면서 쉴 새 없이 수업을 받은 현대 무용의 마사 그래함과 머스 커닝햄 학교에서의 훈련은 마침내 1963년 Paul Taylor 무용단에 입단하는 계기를 만들어준다.

1969년 그녀 자신의 Twyla Tharp 무용단을 창단하고 본격적으로 안무자로서 클래식 음악에서부터 재즈, 팝 음악에 이르기까지 다양한 음악의 안무를 섭렵한다.

　1976년 세계적인 러시아 무용수 미하일 바리시니코프가 출연한 〈Push Comes To Shove〉로 공연계에 주목과 찬사를 받는다. 그리고 1988년 아메리칸 발레 디어터와 작업을 하면서 20개의 안무 작품을 발표했고 이후 이들 작품은 나중에 아메리칸 발레 디어터의 오랜 정기 레퍼토리로 남게 되었다.

　계속해서 파리 오페라 발레단, 영국의 로열 발레단, 보스톤 발레단, 마이애미 시티 발레단, 아메리칸 발레 디어터 등 세계적인 발레단의 작품을 다수 안무했으며 자신의 무용단으로 세계 투어 공연까지 하게 된다.

　그녀가 본격적으로 브로드웨이 뮤지컬과 인연을 맺게 되는 것은 1980년 제작된 뮤지컬 〈When We Were Very Young〉이며 다음해 브로드웨이 윈터 가든 극장에서 〈The Catherine Wheel〉 그리고 1985년 무비컬 〈Singing In The Rain〉을 거슈윈 극장에서 막을 올려 무려 367회의 공연을 하면서 성공을 거둔다.

　마침내 2001년 그녀의 독창적 아이디어인 댄스컬 〈Moving Out〉을 빌리 조엘 작사로 제작하여 시카고를 시작으로 브로드웨이에서 성공시키며 안무상을 받는다. 이어서 미국 팝 음악의 전설 밥 딜런의 음악을 가지고 만든 뮤지컬 〈The Times They Are A-Changing〉을 샌디에이고를 시작으로 뉴욕 브로드웨이서 공연해, 당시 가장 비싼 브로드웨이 티켓 가격의 공연으로 기록을 세우기도 했다.

　안무가로서 대중적인 팝 음악의 탁월한 시적 안무로 이름을 떨친 그녀는 2009년에서부터 2011년에 이르기까지 공연된 〈Come Fly With

Me〉(후에 〈Come Fly Away〉로 개명함)를 가수 프랭크 시나트라의 노래들을 가지고 안무해 다시 한 번 열광의 공연을 만든다. 또한 그녀는 할리우드 뮤지컬 영화 〈Hair〉(1978), 〈Ragtime〉(1980), 〈Amadeus〉(1984), 〈White Night〉(1985) 등을 안무하기도 했다.

필자는 트왈라 달프의 무대 안무뿐 아니라 그녀의 영화 안무 〈Hair〉, 〈Amadeus〉 등도 봤지만 매우 현대 무용다우면서 주제가 강한 독창적 그녀의 무용으로 선 굵은 움직임의 세계를 잘 드러내고 있다. 그녀는 안무가이면서 토니상 외에 에미상도 받은 탁월한 안무가 중의 한 사람이다.

매튜 본

브로드웨이 뮤지컬뿐 아니라, 고전 발레 〈백조의 호수〉를 건장한 남자 무용수들의 다이내믹한 무용으로 안무하기도 한 독특한 안무가 중의 한 사람이 바로 매튜 본Mattew Bourne이다.

1960년 영국 런던에서 태어난 매튜 본은 청소년 시절인 14~16세 때 유명 배우들의 사인을 모으는 취미가 있어 늘 웨스트엔드 뮤지컬 오프닝 때가 되면 극장 분밖에서 기다리다가 주연 배우들의 사인을 받았고 심지어는 호텔 앞에까지 가서 유명 배우들의 사인을 받는 것도 마다하지 않던 괴짜 청소년이었다.

그리고 열여덟 살 무렵에는 공연장에서 티켓을 팔거나 극장 안내원으로 일을 하며 무용 수업을 받은 적이 전혀 없음에도 불구하고 여러 아마추어 무용단에서 안무를 맡기도 한 매우 이례적인 별종이었다.

마침내 1982년 Trinity Laban 무용학교에 입학해 무용을 전공하게 된다. 졸업 후 그는 곧 친구 두 사람과 Adventures in Motion Pictures 무용단을 만들고 이후 전문 안무가와 연출가로 일하게 된다. 그의 작품은 늘 세간의 주목을 받았으며 권위 있는 영국의 Olivier Award 상을 무려 다섯 차례나 받는 기염을 토한다. 또한 뮤지컬 작품 연출상과 안무상을 동시에 받는 영국 출신의 유일한 예술가로 알려지게 되었다.

매튜 본은 무용계나 마찬가지로 뮤지컬계에도 혜성처럼 등장하게 되니, 1989년에 스웨덴에서 새롭게 제작된 뮤지컬 〈Show Boat〉 그리고 1994년 같은 영국 출신의 세계적인 뮤지컬 제작자 카메론 매킨토시Cameron Mackintosh의 리바이벌 뮤지컬 〈Oliver!〉의 안무를 담당하고 올리비에상을 수상한 2002년의 〈My Fair Lady〉 그리고 〈South Pacific〉(2001), 역시 올리비에 안무상을 받은 〈Mary Poppins〉(2004) 등으로 영국 웨스트엔드는 물론 브로드웨이에 획기적인 안무와 그의 존재를 확실히 알렸다.

이렇게 뮤지컬뿐 아니라 연극에서도 많은 작품의 안무를 담당하면서 매튜 본은 세계 최고의 연출가들인 트레버 넌, 샘 멘데스, 유키오 니나가와 등과 일을 했다. 국내에도 소개된 그의 무용단 공연 가운데 〈Swan Lake〉는 가장 격정적인 새로운 시각의 연출과 안무로 세계 곳곳에서도 공연되었으니, 주인공 왕자가 여자가 아닌 남자 백조를 사랑한다는 내용으로 동성애적인 사랑의 새로운 해석이 발레 팬들에게 충격과 동시에 감동을 불러일으켰다. 이 작품은 그의 새로운 안목의 무용관과 예술관을 한눈에 볼 수 있게 만든 쾌거였다.

어차피 무대 공간에서 추는 춤일 바에야 절대적인 움직임에서 뿜어져 나오는 에너지의 다이내믹한 움직임이 최고의 무용이라고 생각하는 그의 무용에 대한 화두는 매우 서양적인 관점의 출발이라고 생각한다. 앞으로도 그의 활동이 크게 기대된다.

앤디 블랜켄뷸러

최근에 가장 활발하면서 독창적인 안무의 세계를 열어놓고 있는 안무자는 앤디 블랜켄뷸러Andy Blankenbuehler다. 전설의 안무자 밥 포시와 브로드웨이에서 함께 작업을 했으며, 수잔 스트로만의 〈Contact〉를 위시해 뮤지컬 〈라만차의 사나이〉, 〈토요일 밤의 열기〉, 〈Steel Pier〉, 〈아가씨와 건달들〉, 〈Big〉 등 많은 뮤지컬에 출연해, 기억할 만한 뮤지컬 배우로 대중에게 알려지기도 했다.

그러던 그가 안무자 겸 연출자로서 개성 있으면서 새로운 조류의 뮤지컬을 창조하고 있어 매우 흥미롭다. 최근 대학생 치어리더들을 배경으로 한 뮤지컬 〈Bring It On〉에서 연출과 안무를 맡으면서 새로운 뮤지컬 작품을 탄생시켰다.

그의 안무 작품 〈In The Heights〉, 〈Apple Tree〉, 〈Desperately Seeking for Susan〉, 〈A Little Princess〉, 〈Waiting for the Moon〉, 〈A Wonderful Life〉, 〈9 to 5〉, 〈애니Annie〉 등에서 선보인 안무 솜씨는 이미 토니 안무상을 비롯해 드라마 데스크 안무상 등을 받기에 충분한 수준이었다.

특히 필자도 보았던 그의 뮤지컬 〈인 더 하이츠In the Heights〉와 그

우리나라에서도 종종 공연되었던 뮤지컬 〈아가씨와 건달들〉.

가 안무에 연출까지 겸했던 〈Bring It On〉 등에서의 안무는 보는 이로 하여금 의자에서 일어나 같이 춤을 추게 만들 정도로 익사이팅한 안무의 절정이었다.

두 작품 모두 뉴욕 길거리에서 듣고 볼 수 있는 '랩' 튠의 음악에 맞추어진 안무 작품들로서 매우 현대적인 뉴욕의 도시적이면서 동시에 폭발적 감정을 어김없이 드러내게 만드는 안무의 절정이었다. 필자의 견해로 봤을 때 그의 안무는 이렇다.

"매우 일상적이면서 보편적인 스트리트 댄스의 영역을 추구하고 있으며 동시에 마임과 제스처를 안무 속에 차용함으로써 한층 예술적 움직임의 미감을 창출해 내고 있다."

그의 안무는 분명 관객으로 하여금 참여하게 만드는 새로운 의미의 참여 뮤지컬의 경지였다고 말할 수 있겠다. 안무자로서 발레에서부터 시작해 비보이, 블레이크 댄스, 힙합, 재즈 댄스, 볼룸 댄스, 포크 댄스에 이르기까지 광범위한 영역을 가지고 있어, 그의 안무자로서의 풍부한 자산은 곧 미래의 뮤지컬 안무에 필히 적용할 차비를 차리고 있다고 하겠다.

사실 그 자신 미래의 안무자와 연출자로서의 창조적인 작업에 많은 기대감을 갖게 해주고 있다. 안무는 곧 뮤지컬에서 '비주얼의 꽃'임을 확실히 인지하고 있는 그의 뮤지컬 안무자로서 철학은 현대 뮤지컬을 새롭게 포장하는 데 많은 기여를 할 것이라 기대하게 만든다. 분명 그는 뮤지컬의 새로운 미래를 여는 안무자 중의 한 사람임

어린이 고아를 소재로 만든 히트 뮤지컬 〈애니〉(1977).
뮤지컬 넘버 〈Tomorrow〉는 필자의 애창곡이기도 하다.

에 틀림없다.

롭 마샬

롭 마샬Rob Marshall은 1960년생으로, 미국이 낳은 몇 명 안 되는 탁월한 안무가이자 연극, 영화 연출자이다. 위스콘신에서 태어난 롭 마샬은 피츠버그 카네기 멜론 대학을 다니면서 연극, 영화 그리고 안무에 관심과 더불어 실제 작품을 만들기 시작했다.

안무자로서 뛰어난 감각을 지닌 그는 후에 뮤지컬 영화 〈시카고〉를 연출하면서 세계적인 각광을 받게 된다. 안무자로서의 작품은 그리 많지 않지만 소수의 작품임에도 탁월한 능력을 발휘하였으니, 1993년 필자도 브로드웨이에서 감동 깊게 보았던 뮤지컬 〈Kiss of the Spider Woman〉은 안무자로서 그의 명성을 일약 세계 뮤지컬계에 떨치게 만든 작품이다.

이 작품에서 그는 히스패닉 특유의 유머 넘치는 폭발적인 움직임으로 관객을 압도했고, 또한 동성애자의 섬세하면서도 감각적인 안무를 창조해냈다. 감방 장면에서 죄수들의 끈적거리는 동물적인 움직임의 묘사는 지금도 필자의 기억에 선명하게 남아 있다.

이어 1994년 리바이벌 뮤지컬 〈Damn Yankees〉를 다시 새로운 시각으로 시대에 맞게 재창조해 성공시켰고, 같은 해 〈She Loves Me〉, 그리고 1998년 역시 리바이벌 뮤지컬 〈카바레Cabaret〉를 새롭게 안무해 브로드웨이를 환하고 즐겁게 만들어 놓는 데 기여한다.

롭 마샬의 이러한 무대에서의 경험은 그의 영화 연출에서도 여지없이 찬란한 빛을 발하게 되었으니 2002년 위에 언급한 칸더와 엡의 뮤지컬 〈Chicago〉의 연출로 아카데미 감독상에 노미네이트되어 영화 연출자로서 확고한 인정을 받게 되었고, 이어서 영화 〈게이샤의 추억〉(2005), 그리고 자신이 제작하고 연출하고 안무한 영화 〈Nine〉, 또 2011년엔 디즈니 영화사의 권유로 죠니 뎁 주연의 영화 〈캐리비안의 해적On Strangers Tides〉을 연출함으로써 영화 연출자로서의 능력을 십분 발휘하게 된 것이다.

손드하임의 뮤지컬 〈Into the Woods〉를 영화로 연출하기로 알려진 그는 사실상 현재 뮤지컬과 영화를 가장 잘 다루는 안무가이자 연출가로서 확고한 명성을 쌓아가고 있다.

켄 로버슨

2004년 토니상을 받은 뮤지컬 〈Avenue Q〉의 상큼한 안무를 맡았던 켄 로버슨Ken Roberson은 이 작품 이외에도 엘비스 프레슬리의 음악을 가지고 제작됐던 뮤지컬 〈All Shook Up〉, 〈Purlie〉, 〈Harlem Song〉, 〈Guys and Dolls〉 등으로 탁월한 능력을 인정받은 안무자이다.

1956년 조지아 주 톰슨에서 태어난 켄은 조지아 대학 시절 이미 무용에 푹 빠져 있던 학생이었다. 저널리즘으로 학위를 받았지만 1979년 전공을 바꾸면서 앨빈 에일리 현대무용단에 오디션을 보기도 했다.

현대 무용뿐 아니라 탭까지 배우면서 마침내 1989년 브로드웨이 뮤지컬 〈Black and Blue〉에 연기자로 참여하게 된다. 이후, 뮤지컬 〈Oh, Kay〉(1990), 〈Jelly's Last Jam〉(1990) 등에 출연하면서 본격적으로 안무자로서의 꿈을 키워 나간다. 마침내 1998년 John Leguizamo의 혼자 하는 모노드라마 〈Freak〉의 안무를 계기로 본격적인 안무자로서의 위치를 확고히 하며 인정받기 시작했다.

켄은 안무뿐 아니라 연출에도 일가견이 있어 〈Once on This Island〉, 〈Ain't Misbehavin〉, 〈Smokey Joe's Cafe〉 등의 작품을 연출, 안무까지 담당해 주목을 받기도 했다. HBO-TV 작품 〈Lackawanna Blues〉의 끈적거리는 블루스 안무로 에미 안무상 후보에 오르기도 했던 켄 로버슨은 드라마를 잘 알고 안무를 드라마 시퀀스에 맞춰 밀도 있게 잘 그려내는 안무가 중의 한 사람으로 손꼽히고 있다.

그는 뮤지컬 〈애비뉴 큐〉를 통해 알려지고 인정받으면서 본격적으로 브로드웨이에서 왕성한 활동을 펼치고 있는 중이다.

도널드 버드

본래 시애틀에 상주하고 있는 무용단 Spectrum Dance Theater의 예술감독이자 안무자인 도널드 버드Donald Byrd는 2005년 방송인 오프라 윈프리가 제작한 브로드웨이 뮤지컬 〈The Color Purple〉의 안무를 맡으면서 주목받게 되었다.

그러나 시애틀 스펙트럼 무용단을 맡기 전에 그는 이미 뉴욕에서 Donald Byrd/The Group 무용단을 만들어 무용계에서 각광 받던 안무자 출신이다. 〈할렘, 호두까기 인형〉이란 무용 작품은 흑인 무용수들의 유연함과 탄력 있는 안무로 호평을 받으며 무려 5년간이나 미국 전역과 국제적인 투어 공연을 한 적도 있었다.

도널드 버드는 앨빈 에일리 현대무용단의 안무와 샌프란시스코 오페라난 안무, 뉴욕 시티 오페라단의 안무, 뉴욕 셰익스피어 페스티벌의 안무 등을 두루 거치면서 탄탄한 경력을 쌓은 실력파다. 무용, 오페라, 뮤지컬 등의 무대 공연에서 많은 작품을 안무한, 특히 발레와 현대 무용에 강한 안무자이기도 하다. 1992년 〈The Minstrel Show〉를 통해 권위 있는 Bessie 상을 수상하기도 했다.

필자도 감동적으로 관람했던 뮤지컬 〈컬러 퍼플〉은 추앙 받는 흑인 작가 앨리스 월커의 동명 소설을 할리우드에서 스티븐 스필버그가 연출했던 영화를 뮤지컬로 만든 무비컬의 성공작이다.

흑인 특유의 민속적인 움직임을 노래에 맞게 잘 융합해 안무한 도널드 버드의 안무는 뮤지컬 〈컬러 퍼플〉에서 흑인들의 희로애락을 표현하는 데 결정적인 기여를 했다. 아프로-아프리칸의 움직임과 현대 무용 그리고 발레 테크닉을 겸비한 안무의 구성은 작품을 한층 업그레이드 시키며 관객들을 열광케 했다.

다소 대본이 약하거나 음악이 약하더라도 무용 안무의 힘으로 작품을 충분히 끌고 갈 수 있음을 증명한 명쾌한 사례의 하나라고 해도 무방할 것이다.

ALL ABOUT
MUSICAL

제**5**장

필자가 뽑은
10대 뮤지컬

1. 사운드 오브 뮤직
2. 오클라호마
3. 시카고
4. 지붕 위의 바이올린
5. 캐츠
6. 레 미제라블
7. 판타스틱스
8. 웨스트 사이드 스토리
9. 라이언 킹
10. 코러스 라인

1. 사운드 오브 뮤직Sound of Music

브로드웨이 역사상 최고의 황금기를 구가했던 시절, 작곡가와 작사가의 최상의 콤비로 뮤지컬의 원조라고 할 수 있는 리처드 로저스와 오스카 해머스타인 2세가 만든 걸작 중의 걸작이 바로 뮤지컬 〈사운드 오브 뮤직〉이다.

나중에 영화로 만들어져 전 세계인의 사랑을 받은 전형적 가족 뮤지컬의 원형이 된 이 작품은 지금도 세계 곳곳에서 공연되고 있다.

뮤지컬계에서 'R & H'라는 리처드 로저스와 해머스타인을 가리키는 이 광고만 보더라도 흥행의 보증 수표였던 시절, 뮤지컬 〈사운드 오브 뮤직〉은 이 두 사람의 말년의 작품이란 점에서 '명작'의 보증 수표였다. 그만큼 이 뮤지컬이 갖고 있는 깊이와 인간애는 한없이 깊고 넓다 하겠다.

본래 『폰트랩 중창단 이야기』란 제목의 사실을 바탕으로 한 회

고록에 가까운 책에서 시작된 이 작품은 본래 1949년 독일에서 출간되었다. 그로부터 7년 후 독일의 한 영화사에서 영화화를 추진하고 있었다. 그다음 해인 1957년 할리우드 파라마운트 영화사에서도 당시 최고의 배우 오드리 햅번을 주인공으로 이 영화를 준비하고 있었다.

그러나 같은 해 브로드웨이 제작자 리처드 홀리데이가 이 작품의 공연 판권을 구입하면서 얘기가 달라졌으니, 마침내 1959년 11월 16일 브로드웨이 랜드폰테인 극장에서 뮤지컬로 각색되어 그 화려한 막을 올린 것이다. 늘 그렇지만 전설은 무에서 유로 창조되는 법이다. 더불어 누가 그것을 어떻게 포장하고 재생하고 만드느냐에 따라 걸작은 탄생되는 것이다.

해머스타인의 진솔하고 사랑과 인간애가 물씬 풍기는 노랫말에 천재 작곡가 리처드 로저스의 쉬우면서도 감미롭고 들으면 들을수록 따뜻한 음악은 단숨에 이 뮤지컬을 최고의 반열에 올려놓았다.

비단, 뮤지컬 〈사운드 오브 뮤직〉뿐 아니라 두 사람의 환상적인 찰떡궁합 작업은 이미 뮤지컬 〈남태평양〉, 〈오클라호마〉, 〈왕과 나〉 등으로 명성과 부를 얻은 상태였다. 그러나 필자가 굳이 이 작품을 말년의 작품으로 규정짓는 것은 작품의 막이 올라가고 채 1년도 지나지 않은1960년 8월 23일 위대한 작사가 해머스타인이 위암으로 생을 마감했으니 이로써 사실상 'R & H' 두 사람의 작업은 대단원의 막을 내린 셈이 되었기 때문이다.

해머스타인이 세상을 떠났을 때 브로드웨이 타임 스퀘어는 1분간 그의 죽음을 추모하는 의미에서 소등을 했고, 런던 웨스트엔드 역시 모든 극장들이 깊은 애도를 표했을 정도였다. 이런 의미에서 뮤지컬 〈사운드 오브 뮤직〉은 더불어 브로드웨이 황금기의 마지막을 고하는 작품이 됐다.

뮤지컬 〈사운드 오브 뮤직〉은 브로드웨이 최고 권위의 토니 최우수작품상, 여우주연상, 여우조연상, 무대 디자인상, 음향상, 음악 감독상 등의 수상 영예를 안는다. 한곡 한곡 그야말로 주옥같은 뮤지컬 넘버는 공연이 끝나고도 관객의 귓가를 맴돌게 하는 예술적 힘을 가지고 있었다.

주제곡인 〈The Sound of Music〉을 비롯해 〈Maria〉, 〈도레미〉, 〈So Long Farewell〉, 〈에델바이스〉 등은 공연을 보고 나온 관객들에게 오래도록 기억될 만큼 탁월한 음악을 선사한다. 필자 역시 1991년 브로드웨이에서 이 공연을 보고 깊은 감동을 받았으며 극장 문을 나서며 우리에게도 이러한 사랑 가득한 '가족 뮤지컬'이 있었으면 하는 염원을 갖게 만들었던 기억이 새롭다.

호기심 많고 낙천적 성격의 견습 수녀인 마리아가 원장 수녀의 추천으로 폰트랩 예비역 대령 집 7남매 가정교사로 들어가면서 시작되는 이 뮤지컬은 모친 없이 자란 7남매 문제아들을 노래로 치유하며 즐거움을 안겨준다는, 말 그대로 힐링 뮤지컬의 전형이기도 하다.

당시 독일 나치의 침입으로 오스트리아가 점령당하면서 갖게 되는 온갖 수모를 이겨내는 이야기로 가족 간의 인내와 민족애, 그리고 조국애를 감동적으로 그리고 있다. 이러한 전시적 상황을 아름다운 음악의 뮤지컬로 만들어 감동 어린 작품이 탄생된 것이다.

지금도 오스트리아는 모짜르트와 더불어 〈사운드 오브 뮤직〉으로 많은 관광객을 끌어 모으고 있으니 결국 명작 뮤지컬이 하나의 관광 상품이 된 셈이다. 영화 속에서도 뮤지컬의 여제 줄리 앤드류스와 연기파 배우 폰트랩 역의 크리스토퍼 플러머 등이 그 명성만큼이나 작품을 더욱 빛내주었다.

The sound of music
(감미로운 음악 소리)
The hills are alive with the sound of music
(이 언덕들도 음악 소리로 살아있네)
With songs they have sang for a thousand years
(수천 년 동안 불려 왔던 노래들)
The hills fill my heart with the sound of music
(언덕의 음악이 내 가슴을 가득 채우고 있어)
My heart wants to sing every song it hears……
(들리는 모든 노래들을 부르고 싶어라)

〈뮤직〉이란 아름다움의 극치를 자연과 함께 대비하며 노래한 이 구절에서의 깊은 울림은 뮤지컬 역사상 오랫동안 남아 우리를 즐겁게 할것이다.

2. 오클라호마Oklahoma!

Oh, What a Beautiful Morning

(오, 아름다워라 이, 아침이여)

There's a bright golden haze in the meadow

(금빛 찬란한 안개가 풀밭에 안겨있네)

The corn is as high as an elephant's eye

(옥수수는 코끼리 눈높이처럼 자라있고)

And it looks like it's climbing clear up to the sky

(마치 하늘을 오르는 것 같네)

Well, oh what a beautiful morning aw now

(오, 제기랄 이 아름다운 아침이여)

Yes what a wonderful day

(정말 멋진 날이여)

Look out there

(저 밖을 내다 봐)

You know I, I've got a beautiful feeling

(난 지금 뭔가 좋은 느낌이 들어)

Everything's, everything's going my way……

(모든 게 내가 바라는 대로 되는 것 같아)

이 아름다운 노래는 듣는 순간 우리를 풀 향기 가득한 드넓은 초원으로 안내한다. 뮤지컬이 미국에서 만들어졌지만, 이 작품이야말로 가장 미국적인 뮤지컬 중의 하나이며 대표적인 작품이라고 할 것이다.

이 작품도 역시 리처드 로저스와 오스카 해머스타인 2세의 걸작이다. 린 릭스Lynn Riggs의 1931년 희곡 『Green Grow the Lilacs』를 뮤지컬로 각색한 작품이 뮤지컬 〈오클라호마!〉다.

뮤지컬 〈오클라호마〉는 오클라호마 클레어모어 외곽에 사는 카우보이 컬리 맥클레인과 그가 사랑하는 농장 처녀 로리 윌리암즈 두 주인공의 이야기로 1943년 브로드웨이에서 첫 공연을 시작한 이래 소위 대박 뮤지컬의 반열에 올라 토니상을 수상하며 2,243회의 장기 공연을 기록했다.

그리고 이 성공을 기점으로 1955년엔 영화로 제작되어 아카데미상과 퓰리처상까지 받은 명작이다. 미국 서부의 이야기와 감성을 매우 밀도 있게 그린 작품으로 가장 미국적인 작품이라 하겠다.

보통 브로드웨이 뮤지컬을 얘기할 때 빼놓을 수 없는 작품으로 지금도 미국 전역에서 종종 공연되고 있는 영원한 미국 뮤지컬의 고전이다(필자에겐 우리의 뮤지컬 〈시집가는 날〉이 연상되는 작품이기도 하다).

작곡가 리처드 로저스가 이 작품을 작곡할 때 일화가 많은데, 그와 함께 1920년대부터 콤비로 활동하던 작사가 로렌즈 하트가 심한 알코올 중독자가 돼서 작업이 어렵게 되자 리처드는 해머스타인으로 교체한다. 사실 이것을 시발점으로 리처드와 해머스타인은 역사상 가장 위대한 뮤지컬 협업자로 남게 된 것이다.

당시 로저스를 만나기 전에 이미 해머스타인은 뮤지컬 〈Rose-Marie〉(1924), 〈The Desert Song〉(1926), 〈Show Boat〉(1927) 등의 작품에 뛰어난 작사를 해온 터였다. 이렇게 운명적으로 의기투합한 두 천재의 첫 작품이 바로 뮤지컬 〈오클라호마!〉였으니 인연은 결코 우연이 아님을 알 수 있다.

1931년 극작가 린 릭스가 오클라호마 인디언 부락에 자리 잡은 초창기 미국 이주민들의 이야기를 연극 대본으로 써서 공연했으나 성공을 거두지 못했다.

그러나 그로부터 10년 후 제작자 테레사 헬번Theresa Helburn이 여름 연극제에서 공연된 이 작품을 보고 미국 민요와 스퀘어 댄스를 잘 만들어 확대시키면 멋진 뮤지컬이 하나 나올 것이라고 확신하고 리처드 로저스와 로렌즈 하트에게 각색을 요청하면서 뮤지컬 작업이 비로소 시작된 것이다.

이런 제안을 흔쾌히 받아들인 리처드 로저스는 이미 알코올 중독으로 일을 할 수 없을 정도로 나빠진 로렌즈 하트의 건강을 염려하며 해머스타인을 포함해서 세 명이 같이 작품을 맡겠다고 제안한다.

마침 공교롭게도 해머스타인 역시 이 작품을 보고 전설적인 뮤지컬 〈Show Boat〉를 함께 작업했던 작곡가 제롬 컨과 같이 뮤지컬로 각색을 하려던 참이었다. 뜻밖에 로저스의 제안을 받게 되자 해머스타인은 로렌즈 하트가 작품에서 빠지면 자신이 작사를 맡지 그렇지 않으면 그만두겠다고 거절한다.

그런데 일이 잘 되려고 했는지 로렌즈 하트가 병 때문에 멕시코로 요양을 떠나면서 자신의 후임으로 해머스타인을 로저스에게 추천해 결국 일은 급속도로 전개되기 시작한다.

본격적인 작업에 들어가서 해머스타인이 먼저 가사를 쓰고 로저스가 곡을 붙이는 순서로 하자는 데 두 사람은 합의한다. 이런 방식은 로저스에겐 이전에 로렌즈 하트와 하던 작업과는 상이한 정반대의 작업 방식이었다.

하트와 작업하면서 그는 늘 자신이 먼저 곡을 만들고 하트가 작사를 하는 방식이었던 것이다. 또한 이 두 사람은 전례에 없던 방식도 채택했으니, 이전의 뮤지컬에선 소위 앙상블은 춤이나 노래만 부르는 식이었으나, 이 작품을 통해서 두 사람은 앙상블도 연기를 하게 하는 전 캐스트가 어우러져 만드는 '앙상블 뮤지컬'을 비로소 처음으로 시도한 것이다.

이뿐만이 아니었다. 이 특별한 뮤지컬에서 이들이 시도한 또 다른 것 하나는 1막 끝부분에 무려 15분이나 되는 분량의 춤을 추게 만든 것이다. 소위 '드림 발레' 장면으로 일컬어지는 것으로 후에 무용 위주의 댄스컬이 나오기 전에 이런 긴 시간의 춤 장면은 매우 이색적인 시도였고 모험이었다. 그러나 대성공이었다. 당시 안무를 맡았던 Agnes de Millie은 이 작품이 브로드웨이 첫 안무 작품이기도 했다.

드디어 대망의 첫 공연을 1943년 3월 11일 〈Away We Go!〉란 제목으로 뉴헤이븐에서 가졌는데, 반응은 의외로 시큰둥했다. 늘 그렇지만 브로드웨이에 입성하기 전에 올리는 이런 지방 공연은 소위 Preview의 성격을 띠고 있어 작품의 반응에 따라 조금씩 손을 보는 법인데, 이들은 제목부터 〈Oklahoma!〉로 고치고 몇몇 장면과 음악도 조금 손을 보았다.

그리고 20일 후인 3월 31일 브로드웨이 세인트 제임스 극장에서 조마조마하게 마음을 졸이는 가운데 막이 올랐다. 전설은 늘 후광을 입는 법이다. 첫 공연부터 뮤지컬 〈오클라호마!〉는 폭발적이었고 매진 사례는 계속 이어갔다. "뮤지컬의 새 황금시대의 막은 올랐다."란 평과 함께 1948년 5월 29일까지 무려 5년간 2,243회 매진을 계속하며 당시 700만 달러라는 엄청난 수익까지 올리며 브로드웨이의 새 역사를 기록하게 된다.

기록에 의하면 뮤지컬 〈오클라호마!〉는 첫 공연 후 10년간 미국을 비롯해 영국, 스웨덴, 덴마크, 남아프리카공화국 등 많은 나라에서 공연을 하면서 무려 2천만 명의 관객이 관람했다고 전해지고 있다.

이러한 성공에 힘입어 1955년엔 프레드 진네만 감독에 의해 영화로 만들어져 아카데미 최고 음악상 등 3개 부문에 걸쳐 수상하는 영예도 차지한다.

어쨌거나 뮤지컬 〈오클라호마!〉는 뮤지컬 역사의 새로운 전설을 창조했고 특히 작곡가 리처드 로저스와 작사가 해머스타인 2세의 다음 작품들을 화려하게 꽃 피우게 하는 뮤지컬 황금기를 이끄는 초석을 탄탄히 마련한 작품이었다고 할 수 있겠다.

3. 시카고Chicago

〈All That Jazz〉의 매끈하고 끈적거리는 노래가 절도 있으면서, 흐느적거리는 여체의 몸을 통해 불리어질 때, 관객들은 마치 짙은 적 갈색 와인을 손에 들고 함께 몸을 흔들며 그 춤에 동참하는 듯했다. 물론 필자도 예외는 아니었다.

1975년 6월 3일 브로드웨이 46th Street Theatre와 1979년 런던 웨스트엔드에서 그 화려한 막이 올라 지금까지 전 세계에서 공연되고 있는 브로드웨이 사상 최장기 공연을 기록하고 있는 뮤지컬 〈시카고〉는 작곡가 존 칸더John Kander와 그의 콤비 작사가 프레드 엡Fred Ebb이 작품을 쓴, 그리고 브로드웨이 역사상 최고의 안무자 중 한 사람으로 꼽히는 밥 포시가 탄생시킨, 실화를 바탕으로 한 뮤지컬이다.

이 작품은 모린 달라스 왓킨스Maurine Dalls Watkins가 1924년 시카고 트리뷴지에 실은 시카고 주변의 범죄사건 일지를 배경으로 쓴 희곡이 원전이다(이 희곡은 1926년 브로드웨이에서 정극으로 무대에 올렸는데 172회 공연을 끝으로 막을 내렸다).

이 작품의 주인공 록시Roxie 역할은 실제 Annan이란 당시 23세의 여자로 해리라는 남자를 살해한 혐의로 복역 중이었는데, 다음해 무혐의로 풀려난 실화를 바탕으로 한 인물이다. 그리고 벨마Velma 역할은 게르트너Gaertner라는 시카고 카바레 싱어의 실제 이야기를 배경으로 만들어진 인물이다. 당시 모린 왓킨스의 시카고 트리뷴지 기사는 센세이션을 불러 일으켰다.

1975년 막이 올라 2012년 10월까지 브로드웨이에서만 6,600회 공연 기록과 런던 웨스트엔드에서 15년 장기 공연 등으로 롱런 뮤지컬 역사를 새로 쓴 이 작품은 이러한 성공을 기반으로 2002년 안무자 출신의 롭 마샬Rob Marshall에 의해 영화화되어 토니상과 더불어 아카데미상을 수상하기도 했다.

1926년 정극으로 공연됐으나 별반 성공을 거두지 못한 이 작품은 그후 30여 년이 지난 어느 날, 안무자 밥 포시의 아내 그윈 버돈 Gwen Verdon이 우연히 이 희곡을 읽다가 뮤지컬로 각색해 공연되면 좋겠다는 생각이 들어 남편 밥 포시에게 보여준다.

희곡을 읽은 밥 포시는 작가 모린 왓킨스에게 작품의 판권을 사고자 부탁했지만 여러 번 거부당하고 만다. 마침내 모린 왓킨스가 사망한 후 1969년 상속권자로부터 판권을 사게 되었고, 곧바로 작곡가 존 칸더에게 작품을 맡기게 된다.

존 칸더와 프레드 엡, 그리고 밥 포시는 작품의 각색 방향을 보드빌 형식으로 가져가는 데 합의했고, 밥 포시가 안무와 연출을 맡으면서, 무대에 악단이 올라가서 공연하는(주로 오케스트라 피트에 악단들이 자리하고 있는 종래의 뮤지컬과는 다르게) 새로운 시도와 함께 대박을 터뜨리게 된 것이다.

스토리 전개에 따른 뮤지컬이 아니라 보드빌 같은 섹시한 춤과 노래 위주의 보드빌 형식은 곧바로 브로드웨이와 뮤지컬의 색깔을 가장 멋스럽게 잘 드러내는 데 성공했다. 필자 역시 1981년 이 작품을 보고 받은 충격은 상상 이상이었다.

우선 모든 뮤지컬 넘버의 음악도 좋았지만 밥 포시의 육감적이며 영혼적인 안무는 이 작품의 백미였다. 특히 뮤지컬 넘버 〈Razzle Dazzle〉의 경우 음악의 반주보다 연기자들이 손가락으로 튕겨대는 '핑거 스냅'의 소리는 시퀀스의 분위기는 물론 작품의 긴장을 고조시키는 데 최고의 절정이었다. 당시 공연을 보고 나서 필자의 일기장엔 다음과 같이 기록돼 있다.

"밥 포시의 안무에 맞춰 느끼하면서 스무디하게 흐느적대는 연기자들의 몸짓은 마치 초콜릿으로 만든 미끄럼틀에 앉아 미끄러져 내려와 초콜릿탕 속에서 유영하는 듯 나의 온몸의 감촉으로 느끼게 했다. 모든 것은 꿈속에서 느끼며 행하는 달콤한 사랑의 유희 같았다. 마치 실오라기 하나 걸치지 않고 누드로 나의 분신이 함께 무대에 올라가 춤을 추는 듯했다."

이 작품을 통해 수많은 전설적인 뮤지컬 배우들이 거쳐 갔으니 웨스트 사이드 스토리의 치타 리베라Chita Rivera, 그리고 전설적인 뮤지컬 스타 그윈 버돈Gwen Verdon(밥 포시의 부인), 제리 오바크Jerry Orbach, 앤 레인킹Ann Reinking, 조엘 그레이Joel Grey 등이다.

토니상 6개 부문을 휩쓴 뮤지컬 〈시카고〉는 지금도 공연되고 있다.

Come on baby
(컴 온 베이비)
Why don't we paint the town
(이 도시를 왜 색칠하지 않아)
And all that jazz
(모든 게 재즈야)
I'm gonna rouge my knees
(내 다리에 루즈를 칠할 거야)
And roll my stockings down
(그리고 스타킹을 내릴 거야)
And all that jazz…….
(그래 모든 건 재즈야…….)

4. 지붕 위의 바이올린Fiddler on the Roof

작곡가 제리 복Jerry Bock과 작사가 셸던 하닉Sheldon Harnick에 의해 만들어진 뮤지컬 〈지붕 위의 바이올린〉은 필자에게 많은 영감과 생각을 안겨준 작품이다.

러시아에 살고 있는, 우유배달로 연명하는 가난한 유대인 가족의 이야기인 이 뮤지컬은 필자에겐 보는 내내 일제강점기 때 우리의 얘기로 환치되어 다가왔었다.

1905년을 배경으로 딸만 다섯을 가진 딸부자 테비에Tevye의 가족 이야기로 유대인의 전통을 지키려는 아버지의 사랑과 인내가 펼쳐지는 〈Tradition〉, 〈Sun Rise Sun Set〉 등 주옥같은 음악으로 만들어졌다. 이러한 뮤지컬을 통해 은근히 선택받은 민족 유대인을 기리며…가족에 대한 사랑과 인종을 초월한 사랑, 그리고 민족 전통과 정신을 고양시키는 감동의 뮤지컬이다.

1964년 9월 22일 뉴욕 브로드웨이 임페리얼 극장에서 개막하여 1970년까지 3,242회 공연의 대기록을 이뤘고 지금도 세계 곳곳에서 공연되고 있는 전설의 뮤지컬이다. 더욱이 이 초연의 연출과 안무는 브로드웨이의 전설 제롬 로빈스에 의해 만들어졌다(사실 이 작품이 그의 마지막 연출이자 안무작이다).

첫 공연부터 엄청난 찬사를 받은 이 작품은 토니상 9개 부문을 휩쓸었고 1971년엔 영화로 만들어져 또한 찬란한 금자탑을 이뤘다. 이 작품에 등장하는 뮤지컬 노래 몇몇 곡은 많은 대중 가수들에 의해 불리어져 더욱 알려졌다.

뮤지컬 〈지붕 위의 바이올린〉은 본래 테비에Tevye란 주인공 이름을 따서 지어졌다. 유대인 히브리 언어로 1894년에 숄렘 알레이헴 Sholem Aleichem이 쓴 소설이 원전이다. 하지만 뮤지컬의 제목이 이렇게 바뀐 데는, 화가 샤갈이 즐겨 다루며 그리던 〈The Fiddler〉에 영감을 받았다. 마침내 제목이 〈Fiddler on the Roof〉로 개명된 것이다.

화가 샤갈은 그의 많은 그림 속에 종종 유럽 동부지역 유대인들의 일상을 소재로 해서 그렸는데, 특히 그의 그림 속에 나오는 바이올린을 켜는 유대인들의 모습은 그들의 삶과 전통 그리고 환희의 상징으로 비쳐졌다. 이것을 영감 삼아 뮤지컬 〈지붕 위의 바이올린〉도 시작되었고 무대장치도 보리스 아론손, 톰 모로우에 의해 샤갈의 그림처럼 제작되었다.

초연 때 주인공 Tevye 역할은 명배우 제로 모스텔Zero Mostel이 맡았는데 극 중에서 그의 존재는 가히 압권이었다. 부인인 골데 역할을 맡은 Maria Kanilova 역시 함께 토니 주연상을 받았다. 런던 웨스트엔드에서도 1967년 2월 16일 공연이 시작되어 2,030회 공연 기록을 세울 정도로 대성공이었다.

18곡의 주옥같은 노래들은 작곡가 제리 복의 공이 아닐 수 없다. 특히 유명 뮤지컬 넘버 〈Sun Rise Sun Set〉은 매우 시적이면서 동시에 자식을 키우는 아버지이자 가장으로서의 삶이 묻어나는 인생의 깊은 의미를 더해준다.

필자가 브로드웨이에서 이 공연을 보고 나서 적은 후기이다.

"나무로 만든 지붕 위에서 커튼이 올라가며 연주하는 바이올린 주자의 모습은 하나의 그림이다. 또 완벽한 작품의 상징이자 아름다움 그 자체였다. 주인공 테비에가 〈Tradition〉을 부를 땐 유대인 특유의 춤에다 격정적인 환희가 묻어나와 온몸으로 전율과 감동을 느꼈다. 공연 내내 난 마치 우리의 일제강점기 시절, 일본군 군인과 한국 처녀의 국경을 뛰어넘은 사랑 이야기로 대치되는 것 같은 착각과 환상에 사로잡혔다. 유대인을 이처럼 예술 속에 고양되게 그린 작품이 또 있을까? 왜 우리에겐 이런 한국인의 아름다운 가정의 모습과 전통을 그린 작품이 없을까? 그렇다! 언젠간 세계가 감동할 이런 작품을 만들어 보리라…. 극장 문을 나서며 훌륭한 뮤지컬에 대한 감동과 동시에 묘한 비애를 느끼는 까닭은 무엇인가…"

Is this the little girl I carried
(여기 내가 안아 키우던 소녀가 있지)

Is this the little boy at play

(그리고 맘껏 마당에서 뛰놀던 소년도 있다네)

I don't remember growing older

(그런데 언제 이들이 이렇게 컸던가)

When did they

(언제)

When did she get to be a beauty

(언제 이 소녀가 이처럼 멋진 미인이 됐던고)

When did he grow to be this tall……?

(그리고 언제 소년은 이렇게 컸던가……?)

지붕 위에서 바이올린 주자가 연주하며 시작되는, 진실로 샤갈의 그림을 무대 위에서 생동감 있게 보는 듯한, 뮤지컬 〈지붕 위의 바이올린〉은 민족의 위대함과 소중함을 한꺼번에 안겨주는 감동적인 가족 뮤지컬의 한 전형이라 하겠다.

5. 캐츠Cats

시인 T. S 엘리엇의 『Old Possum's Book of Practical Cats』(1939)를 뮤지컬로 만든 뮤지컬 〈캐츠〉는 작곡가 앤드류 로이드 웨버의 성공작이자 대표작이다.

1981년 5월 11일 웨스트엔드 New London 극장에서 첫 공연의 막이 올랐고 이어 다음해인 1982년 브로드웨이 윈터 가든 극장에서 막이 올라간 〈캐츠〉는 최고의 흥행작으로 올라섰다(필자는 뉴욕 윈터 가든 극장에서 이 작품을 관람했으며 공연이 끝난 다음 〈Memory〉란 노래로 몇 날 밤을 설쳐대기도 한 기억이 지금도 새롭다).

영국 최고의 연출가 트레버 넌Trever Nunn이 연출하고 길리안 린 Gillian Lynne이 안무한, 고양이들을 의인화한 이 최고의 명작은 분명 우리에게도 판소리 수궁가나 금수회의록 등을 뮤지컬로 만들 수 있다는 가능성을 필자에게 충분히 제시하고도 남음이 있었다.

영국인 뮤지컬 제작자 캐머런 매킨토시는 세계 뮤지컬의 방향을 바꿔 놓았다.
뮤지컬 〈캐츠〉, 〈레 미제라블〉, 〈미스 사이공〉 등이 그의 손에 의해 만들어졌다.

영국과 미국에서 로렌스 올리비에상과 토니상을 휩쓴 이 뮤지컬은 런던에서 21년, 그리고 브로드웨이에서 18년간 장기 공연한 기록을 남겼다. 특히 브로드웨이 공연에 처음부터 출연한 여배우 Marlene Daniella는 또한 18년 동안 단 한 번도 빠지지 않고 공연한 대기록을 남겼다.

젤리클이라 불리는 고양이 족들의 이야기로 국내를 비롯해 20개국 이상에서 지금도 공연 중인 이 작품은 1996년 TV 영화로도 제작되어 전 세계에 소개되었다.

T. S 엘리엇의 시를 읽으며 영감을 받은 현금 최고의 뮤지컬 작곡가 웨버는 마치 어린이 동화 같은 이미지를 처음에 떠올렸다고 한다. 거의 모든 노래가 엘리엇의 시였으나 공전의 히트곡 〈Memory〉만큼

은 예외였다. 이 작품의 27개 노래 가운데 최고의 백미라 할 수 있는 〈메모리〉의 가사는 연출자 트레버 넌이 작사한 것이다.

앤드류 로이드 웨버는 1977년부터 이 작품의 작곡에 착수했다. 그리고 1980년 시드몬톤 음악 페스티벌에 콘서트 형식으로 이 노래들을 발표한다. 바로 이 콘서트에 T. S 엘리엇의 부인이 참관했는데, 웨버의 작곡에 감동을 받고 곧바로 뮤지컬로 만들어 보라고 강력하게 권한다.

마침내 T. S 엘리엇 판권사의 허락 아래 대본 없이 오로지 엘리엇의 시만 가지고 노래를 작곡하고 대사를 만들도록 한 규정에 합의하여 작품은 진행되었다. 1981년 리허설은 시작됐고 판권 계약과 규정에 의해 오직 시만 가지고 연습에 들어가 처음에 배우들은 어떻게 무엇부터 연기를 해야 하는지 매우 큰 혼란에 빠지기도 했다고 한다.

그러나 이러한 한계 속에서 오히려 종래의 뮤지컬과는 다른, 음악 위주로 스토리가 전개 되는 진실로 '음악극-뮤지컬'이 만들어졌다. 특히 젤리클 볼Jellicle Ball 댄스 장면은 무용으로만 모든 내용과 상황을 표현하고 전달하는 데 성공한다.

무대는 온갖 쓰레기 더미가 널려 있는 정크로 만들어졌고 장면 전환이 전혀 없는 1세트 개념의 무대였다. 하지만 전혀 지루하거나 불필요하게 느껴지지 않았다.

현대 뮤지컬 최고의 작곡가 앤드류 로이드 웨버는 이 작품에 거의 모든 음악의 장르를 포함시켰다고 해도 과언이 아니다. 클래식 튠에서부터 팝, 재즈, 록, 일렉-어쿠스틱 그리고 노래 〈The Addressing of Cats〉처럼 가스펠 송 같은 다양한 음악이 시종 객석을 압도했다.

1981년 5월 11일 런던의 뉴런던 극장 개막 때는 예기치 못한 악재가 생겼으니 그리자벨라 역할을 맡았던 쥬디 댄치가 공연 3일 전 발목 인대 부상으로 공연을 못 하게 돼, 급조로 일레인 페이지로 대체된 적도 있었다. 여하튼 뮤지컬 제작의 귀재 캐머런 매킨토시 Cameron Mackintosh가 제작을 한 이 작품은 런던에서만 21주년이 되는 2002년 5월 11일까지 무려 8,949회의 대기록을 달성한다.

런던 웨스트엔드의 대성공을 등에 업고 1982년 10월 8일 마침내 뉴욕 윈터 가든 Winter Garden 극장에서 당시 500만 달러의 제작비로 막을 올렸고 2000년 10월 10일까지 역시 7,485회 공연의 대기록을 수립했다.

지금도 필자의 귀를 감동적으로 울리는 노래 〈메모리〉는 누구나 한번 들으면 영원히 지워지지 않는 불후의 명곡으로 남아 있다. 전설은 역시 전설로 남는 법이다. 오로지 시를 가지고 만든 뮤지컬 〈캐츠〉는 그래서 모든 공연은 어떤 소재도 가능하다란 명제를 우리에게 인상 깊게 남겨줬다.

Daylight
(한낮)
See the dew on the sunflower
(이슬을 머금은 해바라기를 보라)
And a rose that is fading
(그리고 장미는 시들어 가네)

Roses whither away

(이런 장미들은 어디로 가나)

Like the sunflower

(해바라기처럼)

I yearn to turn my face to the dawn

(나 또한 먼동이 트기를 갈망해 보네)

I am waiting for the sky……

(날이 밝기를 기다리고 있네……)

6. 레 미제라블 Les Miserable

프랑스의 대문호이자 국민 작가 빅토르 위고의 동명 소설을 배경으로 만들어진 뮤지컬 〈레 미제라블〉은 끌로드-미셸 쇤베르그가 작곡한 히트작이다.

알랭 부브릴 Alain Boublil과 장 마르트 나텔 Jean-Marc Natel에 의해 작사와 극본이 이뤄진 뮤지컬 〈레 미제라블〉은 소설과 마찬가지로 주인공 장 발장이 그의 조카를 위해 빵 한 조각을 훔친 죄로 19년 감옥생활을 하고 선행을 위해 새로운 삶을 살려는 이야기로 점철된 프랑스 혁명을 배경으로 구성된 대하 뮤지컬 드라마다.

본래 이 뮤지컬은 1980년 프랑스에서 먼저 제작되었다. 작사가 알랭이 어느 날 빅토르 위고의 소설 〈레 미제라블〉을 뮤지컬로 만들면 좋겠다는 착안으로 장 발장, 자베르, 코제뜨, 마리우스, 에포닌

등을 머릿속에 그리며 시종 웃고 울고 노래 부르는 장면이 절로 떠올려졌다고 한다.

그는 작곡가 끌로드-미셸 쇤베르그에게 서슴없이 작곡을 부탁했다. 그리고 2년 뒤 쇤베르그 자신이 피아노를 치면서 부른 2시간짜리 데모 테이프를 완성했다. 마침내 1980년 웸블리에 있는 CTS 스튜디오에서 정식으로 컨셉 앨범을 배역 별로 만들어 시판하여 당시 무려 26만 장을 팔았다고 한다.

이어 파리의 스포츠센터Palais des Sports에서 첫 공연을 갖고 3개월 동안 50만 명의 관객을 동원한다. 그러나 걸작은 임자를 만나야 빛을 보는 법…….

그로부터 3년 후, 브로드웨이에 뮤지컬 〈캐츠〉를 성공리에 올려놓은 명제작자 매킨토시가 불어로 된 이 뮤지컬의 컨셉 앨범을 들어본 뒤, 영어로 만들면 성공할 수 있겠다는 동물적인 센스를 느껴 야심찬 계획을 세운다.

우선 매킨토시는 로열 셰익스피어컴퍼니(RSC)에 제작을 의뢰한다. 2년간의 준비 끝에 트레버 넌의 연출로 런던 바비칸센터(1985년 10월 8일)에서 첫 공연을 갖는다. 그러나 첫 공언에 대한 평단의 평은 좋지 않았다.

"빅토리아 시대에나 걸맞을 멜로드라마다."
"유머와 위트가 전혀 없는 엔터테인먼트 공연……."

그러나 일반 관객은 달랐다. 3개월간 연일 매진을 기록했고, 마

뮤지컬 〈레 미제라블〉은 파리에서 시작되어 런던 웨스트엔드를 거쳐 뉴욕 브로드웨이(1987)에서
공연되면서 공전의 대히트를 기록했고 영화화 되어 전 세계에 뮤지컬의 진수를 보여줬다.

침내 2012년까지 기네스북에 지구상 최장기 공연을 기록하고 있는 뮤지컬 〈판타스틱스〉에 이은 역사상 두 번째 장기 공연이라는 기록을 갖게 된다.

브로드웨이에서도 1987년 3월 12일 공연이 시작된 이래 7,000회가 넘는 대기록을 세우며 토니상을 8개 부문에 걸쳐 수상한다. 그리고 2012년엔 톰 후퍼 감독에 의해 영화로 만들어져 국내에서도 대성공을 기록한다.

프롤로그에 울려 퍼지는 〈Working Song〉에서부터 〈On My Own〉, 가슴을 울리는 〈Do You Hear The People Sing〉 등 모두 50개의 뮤지컬 넘버가 지금도 관객을 압도하며 진한 사랑과 인간애에 대한 감동을 안겨주고 있다.

주인공 장 발장(테너), 형사 자베르(바리톤), 판틴(메조소프라노), 에포닌(메조소프라노), 코제뜨(소프라노) 등 음악적인 면에서도 다분히 클래식 같은 격조를 가진 뮤지컬이다. 뮤지컬 〈레 미제라블〉의 대성공은 역시 천재적인 제작자 매킨토시의 신념 있는 판단과 열정에 의해 이룩되었다고 해도 과언이 아니다.

그에 의해 제작된 뮤지컬 〈캐츠〉, 〈미스 사이공〉, 〈레 미제라블〉 등 브로드웨이 뮤지컬도 새로운 색깔의 옷을 입게 된 셈이며 다양한 소재도 뮤지컬로서 가능하다는 인식을 새롭게 확립한 셈이다. 필자의 귀를 울리는 마지막 혁명의 피날레 합창은 지금 들어도 목이 멘다.

Do you hear the people sing
(민중의 노래 소리가 들리나요)
Singing a song of angry men
(성난 민중의 노래를)
It is the music of a people
(그것은 민초들의 음악입니다)
Who will not be slaves again!
(다시는 노예가 되지 않으려는)
When the beating of your heart
(당신 가슴 속의 맥박 소리를 들을 때)
Echoes the beating of the drums
(북소리는 메아리가 되어 울려 퍼지죠)

There is a life about to start

(이제 삶의 시작이 있습니다)

When tomorrow comes······!

(내일이 다가오는······)

7. 판타스틱스The Fantasticks

기네스북 최장기 뮤지컬 공연으로 등록돼 있는 뮤지컬 〈판타스틱스〉
는 그 전설의 문을 1960년 5월 3일 뉴욕 그린위치 빌리지에 있는
설리반 스트릿 플레이하우스에서 활짝 열어 젖혔다.

필자가 다른 사람들이 쓴 뮤지컬 작품을 네 번씩이나 본 건 이 작
품이 처음이다. 그러나 볼 때마다 오락적으로, 교육적으로, 감성적으
로, 또 뮤지컬답게(?) 이 작품이 가지고 있는 아름다움과 순수함과 마
력에 빠져든다.

작곡가 하비 슈미트Harvey Schmidt가 작곡을 하고 톰 존스Tom Jones
가 작사한 이 〈판타스틱스〉는 본래 프랑스의 극작가 에드몽 로스탕
Edmond Rostand이 쓴 희곡 『Les Romannesques』였다.

서로 이웃해 있는 두 아버지가 아들(Matt)과 딸(Luisa)을 교묘히 속
이며 두 자녀의 사랑의 관계를 곡예하듯 아슬아슬하게 꾸며 놓는 극

중극劇中劇적인 로맨틱 뮤지컬로 10대에서부터 50대에 이르는 인생 찾기와 의미 찾기를 겸비한 빼어난 수작이다.

제작자 Lore Noto에 의해 만들어진 이 작품은 오프브로드웨이에서 공연됐음에도 파격적으로 1991년 토니상까지 받는 기염을 토한다. 주옥같은 15개의 뮤지컬 넘버 가운데 〈Try To Remember〉는 언제 들어도 또 누가 불러도 싫증나지 않는 삶의 애환과 추억과 깊숙한 맛을 담고 있는 노래 이상의 노래라 하겠다.

이 뮤지컬은 지금도 공연되고 있지만, (사실 언제 막을 내릴지 모른다) 미국에서만 매년 고등학교, 대학교, 지방 극단 등에서 꾸준히 250여 차례의 공연을 할 정도로 뮤지컬의 고전이라 하겠다.

필자가 관람할 때도 단지 피아노와 하프 두 악기만 가지고도 훌륭한 공연을 하는 살롱 뮤지컬의 작은 소규모 공연이었는데, 파노라마처럼 펼쳐지는 광대한 인생의 이야기들이 손바닥 크기의 소극장 무대에서 소담하면서도 아름답게 펼쳐지고 있는 한 편의 시 같은 뮤지컬이었던 것이다.

세계 67개국에서 번역·공연될 정도로 뮤지컬의 대명사처럼 돼버린 이 작품은 대형 뮤지컬이 성행하던 시기에 만들어져 그 의미를 더한다.

1954년 〈서푼짜리 오페라〉가 마크 블리츠슈타인Marc Blitzstein에 의해 뮤지컬로 만들어져 6년간 성공적으로 공연하면서 브로드웨이는 적은 제작비를 들인 소규모 뮤지컬도 성공할 수 있다는 확신을 갖게 된다. 그러면서 1959~1960년 사이에 무려 12개가 넘는 소규모 제작의 뮤지컬들이 쏟아져 나오게 된다. 〈Little Mary Sunshine〉,

〈Ernest in Love〉(오스카 와일드의 희곡 『정직함이 중요해』를 뮤지컬로 각색한 작품), 그리고 〈판타스틱스〉 등이 그것들이다.

프랑스 극작가 에드몽 로스탕이 쓴 희곡 『Les Romanesques』는 그리스 신화 『피라무스와 티스베』, 셰익스피어의 『로미오와 줄리엣』, 『한여름 밤의 꿈』을 절묘하게 합성한 것 같은 작품이었다 (사실 이러한 내용이야말로 로맨틱 뮤지컬 코미디로선 환상의 재료가 아닐까 한다).

본래 오늘날의 뮤지컬 〈판타스틱스〉는 1956년 뉴멕시코 대학에서 〈Joy Comes to Deadhorse〉란 이름으로 제작되었다. 작품은 미국 서부 아파치 인디언 혈통에 대한 이야기이고 두 집안의 적대 관계를 나타내는 줄거리였다. 그러나 이 대본을 기조로 뮤지컬로 각색이 되면서 아파치 인디언이 나오는 장면은 매트와 루이자를 골려 주는 소위 '강간 발레Rape Ballet 시퀀스'로 바뀌는 등 스토리가 대폭 수정되었고, 무대도 객석 앞으로 튀어 나오는 돌출 무대 등으로 꾸며진 것이다.

그리고 작사가 톰 존스는 손톤 와일더의 〈Our Town〉처럼 해설자 역으로 엘가로 역할을 새로 만들어 넣었다(엘가로 역할은 필자가 이제껏 본 뮤지컬 중에서 가장 멋지고 맛깔 나는 해설자 역이다).

재미있는 사실은 명곡이 돼 버린 〈Try to Remember〉도 작곡가 하비 슈미트가 어느 날 오후 불현듯 악상이 떠올라 아주 쉽게 만든 노래라고 한다. 이렇게 만들어진 뮤지컬 〈판타스틱스〉는 1960년 5월 3일 뉴욕 시 그린위치 빌리지에 위치한 작은 소극장 Sullivan Street Playhouse에서 역사적인 첫 공연의 테이프를 끊은 것이다. 필자가 이 작품을 1979년 이 작은 소극장에서 처음 봤다(지금은 브로드웨이 50가로 옮겨져 공연하고 있다).

첫 공연부터 지금까지 거쳐 간 스타들도 무수히 많고 그중엔 이미 고인이 된 배우들도 있다. 첫 공연 때 엘가로El Gallo 역은 전설의 뮤지컬 스타 제리 오바크Jerry Orbach의 무대였고 작사가 톰 존스도 8명의 배역 가운데 늙은 노배우 역할인 헨리 역으로 출연했었다. 대형 가수 라이자 미넬리를 비롯해 영화 아마데우스에서 살리에르 역을 맡았던 머레이 에이브라함과 할리우드 최고의 스타 글렌 클로즈 등도 뮤지컬 〈판타스틱스〉를 거쳐 갔다. 필자가 이 공연을 보고 나서 쓴 공연 노트가 남아 있다.

"거의 텅 빈 무대만 있는 Bare Stage에 간편한 미니몰 무대장치만으로 꾸며진 반원형 무대는 관객과의 친밀감을 더욱 강하게 불러 일으켰으며 배우들의 매우 양식적인 연기 표현은 오래된 고전연극 같은 느낌으로 마치 이탈리아의 '코메디아 델라르테'나 일본의 '노오' 연극 같은 양식을 떠올리게 하는 것이었다. 더욱이 이러한 작품을 잘 이해하고 소규모 제작의 규모를 감안하여 번쩍이는 아이디어를 총동원해 풍성한 극적 아름다움과 양식을 창조한 연출가 Word Baker는 당연히 찬사를 받아 마땅하다."

첫 공연 때 무대장치비로 900달러, 의상비로는 541달러, 그리고 세트, 의상, 소도구, 조명 디자인 비용까지 혼자 도맡아 했던 에드 위트스타인Ed Wittstein에겐 480달러밖에 지급되지 않았다고 알려져 있다. 당시 브로드웨이 뮤지컬 통상 제작비가 25만 달러였던 것을 감안하면 정말 놀라운 일이다. 돌이켜 보면 모든 게 기적이 아닐 수 없고 말 그대로 '가난한 연극'의 위대한 탄생에 성공했다고 할 만하다.

세트 디자인을 맡았던 에드 위트스타인은 말 마차를 연상시키듯 6개의 기둥을 중심으로 매우 미니멀한 장치를 제작했다. 그뿐인가? 종이로 해와 달을 만들어 시간의 경과를 표현하는 데도 한몫을 하게 했다.

뮤지컬 〈판타스틱스〉는 설리반 스트릿 플레이하우스에서 공연해 오다가 극장 화재로 2002년 잠시 중단했는데 그때까지 이미 17,162회의 공연 기록을 세워 지구상 최장기 공연 뮤지컬로 기네스북에 오르게 된다. 게다가 2010년엔 뮤지컬 〈판타스틱스〉 50주년을 맞아 기념 공연을 하기도 했다.

〈판타스틱스〉는 미국 외에도 영국, 스웨덴, 핀란드, 아프가니스탄, 이란, 아프리카 짐바브웨, 사우디아라비아, 러시아, 중국, 일본 그리고 한국 등 67개국에서 공연을 했고, 미국 내에서만도 3천여 개 도시의 11,000개 극단에서 이 작품을 제작했으며 놀라운 것은 앞으로도 더 많은 곳에서 공연이 계속될 것이란 얘기다.

뉴욕 타임즈에 따르면 이 뮤지컬은 미국 대통령을 위해 화이트 하우스에서도 특별 공연을 했으며 아프리카 평화봉사단, 옐로우 스톤 국립공원 등에서도 특별 공연을 했다. Michael Ritchie 감독에 의해 영화로도 만들어졌다.

불멸의 노래 〈Try to Remember〉는 뜻 그대로 이 뮤지컬의 찬사요 우리 인생에 대한 영원한 화두가 아닐 수 없다.

Try to remember the kind of September

(9월을 기억해요)

When life was slow and oh so mellow

(인생이 여유롭고 향기 있던)

Try to remember the kind of September

(9월을 기억해 봐요)

When you were a tender and callow fellow……

(철모르고 아직 풋내기 시절, 그때를……)

8. 웨스트 사이드 스토리 West Side Story

주인공 토니가 사랑하는 마리아를 위해 애타게 생각하며 부르는 노래 〈Maria〉. 이 노래를 부를 때쯤엔 관객의 굳은 마음도 눈 녹듯 녹아 무한한 상상의 나래를 펼치게 된다.

모두 18곡의 사랑, 우정, 삶과 죽음, 그리고 파티의 주옥같은 다양한 노래들로 가득 찬, 그러면서 해피엔딩이 아니라 주인공들이 둘씩이나 죽는 비극으로 끝을 맺는 매우 역동적인 갱스터 청소년 뮤지컬이 바로 〈웨스트 사이드 스토리〉다.

본래 셰익스피어의 〈로미오와 줄리엣〉을 모델로 해서 만든 이 작품은 현대적이며 최첨단의 도시 뉴욕을 배경으로 도시적 언어로 바꾼 일대 걸작이다. 작품 제목이 그대로 말해주듯 뉴욕 시의 심장부인 맨해튼의 웨스트 사이드에 사는 백인과 히스패닉들의 비극적 스토리다.

아서 로렌츠Arthur Laurents가 대본을 쓰고 영화계의 스티븐 스필버그 같은 존재로 뮤지컬 제작과 연출을 해온 해롤드 프린스Harold Prince가 제작을 담당했으며 음악엔 클래식에서부터 현대 음악, 뮤지컬 작곡과 지휘는 물론 청소년 음악 교육에까지 그 영역을 넓혀 활동해온 천재 음악가 레오나르드 번스타인이, 그리고 후에 뮤지컬의 거장이 된 손드하임이 이 작품의 작사를 맡으며 브로드웨이에서의 역사적 데뷔를 신고했다.

금상첨화라 했던가? 연출과 안무는 전설의 안무자 제롬 로빈스가 맡고 탄탄한 스태프들이 포진되어 희대의 걸작이 탄생된 것이다. 어두운 소재에 두 인종을 묘사하는 복잡한 음악적 배경과 구성 그리고 두 인종이 펼치는 화려한 춤과 이들 일상에 숨겨진 사회적 문제 등, 이 뮤지컬 드라마는 한 편의 아메리칸 소사이어티의 배경이요 거울이 된 셈이다.

항상 그렇지만 걸작엔 걸출한 천재들이 함께 일하면서 어려운 여건이나 조건을 극복하는 법이다. 작곡가 번스타인은 극적인 모티브와 돌발적으로 고조되는 위기감 그리고 인간애 가득한 사랑과 배신, 우정 등을 빼어난 그의 독창적 음악으로 매우 이상적이며 최고의 음악을 탄생시켰다. 노래 〈Maria〉, 〈America〉, 〈Tonight〉, 〈I feel pretty〉 등 매우 다양한 음악들을 극 속에 한꺼번에 녹아들게 만들어, 이 작품을 더욱 탄탄한 예술적 반석 위에 올려놓았다.

1957년 9월 26일 브로드웨이 Winter Garden 극장에서 역사적인 전설의 뮤지컬 〈웨스트 사이드 스토리〉는 그 화려한 막을 올렸다. 걸작이 탄생하려면 많은 고통과 인내도 또한 따르는 법! 이 작품도 만들어지기까지 과정이 매우 힘들었고 자칫 공연조차 이뤄지지 않을 뻔하였다.

때는 거슬러 1947년.

제롬 로빈스가 어느 날 작곡가 번스타인과 작가 아서 로렌츠를 만나 현대적 〈로미오와 줄리엣〉과 같은 뮤지컬을 만들고 싶다는 색다른(?) 제안을 하게 된다. 아이디어인즉 뉴욕을 배경으로 하고 맨해튼 이스트 사이드 지역에 사는 아일랜드 이민자 가족과 이웃해 있는 유대인 가족의 반목과 불화 그리고 사랑을 소재로 하자는 의견이었다.

작가 로렌츠는 즉석에서 동의를 표했고 번스타인은 오페라로 만들면 어떠냐고 제의한다. 결국 작가 로렌츠와 번스타인의 의견이 일치가 안 돼 모임은 무산되었다.

그리고 또 얼마 후, 로렌츠는 혼자 〈East Side Story〉란 제목의 첫 뮤지컬 대본을 탈고한다. 그러나 이 작품을 읽은 제롬 로빈스와 번스타인이 『Abie's Irish Rose』 희곡과 유사한 대본이라고 하는 바람에 작품은 기약도 없이 보류되었다. 그렇게 5년의 세월이 물처럼 흘러갔다.

1955년, 연극제작자 마틴 가벨이 제임스 케인의 소설 『세레나데』를 읽고 동명의 작품을 뮤지컬 대본으로 각색하기 위해 작가 로렌츠를 만나 부탁을 한다. 이에 로렌츠가 번스타인과 로빈스를 끌어들여 함께 팀을 이뤄 작업하고 싶다고 제의하자 제작자 마틴도 승낙한다.

이렇게 해서 다시 5년 만에 세 사람이 같이 모여 작업을 하게 되었고 작업 도중, 그들은 자연히 〈East Side Story〉 얘기로 꽃을 피우며 그런 소재를 다시 한 번 완성해 보자는 데 합의를 한다.

이렇게 다시 시작된 작품 개발은 이번에도 이견을 좁히지 못한다. 번스타인이 뉴욕보다는 LA를 무대로 하자고 제안했고 로빈스가 어차피 갱스터 얘기라면 뉴욕의 할렘 흑인들과 라틴 아메리카 히스패닉계의 푸에르토리코 이민자들의 이야기로 가자고 다른 아이디어를 제안한 것이다.

다시 공전을 거듭한 작품은 그 뒤 얼마 후 작가 로렌츠가 영화 시나리오 작업을 LA에서 마치고 뉴욕에 돌아와 어느 파티장에서 당시 뮤지컬계의 젊은 유망주 손드하임을 만나 최근 근황을 주고받는 가운데 다시 불꽃이 일기 시작한다.

이렇게 손드하임이 작업에 합류되면서 작품은 다시 〈West Side Story〉로 바뀌게 된다(손드하임은 당시 준비하던 뮤지컬 〈Saturday Night〉가 있어서 처음엔 함께 작업이 어렵다며 거절했다고 한다). 마침내 이들 천재들의 극적인 규합으로 환상의 팀은 이뤄지게 되었다.

결과적으로 작가 로렌츠는 폴란드계 백인 청소년들과 푸에르토리코 청소년 갱들의 대립과 사랑 이야기로 작품의 줄거리를 완성한다(『로미오와 줄리엣』의 몬테그와 캐퓰렛 양 가문의 대결 구도처럼).

당시 작품상 어려웠던 점이 여럿 있었는데 그중 하나가 무대 위에서 천박하고 비속한 슬랭이나 욕설 등이 금기시되던 때라 길거리 청소년 갱들의 거친 대사 표현에 많은 어려움을 감수해야 했다. 그래서 나온 아이디어가 작가가 독창적으로 슬랭(비속어)을 창조하는 일이었다.

이것 역시 제한된 조건을 뛰어넘는 이 작품만의 기지가 아닐 수 없다(예를 들어 "Cut the frabba-jabba" 등의 거친 대사를 창작했음). 여기에 덧붙여 무거운 주제를 다소 누그러뜨리는 코믹 릴리프 요소로 맑고 밝은 장면의 첨가였다. 그래서 노래 가운데서 그 효과를 찾기로 했고 보물을 찾았다.

예를 들어 푸에르토리코 갱들이 부르는 노래 〈아메리카〉나 〈I feel pretty〉 등의 코믹 송 창조로 관객들이 노래를 듣고 있으면 절로 웃음이 나게 만든 장면들이었다.

그뿐만이 아니었다. 음악에서도 많은 우여곡절이 있었으니 이 작품을 작곡할 당시 번스타인은 동시에 뮤지컬 〈칸디드Candide〉를 작곡하고 있었다. 전 분야의 음악에 해박한 지식을 가지고 있는 번스타인은 이 두 작품 사이에서 음악을 교체하는 비상한 시도(?)를 감행하였던 것이다.

예를 들어 주인공 토니와 마리아의 듀엣곡인 〈One Hand One Heart〉 그리고 〈Gee, officer Krupke〉는 사실 뮤지컬 〈칸디드〉에 쓸 곡이었다고 한다. 그런데 이 곡들을 나중에 뮤지컬 〈웨스트 사이드 스토리〉로 옮겨 오히려 더 히트곡이 돼버린 것이다. 행운 중의 행운이고 횡재 중의 횡재가 아닐 수 없다.

작가 로렌츠의 회상이다.

"우린 로미오와 줄리엣처럼 토니와 마리아 두 주인공의 사랑을 극대화시키려 했다. 그런데 폴란드계와 푸에르토리코계로 나누어 생각해 보니 같은 영어도 서로 다른 사투리와 거기에 덧붙여 그들의 전통에 연연한 삶과 생각의 차이가 대두되어서 그렇다면 오히려 춤과 노래에서 이들의 차별성을 더욱더 강조해 보자고 의견을 모았다. 그럼 작품이 매우 흥미 있고 재미있을 것이라 확신했다."

　이렇게 해서 1956년 가을에 작품은 끝이 났다. 그런데 문제는 어
느 제작자도 선뜻 이 작품을 제작하겠다고 나서는 이가 없었다. 로
렌츠, 번스타인, 로빈스 등은 크게 실망하지 않을 수 없었다. 그러나
유독 손드하임은 이 작품의 성공에 남다른 견해와 확신을 가지고 있
었다.

　그러던 중 손드하임이 보스톤에서 새로운 뮤지컬 쇼 케이스를 보
고 있던 해롤드 프린스에게 작품과 악보를 전달한다. 프린스는 너무
좋아했다. 그래서 평소 그의 뮤지컬 멘토였던 애보트Abbott에게 작
품과 악보를 보여주고 후평을 부탁했다. 그러나 애보트는 "별로!"라
는 한 마디로 작품 제작을 꺼려했다.

　그러나 해롤드 프린스는 그의 제작 파트너인 로버트 그리피스를 뉴
욕으로 불러들여 손드하임과 번스타인이 피아노를 치며 부르는 〈웨
스트 사이드 스토리〉 노래를 함께 듣는다. 오로지 피아노 건반에 따라
부른 뮤지컬 넘버였지만 두 사람은 절로 따라 부를 정도로 좋아했다.
마침내 결정은 이뤄졌다.

　해롤드 프린스가 제작을 맡고 제롬 로빈스가 연출과 안무를 맡으
면서, 보통 뮤지컬이 4주 정도 연습에 그치지만, 로빈스의 건의대로
무용과 움직임이 어렵고 많이 들어간다는 이유로 8주 연습을 강행
하는 조건을 달아 연습은 진행되었다(당시만 해도 무용이 많이 들어가는
뮤지컬은 거의 없었음).

　캐스팅에 있어서도 작가 로렌츠는 토니 역에 당대 최고의 흥행 영

화배우 제임스 딘을 고려하고 있었다. 그러나 불행히도 섭외 직전에 그는 의문의 자동차 사고로 세상을 떠난다. 그래서 손드하임이 추천한 배우 래리 커트(토니 역)와 뛰어난 뮤지컬 여배우 치타 리베라(아니타 역)를 남녀 주인공으로 캐스팅한다(Chita Rivera는 후에 대배우로 성장한다).

연습 과정 속에서도 이미 각 언론 매체들은 비상한 관심을 갖고 있었다. 그러면서 무수한 소문과 비평 또한 연일 쏟아졌다. 당시 번스타인이 롤링스톤 지와 인터뷰한 내용은 다음과 같다.

"주변의 모든 사람들이 우리 뮤지컬 〈웨스트 사이드 스토리〉는 불가능한 프로젝트라고 말했죠. 노래도 팝 튠으로서는 너무 높고 더구나 주연 두 사람이 칼에 찔려 죽어야 하는 비극적인 뮤지컬 작품을 누가 보겠느냐고 하는 거예요. 캐스팅에서도 노래, 춤, 연기를 정말 잘 하는 젊은 배우들을 뽑아야 하는데, 이런 삼박자를 갖춘 좋은 배우를 뽑는데 너무 힘들었어요. 이 세 가지를 다 소화할 수 있는 배우는 많지 않거든요. 마침내 진짜 10대 배우들과 20대나 30대의 배우인데 10대처럼 보이는 배우들을 캐스팅했죠. 그런데 문제는 노래는 잘하는데 움직임이 안 된다든지, 춤은 그런 대로 잘 추는데 연기가 안 된다든지 … 하는 너무 많은 어려움이 우리 앞에 가로 놓여 있었어요. 연습장은 지옥 그 자체였지요."

번스타인의 음악도 본래는 콜롬비아 레코드 사가 캐스트 앨범을 내기로 했는데 뮤지컬 작품으로선 너무 어둡고 힘들다는 이유로 기획이 취소되고 말았다. 또 올리버 스미스가 디자인한 무대도 양식화된 세트의 관계로 제작에 들어가는 경비가 너무 비싸 새 디자인으로 바꿔야 했다.

어쨌거나 뉴욕 브로드웨이에 입성하기 전, 워싱턴 D.C에서 첫 공연을 가졌는데 평단의 평은 시원찮았다. 그러나 관객들의 반응은 대단한 호평이었다.

소문에 의하면 몇 개의 음악이 손드하임에 의해 작곡됐다고 전해진다. 여하튼 워싱턴 D.C와 필라델피아를 거쳐 1957년 9월 26일 마침내 말 많고 탈 많던 뮤지컬 〈웨스트 사이드 스토리〉는 뉴욕의 윈터 가든 극장에서 그 화려한 막을 올린다.

이 작품에서 제롬 로빈스가 토니 안무상을 받았고 올리버 스미스가 무대 미술상을 수상한다. 1960년까지 985회 공연을 했고 이어 리바이벌로 1980년 민스코프 극장에서 공연을 가졌다. 아크로바트 등 어려운 움직임이 많고 노래도 어려워 자주 공연되는 뮤지컬은 아니지만 결말이 비극으로 끝을 맺는 '뮤지컬 드라마'의 롤모델이며 전설로 남아 있다.

1961년 10월 18일 제롬 로빈스와 뮤지컬 영화의 귀재 로버트 와이즈 감독이 공동으로 영화를 만들어 뮤지컬 영화로선 기록적인 아카데미상 10개 부문에 걸쳐 수상하는 영예를 안는다. 그런가 하면 2009년엔 또 베스트 뮤지컬 앨범 부문으로 그래미상도 받는다.

필자의 귀에 아직도, 주인공 토니와 마리아가 감미롭고 절절하게 함께 부르는 듀엣곡 〈Tonight〉이 생생히 들려온다.

Tonight Tonight

(투나잇 투나잇)

The world is full of light

(세상은 빛으로 가득 차)

With suns and moons all over the place

(태양과 달빛이 온 누리를 비추네)

Tonight Tonight

(투나잇 투나잇)

The world is wild and bright……

(세상은 밝고 거칠어라……)

9. 라이언 킹Lion King

1994년 월트 디즈니 사에서 만든 영화 〈The Lion King〉을 뮤지컬로 만들기로 했을 때, 여류 연출가 줄리 테이머의 머릿속엔 무수히 많은 이미지들이 상상의 나래를 펴며 스쳐가고 있었다. 그녀는 필자와 함께 일하며 1979년 작품 〈티레이Tirai〉(그해 OBIE 연극상을 받았음)라는 인도네시아 발리 섬을 배경으로 한 음악극을 연출한 바 있었다.

애니메이션을 무대화하는 덴 역시 탁월한 디자인이 우선이다. 무대장치는 물론 가면, 인형, 소품, 의상에 이르기까지 줄리 테이머의 천재성이 이 작품 속에서 빛을 발한다.

엘튼 존의 음악에 맞춰 막이 열리는 순간 눈앞에 펼쳐진 아프리카톤의 형형색색 컬러풀한 무대와 동물가면 디자인은 관객의 탄성을 자아내기에 충분하였다. 무대에 펼쳐진 각각의 패턴과 색색의 색깔은 황홀하다 못해 우리의 회화적 본능을 끊임없이 자극하는 것이

연출가 줄리 테이머는 필자가 출연한 〈Tirai〉(1979)를 연출했던 사람이다. 뮤지컬 〈라이언 킹〉은 그녀의 대표적 가면 제작 작품의 극치다.

었다.

당연히 공연이 끝나자 이러한 디자인 위주의 공연을 접해 보지 못했던 브로드웨이 관객들은 탄성과 환호성을 질러댔다. 관객의 대부분은 그야말로 남녀노소, 어른과 아이들 천국이었다.

뮤지컬 넘버 〈Circle of Life〉를 비롯해 18곡의 노래가 펼쳐지고 가면, 인형, 소품을 든 전 캐스트가 우렁찬 합창을 뽑아낼 때, 그 아프리카적인 절묘한 노래의 하모니와, 세련되면서도 다이내믹한 움직임은 곧 하나의 자연이요 하나의 숨겨진 아프리카 판타지였다.

앤드류 로이드 웨버와 함께 작업했던 작사가 팀 라이스가 가사를 쓰고 영화음악 등 다양한 음악 부문에서 활동한 한스 짐머Hans

Zimmer가 엘튼 존을 도우며 만든 감각적인 음악, 그리고 디자인이 유독 강한 미국 유대인 출신의 연출자 줄리 테이머Julie Taymor의 탁월한 감성은 단번에 이 작품을 브로드웨이의 핫 뮤지컬로 만들기에 충분했다.

1997년 7월 8일 미네소타 주 미네아폴리스의 오르페움Orpheum 극장에서 성공적인 프리뷰를 마치고 그해 10월 15일 브로드웨이 뉴암스테르담 극장에서 막을 올려 6,000회가 넘는 공연을 기록하고 있다.

2012년 4월까지 극장 집계에 의하면 한화로 8천억 원의 수입을 올렸다고 한다. 그야말로 대박의 대박 히트 뮤지컬이 아닐 수 없다. 이어서 런던의 웨스트엔드(1999), 캐나다(1999), 일본(1999), 호주(2005), 한국(2006), 프랑스(2007), 남아공(2007), 타이완(2008), 멕시코(2008), 스페인(2011) 등으로 계속 작품 공연은 이어지고 있다.

이 작품에 등장하는 많은 동물 배역들을 위해선 특수 분장은 물론, 의상, 가면, 인형 등을 연기자들 몸 일부에 부착해 절묘한 효과를 창출해야만 했다. 특히 기린 역할의 경우 긴 목과 커다란 몸통을 몸에 밀착시켜 춤과 노래를 부르게 하는 덴 여간 어려운 일이 아니었다.

그러나 줄리 테이머의 아이디어와 절묘한 디자인은 이런 모든 것들을 극복하게 만드는 원동력이 되었다. 탁월한 재료의 선택과 배우 몸에 딱 맞는 디자인의 실제화는 매우 어려운 작업이 아닐 수 없다.

또 하나의 예로 티몬 역할을 위해 배우가 편하게 움직이도록 하기 위해서 배우의 목, 등, 팔에다가 티몬 인형을 부착해 자유자재로 움직일 수 있도록 많은 끈을 이용하게 하는 등 복잡한 실험은 연습 내내 계속되었다. 특히 뮤지컬이라서 노래와 안무를 할 때 가면과 인형을 자유자재로 적절히 사용하게 하는 훈련과 연습은 매우 힘든 작업의 하나였다. 그러나 안무자 가스 페이건Garth Fagon은 이러한 문제들을 매우 적절히 잘 조화시켜 나갔다.

늘 브로드웨이 뮤지컬이 부대 사업으로도 많은 수익을 올리지만 그중 하나인 음반과 인형 판매는 지금도 공연장에서 날개 돋친 듯 팔려나가고 있다. 작업 과정에서 또 하나 특이한 것은 노랫말 속에 영어가 아닌 아프리카 말을 조금씩 섞어 넣어 아프리카의 맛을 내는 일이었다. 그래서 아프리카 음악 작곡가 레버 엠Lebo M이 음악 작업에 참가해 많은 기여를 하기도 했다.

뮤지컬 〈라이온 킹〉 음반은 영어뿐 아니라 일본어, 독일어, 네덜란드어, 불어, 스페인어로도 제작되어 그 국제적 성취도를 느끼게 한다. 1988년 토니상 15개 부문을 석권하며 기염을 토했고, 극장엔 어린이 어른 할 것 없이 많은 인종과 세대의 사람들이 어울려 보는, 진정한 가족 뮤지컬로서의 기반도 마련했다.

사실 이 작품의 성공 이후 월트 디즈니 사에선 꾸준히 '애니메이션 뮤지컬'을 제작하고 있으니, 〈슈렉〉, 〈인어공주〉, 〈스파이더 맨〉 등이 쏟아져 나왔다. 그리고 앞으로도 이런 작업은 계속 이어질 전망이다.

첫 번째 노래 〈Circle of Life〉에서부터 관객은 이미 아프리카로 초대된다. 그리고 동심과 판타지의 아프리카 세계로 빠져든다.

Nants ingonyama

bagithi baba

(봐! 여기 사자님이 납신다)

Sithi uhm ingonyama

ingonyama

(오, 그래 사자님이 납시네)

Siyo ngoba

ingonyama

(이제 우린 정복할 거야)

Ingonyama nengw

enamababa……

(사자님이 오신다. 그리고 이제 세계가 열릴 것이다……)

10. 코러스 라인A Chorus Line

무대 위에 가로로 그려진 일자 흰색 테이프. 이어서 한 사람씩 오디션을 보기 위해 댄서들이 모여든다. 오디션을 통해 코러스 라인에 선 17명 각자의 삶에 대한 진솔한 이야기는 관객으로 하여금 단순히 댄서들의 삶뿐만 아니라 우리 모두의 인생을 비유하는 사랑, 절망, 실패, 좌절, 그리고 꿈에 대한 일희일비로 얼룩져 오며, 마치 우리 자신의 이야기처럼 절로 감탄하게 만든다. 이들은 바로 우리 주변 사람들의 이야기이고 드라마였다. 인생이 곧 연극이요, 연극이 곧 인생인 셈이다.

1975년 오프브로드웨이에서 시작되어 브로드웨이까지 올라왔고 토니상은 물론 드라마 데스크상, 그리고 권위의 퓰리처상까지 받으면서 국내는 물론 싱가포르, 스코틀랜드, 런던의 웨스트엔드, 멕시코, 시드니, 스톡홀름, 토론토, 부에노스아이레스 등 지금도 곳곳에

뮤지컬 〈코러스 라인〉(1975)은 객석 299석의 퍼블릭 시어터에서 시작하여 브로드웨이까지 무려 15년 간 장기 공연을 기록했던 전설적인 뮤지컬이다.

서 〈코러스 라인〉은 이어지고 있다.

1990년까지 브로드웨이에서만 6,137회의 공연을 기록해 뮤지컬 〈캐츠〉 전까지만 해도 〈판타스틱스〉(지금도 오프브로드웨이에서 공연하고 있음)를 제외하고 브로드웨이 뮤지컬 사상 최장기 공연 기록을 세우기도 했다(2006년에 브로드웨이에서 리바이벌 공연으로 다시 공연이 됐음).

제임스 커크우드 주니어James Kirkwood Jr.와 니컬러스 단테Nicholas Dante가 대본을 썼고 작사는 에드워드 크레번Edward Kleban, 그리고 춤에 너무나도 걸맞은 음악을 작곡한 마빈 햄리쉬Marvin Hamlish 등이 참여해 하나의 전설을 만들어 냈다. 여기에 안무는 브로드웨이

1983년 9월 2일 그때까지 뮤지컬 〈코러스 라인〉에 출연했던 332명의 배우들과 함께 인사하고 있는 안무자이자 연출자 마이클 베넷의 모습.

최고의 안무자 제롬 로빈스와 밥 포시의 뒤를 잇는다는 평가를 받는 마이클 베넷이 맡은 것이다.

아무런 장치도 없는 텅 빈 무대에 17명의 오디션을 보는 댄서들의 움직임은 그들 자신이 곧 기막힌 장치의 역할을 수행하고 있었다. 제작 초기 단계에서부터 아무도 대박을 예고하지 않았던 이 뮤지컬은 뉴욕 버팔로 출신의 안무자이며 연출자 마이클 베넷의 대표작이자 성공작이 돼버렸다.

12개 부문의 토니상 후보에 올라 9개 부문에 걸쳐 상을 받았고 1976년엔 마침내 퓰리처상을 수상하는 영예를 안는다.

주인공 잭Zach과 그의 보조 안무자 래리Larry가 1차 오디션을 통과한 17명의 댄서들을 놓고 마지막으로 4명의 남자와 4명의 여자 댄서를 뽑는 스토리로 구성된 이 작품은 17명 가운데 스트립쇼 클럽에서 가족 생계를 위해 어쩔 수 없이 일하는 기혼 남자 댄서 돈 커Don Kerr를 비롯해 유대인 그렉 가드너Greg Gardner, 그리고 잭의 전 애인이었던 캐시Cassie, 또 불우한 어린 시절을 보냈던 섹시녀 쉴라Shiela, 그리고 문제아로 낙인 찍혀 고등학교 때 이미 학교에서 퇴출당한 바 있는 폴Paul이란 댄서 등등……. 이들 모두의 인생은 그 자체가 하나의 파노라마요 파란만장이다.

〈I hope I get it!〉 등 17곡으로 이뤄진 댄스 위주의 댄스컬Dancecul이라 할 수 있는 이 뮤지컬은 유일한 무대장치인 거울 벽에 전신이 비춰지면서 댄서들의 강렬한 라이프를 재현해 보인다(필자는 1979년에 공연을 보았다).

전설이란 게 항상 그렇지만, 이 작품이 태어난 배경도 배우나 댄서들처럼 파란만장에다 우연한 행운이 일치한다. 1974년 주로 브로드웨이 무대에서 앙상블 댄서들로 출연하는 사람들이 니콜라우스 엑서사이즈센터에서 집시란 이름 하에 모임을 갖고 워크숍을 하고 있었다. 바로 이 연습 자리에 안무자이자 연출자인 마이클 베넷이 옵저버로 초대를 받는다. 바로 그 자리에서 마이클은 뭔가 섬광같은 작품의 영감을 얻는다.

드디어 마이클은 움직이기 시작했고 작곡가 마빈 햄리쉬를 만나 작품 얘기를 건네며 작곡을 의뢰한다. 마침내 1975년 4월 15일 뉴욕 오프브로드웨이의 명소 The Public Theatre에서 160만 달러를 빌려 빈약한 저예산으로 이 작품의 막이 올랐다. 그러나 아무도 예상치 못한 일이 벌어졌으니 기적이라 할 정도로 모든 공연이 매진되었다. 이에 제작자인 죠셉 팝이 같은 해 7월 25일 브로드웨이 슈베르트Shubert 극장으로 작품을 옮겨 정식으로 브로드웨이에 입성하며 공연계를 강타한 것이다.

오프브로드웨이 권위의 상 OBIE 연극상과 토니 연극상, 뉴욕 드라마 비평가상, 로렌스 올리비에상 등을 수상하며 당시 브로드웨이에서 반드시 봐야 할 뮤지컬 1순위로 뽑히기도 했다. 1990년까지 650만 명의 관객을 불러 모았으며 지금도 이 작품의 판권을 가진 퍼블릭 극장은 판권만으로 해마다 이 극장 최대의 연간 수익을 올리고 있다.

작품의 연출자이자 안무자인 마이클 베넷과 작가 커크우드, 그리고 단테는 모두 1991년 에이즈로 세상을 떠났고 작곡가 햄리쉬 역시 2012년에 세상을 떠나 이 작품의 전설의 주인공들은 그야말로 전설 속으로 작품만을 남겨 놓은 채 사라진 셈이다. 지금도 세계 곳곳에서 〈코러스 라인〉이 삶과 죽음의 경계선인 것처럼 여전히 공연되고 있다.

1985년에 리처드 아텐보로 감독에 의해 마이클 베넷 시나리오, 그리고 잭 역에 마이클 더글라스가 주인공을 맡아 영화로 만들어져 뮤지컬 영화로서도 성공을 거두었다. 17명의 댄서들이 화려한 안무와 함께 부르는 앙상블의 진정한 의미를 표현하는 노래 〈One Singular Sensation〉은 군무의 아름다움을 한껏 보여주는 대표적인 뮤지컬 노래가 됐다.

One singular sensation
(단 하나의 센세이션)
Every little step she takes
(그녀가 내딛는 아주 작은 스텝 속에도)
One thrilling combination
(하나의 경이로운 조화는 탄생하네)
Every move that she makes
(그녀가 만드는 작은 움직임)
One smile and suddenly nobody else will do
(그 만족스런 미소는 누구도 보지 못하지)
You know you'll never be lonely……
(그런 그대는 전혀 외롭지 않아……)

제**6**장

브로드웨이 뮤지컬의
꽃

토니상

토니상

자줏빛 비로도에 노란색 장명등이 빛을 발한다.

곤색 쟈켓에 차디 찬 눈처럼 흰 얼굴들.

그 위에 더욱 차갑게 해주는 흰색 와이셔츠를 입은

구렛나룻을 가지런히 기른 문지기가 연신 사교적 웃음을 배알으며

흰 장갑 속에 감추어진 거짓 진실로 손님을 안내하고 있다.

스윙이 있고 재즈가 있고 리듬 앤 블루스가

반짝이는 크리스털 샹들리에를 춤추게 한다.

늘 그렇지만 지옥과 천국의 무대는

오로지 색색의 조명등 아래 수 십 가지의 술 종류처럼

공기의 정을 객석에 캔디처럼 부려준다.

그것은 창공에 빛나는 별빛이 아닌

허위와 위선으로 감싼 빛이기에 진실을 좇는 자에겐

유혹이 될 수는 없지만······

웃기고 간사스럽고 간질거리고 속살거리며

관객이란 이방인들은 더욱 이방인인 배우들에게

값싼 연민의 정을 주고받는다.

드디어 오늘의 환각의 무대는 사교적 형식의 박수를

메아리로 남겨둔 채 막을 내리고 있다.

브로드웨이 보도는 그래서 반짝이는 가짜로 넘쳐나나 보다.

언젠가 기지와 재치로 가득 찰 보석을 기다리고 기다리며······

필자가 1992년 펴낸 시집 『삶의 노래』 가운데 브로드웨이를 그린 한 편의 시다. 누군가 그랬듯이 상은 늘 공정한 것만은 아니다. 마치 우리의 인생이 그런 것처럼······.

토니상은 두말할 필요 없이 지구상에서 연극에 관한 한 최고 영예의 상이다. 개인뿐 아니라 브로드웨이 연극, 뮤지컬에서 상을 받았느냐 안 받았느냐 몇 개의 상을 받았느냐에 따라 관객 점유율이 달라지기 때문이다.

마치 해마다 3월경에 수여하는 영화의 '아카데미(일명 오스카)상'이나 음악 부문의 '그래미상', 그리고 TV 미디어 부문의 '에미상'과 같은 최고의 연극상이 '토니상'이다.

토니상이 만들어진 것은 1947년이다. 브로드웨이의 유명한 여배우이자 연출자, 프로듀서 그리고 미국 연극연맹의 창설자인 앙뜨와네뜨 페리Antoinette Perry(1946년 사망)를 기리기 위해 제정된 상으로 일명 'A PERRY 상'이라고도 불린다. '토니'란 이름은 그녀의 애칭으로 1947년 제1회 시상을 한 후, 지금까지 매년 시즌이 끝나는 6월에 주로 시상을 하고 있다.

1949년부터 허먼 로시Herman Rosse가 디자인한 은색으로 된 트로피로, 앞면은 희비극의 가면이 새겨진, 높이가 약 13센티미터에 무게는 1.6킬로그램이 나간다. 검정색 바탕에 은색의 쿨한 느낌이 권위와 안정감을 더해준다.

크게 연극 부문, 뮤지컬 부문으로 나뉘어 작품상에서부터 남녀 주연, 조연 연기상, 연출상, 안무상, 작곡상, 미술상, 의상상, 조명상, 사운드 디자인상, 편곡상, 리바이벌상, 뮤지컬 대본상, 특별상, 명예상 등 (2011년 기준으로) 총 26개 부문(1947년 시작 당시는 11개 부문이었음)에 걸쳐 수상자를 발표한다.

수상자는 극장 제작자연맹과 미국 연극협회 평의원, 배우협회 회원, 연출가협회 회원 그리고 매스컴 연예담당 기자단 등 약 700여 명의 투표로 결정된다.

1967년 이후 시상식은 미국 CBS-TV 등에서 생방송으로 방송되었는데 미 전역에서 약 700만 명의 시청률을 기록하고 있다(아카데미 시상식이 3천600만 명이 시청하는 것과는 대조를 이룬다).

매년 약간의 차이가 있지만 시즌이 시작되는 9월부터 시작해 다음해 4월까지 브로드웨이에서 공연된(객석 500석 이상의 규모) 작품을 토니 컴미티(약 40여 명의 멤버)들이 회의를 거쳐 카테고리와 작품을 의결한다.

이제껏 토니상 역사에 많은 이변이 있었으니 예를 들어 가장 많은 부문에 노미네이트 됐지만 단 한 개의 상도 받지 못한 뮤지컬이

2011년에 지명된 뮤지컬 〈The Scottsboro Boys〉였고 뮤지컬 부문에서 가장 중요한 6개 부문, 즉 작품상, 작곡상, 각본상, 연출상, 남녀 주연상을 모두 휩쓴 뮤지컬은 〈South Pacific〉(1950), 〈Sweeny Todd〉(1979), 〈Hairspray〉(2003) 뿐이다. 또 남녀 주연상과 조연상을 모두 한꺼번에 한 작품에서 수상한 작품은 1950년 〈남태평양 South Pacific〉이 유일하다.

그런가 하면 재공연되어 우수작품으로 선정돼 수여하는 리바이벌상에서 모두 4번에 걸쳐 수상을 기록한 작품이 있으니, 아서 밀러의 연극 〈세일즈맨의 죽음〉(1949년/1984년/1999년/2012년)이 유일하고 뮤지컬 부문에선 3번 리바이벌해서 3번 다 수상한 작품으로 뮤지컬 〈라카지La Cageaux Folles〉(1984년/2005년/2010년)가 있다.

개인적으로는 브로드웨이의 황제 해롤드 프린스가 모두 21개(8차례 연출상, 8차례 제작상 등)의 토니상을 받아 최고로 많은 토니상 수상의 영예를 가지고 있다.

안무자이자 연출가 토미 튠은 9개의 토니상을, 그리고 작곡가 손드하임은 작곡가 가운데 가장 많은 8개의 작곡상을, 그리고 안무자 밥 포시는 안무 영역에선 가장 많은 8차례의 토니 안무상을 수상하기도 했다. 그런가 하면 여류 연출가로서 최초로 수상한 연출자는 뮤지컬 부문에선 〈라이언 킹〉의 줄리 테이머였고, 연극 부문에선 개리 하이네스가 있다.

토니상 외에 연극과 뮤지컬에 관한 한 또 다른 권위와 역사를 자랑하는 상이 있으니 영국의 토니라고 일컫는, 영국이 낳은 위대한 배우 로렌스 올리비에를 기리며 제정된 Laurence Olivier 상이 있다.

그 외에 미국의 드라마 데스크상, 뉴욕 드라마 비평가상, Theatre World 상, Broadway Theatre 상, Helpmann 상, 또 필자가 두 차례 받은 바 있는 Obie 연극상 등이 있다.

여하튼 이러한 연극과 뮤지컬 부문에 수여하는 상은 작품의 작품성을 인정하는 것이기도 하지만 관객들에게 좋은 작품을 제시해 주는 역할로서 수상 후엔 흥행에 막대한 영향을 미치게 되는 것이다.

그만큼 관객은 토니상에 대한 권위를 인정하는 셈이고 토니상을 수여하는 기관인 토니 컴미티는 또한 좋은 작품에 상을 수여함으로써 늘 공정하고 객관적인 평가를 통해 시상하는 전통과 역사를 가진 최고의 상이라 하겠다.

제**7**장

한국 뮤지컬의
현재와 미래

뮤지컬 〈그림자 속 그림자〉에서 짱(장두이 분)이란 선장 역할.

뮤지컬은 말 그대로 음악극의 미국식 명칭이다. 오페라와는 달리 연극의 한 장르로서 미국에서 시작되어 지금은 전 세계적으로 어느 민족이건 뮤지컬이 연극의 한 분야로서 많은 작품들이 제작되고 있다.

이런 측면에서 한국에서의 뮤지컬 역시 일본이 1980년대에 그랬던 것처럼 지금 봇물을 이루고 있다. 그런데 사실 한국의 전통 연극인 가면극(봉산탈춤, 양주 별산대놀이, 고성 오광대놀이, 하회 별신굿놀이, 남사당 덧뵈기 등)이나 인형극(박첨지놀이) 등은 모두 기막힌 우리의 뮤지컬 작품들이다.

재담(대사)과 노래와 춤이 깃들여 있는 우리 서민의 애환과 이야기가 옴니버스식으로 구성돼 있는 우리 전통 연희야말로 일종의 색션 뮤지컬로서 세계에 내놓아도 손색이 없을 정도다. 더구나 혼자 하는 판소리나 창극은 이미 정형화된 우리의 고유하면서도 최고의 극적

뮤지컬 〈그림자 속 그림자〉의 공연 장면들.

인 양식을 갖춘 '우리 뮤지컬'이다.

일제강점기를 거치면서 서구의 사실주의 연극이 일본을 통해 수입되고 우리 연극도 신극이란 이름 아래 대사 위주의 연극이 해방 이후부터 70년대까지 주된 공연의 모태를 이뤘다. 그러면서 미국이나 영국의 뮤지컬이 우리에게도 영향을 미치기 시작했으니 1950년대 말 드라마센터에서 공연됐던 뮤지컬 〈포기와 베스〉(물론 전 작품을 다 공연하진 않았지만)는 서구 뮤지컬이 우리 무대에 공연된 첫 케이스였다고 할 수 있다.

그 후 1961년 예그린악단이 설립되어 우리 식의 뮤지컬 음악극인 〈삼천만의 향연〉(1962), 그리고 이듬해에 공연된 〈흥부와 놀부〉(1963)가 일반에 알려지기 시작했고 1966년 본격적인 한국 뮤지컬

뮤지컬 〈그림자 속 그림자〉의 공연 장면들.

이라 할 수 있는 작품이 나왔으니 배비장전을 극화한 최창권 작곡의
〈살짜기 옵서예〉가 그것이었다.

　이후 〈꽃님이 꽃님이 꽃님이〉(1967), 〈바다여 말하라〉(1971), 연
극 〈맹진사댁 경사〉를 뮤지컬로 각색한 〈시집가는 날〉(1974), 〈님의
침묵〉(1984), 〈양반전〉(1986), 〈아리랑 아리랑〉(1988), 〈아리송하네
요〉(1989), 〈그날이 오면〉(1991), 〈꿈꾸는 철마〉(1992) 등으로 이어
지면서 한국 뮤지컬은 나름대로 틀을 잡아 나갔다.

　그러나 뭐니 뭐니 해도 미국이나 영국 뮤지컬의 수입이 본격화되
면서 뮤지컬이란 이름이 낯설게 느껴지지 않게 되었으니, 1979년
극단 현대극장의 〈빠담 빠담〉을 위시해서 〈피터 팬〉(1979), 〈지저
스 크라이스트 슈퍼스타〉(1980), 〈사운드 오브 뮤직〉(1981), 〈올리

뮤지컬 〈그림자 속 그림자〉의 공연 장면들.

버〉(1983), 〈웨스트 사이드 스토리〉(1987), 〈캐츠〉(1990), 〈넌센스〉
(1991), 〈코러스 라인〉(1992) 〈레 미제라블〉(1993) 등의 작품이 수입
되기 시작한 것이다.

　이렇게 서구의 뮤지컬 작품들이 들어오면서 그에 따른 작품 로열
티와 라이선스 비용도 만만치 않게 지출되기 시작했으니 여하튼 새
로운 문화의 수입 품목으로 자리 잡게 된 것이다.

　이제 우리도 차츰 일본처럼 뮤지컬 전문 극단이 생기기 시작했으
니 극단 현대극장을 위시해 신시 뮤지컬컴퍼니, 에이콤컴퍼니, M시
어터 등 여러 극단과 더불어 여러 기획사에서도 뮤지컬 제작에 참
여하게 되었다.

　그러나 아직 우리 뮤지컬의 제작 현황과 시장은 서구나 일본처럼

뮤지컬 〈그림자 속 그림자〉에서 무대 인사를 하고 있는 필자(장두이).

안정된 상태가 아니다. 투자 육성 등에 있어서 여러 문제를 안고 있으니 이런 제반 문제는 차츰 이 분야에 종사하는 예술인들의 노력과 인고의 시간이 해결해 줄 것이라 생각한다.

그럼에도 불구하고 우리의 뮤지컬이 보다 나은 방향으로 활성화되고 확고한 공연예술로서 자리매김을 하려면 역시 뮤시컬의 교육 여건과 시스템을 갖추면서 무엇보다도 학교 교육이 우선되어야 할 것이다.

국내에 있는 대학에 이젠 뮤지컬 전공 학과 등이 생기고 있으나 사실은 전공 분야를 가르칠 선생이 부족하거나 교육 환경이 열악한 현실은 극복해야 할 과제다. 차츰 서구에서 뮤지컬 교육을 제대로 받은 인재들이 틀을 잡아 나갈 것이라 여겨지지만, 이 또한 오랜 시간

국악 뮤지컬 〈흐르는 강물처럼〉의 공연 장면들. 한국 고유의 창작 뮤지컬이 계속 나와야 한다.

국악 뮤지컬 〈흐르는 강물처럼〉의 공연 장면들.

뮤지컬 〈스크루지 영감과 성냥팔이 소녀의 화이트 크리스마스〉.
무대에서 오케 스트라도 함께 연주하는 토틀 뮤지컬의 진수를 보여줬다.

뮤지컬 〈스크루지 영감과 성냥팔이 소녀의 화이트 크리스마스〉.

국악 뮤지컬 〈흐르는 강물처럼〉의 공연 장면들.

이 걸릴 문제라고 생각한다.

위에서 잠깐 언급했지만 그래도 우리는 역시 우리 뮤지컬의 발전과 좋은 창작 작품이 나오길 고대하고 있다. 물론 최근 뮤지컬 〈명성황후〉를 비롯해 〈영웅〉, 〈사랑은 비를 타고〉, 〈번데기〉, 〈서편제〉, 〈김종욱 찾기〉, 〈오! 당신이 잠든 사이〉, 〈마리아 마리아〉, 〈빨래〉, 〈그날들〉, 〈원효〉, 〈선덕여왕〉, 〈불의 검〉, 〈이순신〉, 〈꽃신〉, 〈피맛골 연가〉 그리고 필자와 이 책의 공동 저자인 신수정 씨가 작곡한 뮤지컬 〈춤추는 원숭이 빨간 피터〉와 국악 뮤지컬 〈한강수야!〉, 〈흐르는 강물처럼〉, 〈스쿠루지 영감과 성냥팔이 소녀의 화이트 크리스마스〉 등이 꾸준히 시도되고 있으나 넓고 깊은 토양의 구축과 발전은 성공과 실패를 거치면서 차츰 정리될 것이라 생각된다.

국악 뮤지컬 〈흐르는 강물처럼〉의 공연 장면들.

 한국에 한국 문학과 미술, 음악, 무용, 건축이 있듯이, 한국 뮤지컬과 연극도 당연히 존재해야 한다. 이런 토대를 확고히 하기 위해선 작품을 만드는 데 종사하는 예술가들도 중요하지만 그만큼 관객들의 몫도 중요하다고 본다. 공연은 관객 없이는 성립이 불가능하기 때문이다. 브로드웨이에 연일 극장을 메우는 관객이 있다는 것은 곧 브로드웨이가 굳건히 살아있다는 증거인 것이다.

 뮤지컬은 역시 음악극이다. 그러므로 뮤지컬의 발전에 있어 작곡가의 발굴은 매우 중요하다. 특히 뮤지컬 작곡가는 오페라 작곡가처럼 음악은 물론 드라마를 잘 알고 있어야 한다. 그러므로 단순히 아무 작곡가나 할 수 있는 일이 아니라 뮤지컬 작곡가를 키워야 한다. 향후 뮤지컬 전문 교육기관이 됐건 극단을 통해서건 뮤지컬 대본 작

1인 뮤지컬 드라마 〈춤추는 원숭이 빨간 피터〉(신수정 음악)는 2002년도에 대학로에서 초연되어 지금도 뉴욕 등 세계 곳곳에서 공연되고 있다.

가에서부터 작사가, 작곡가, 사운드 디자이너, 안무자 등을 집중적으로 양성하고 길러야 한다.

1998년 필자가 대경대학 재직 시절 국내 최초로 뮤지컬 학과를 창설하였으나, 학교 당국의 체계적 지원은 물론 무지의 소치로 결국 그 결실을 이루지 못한 점은 매우 안타까운 일이 아닐 수 없다.

앞으로 우리의 뮤지컬 발전과 시장의 형성 그리고 국제적인 활로 개척을 위해서는 이러한 뮤지컬 교육의 체계적 결성이 매우 중요한 사안이라고 하겠다. 이웃나라 일본의 경우 이미 뮤지컬을 개발하고

1인 뮤지컬 드라마 〈춤추는 원숭이 빨간 피터〉는 대형 뮤지컬로 공연할 예정이다.

교육한 것이 어언 반세기가 훌쩍 넘는다. 필자가 보아 온 그들의 '다까라주카' 단체 공연이나 극단 사계의 공연, 그리고 도쿄 기드 브라더즈의 뮤지컬 공연은 매우 차원을 달리하는 숙성된 뮤지컬의 현장이었다.

"Never too Late. The First wii be the Last, and The Last will be the First!"란 말이 있다. 이제부터라도 우리의 뮤지컬을 정비하고 심사숙고해서 정부와 교육기관 그리고 기업이 협력하여 노력하면 분명 세계를 강타할 한국 뮤지컬이 나올 것이라고 필자는 확신한다. 지난날 필자가 브로드웨이와 웨스트엔드의 뮤지컬 공연들을 보면서 그 가운데 영원히 각인해 두었던 뮤지컬 〈지붕 위의 바이올린〉이나 〈라이언 킹〉처럼……

우리도 우리의 별주부전이나 춘향전, 심청전 그리고 일제강점기 우리 민족의 사랑과 민족정신을 담은 한국 고유의 뮤지컬이 멋진 음악과 함께 탄생할 날이 곧 올 것이라 기대하고 믿는다. 사실 브로드웨이의 뮤지컬 역시 100여 년의 역사를 통해 쓸리고 닦아지면서 오늘날과 같은 현대적 음악극으로 완성된 것이다. 시작이 반이다. 그리고 예수님이 말씀하셨다.

"첫 번째 자가 마지막이 되고
마지막으로 가던 자가 첫 번째가 될 것이다."

2015년 8월 15일
북한산 자락에서
장두이, 신수정

장두이(배우/연출가/극작가)

1. 학력
신일고등학교 졸업 (1970)
고려대학교 국문과 졸업 (1974)
서울예술전문대학 연극과 졸업 (1977)
서울예술전문대학 무용과 졸업 (1978)
동국대학교 대학원 연극영화과 1년 수료 (1977-1978)
뉴욕 New School 뮤지컬 학과 수업 (1978-1979)
뉴욕 머스 커닝햄 무용학교 수료 (1979-1981)
뉴욕 브루클린 대학원 연극과 연기 전공 석사과정(MFA) 이수 (1979-1983)
뉴욕 Actor's Studio/Lee Strasberg 학교 연기 수업과정 (1982-1983)
뉴욕 H.B Acting Studio 연기 수업과정 (1983-1984)

2. 경력
(1978-1994) 공연단체 '알 댄스 디어터 사운드'를 뉴욕에서 설립.
　　　　　　60여 편의 연극, 무용, 음악 공연을 미국, 캐나다, 일본, 유럽 등지에서 함.
(1979) '베를린 영화제'와 '함부르크 국제연극제' 참가
(1980-1992) 뉴욕 '코리언 퍼레이드' 예술감독 역임 (뉴욕 한인회 주최)
(1983) 파리 'Peter Brook 극단'의 상임 단원
(1983-1987) 'Grotowski 극단'의 수석 단원
(1987-1993) Koo Dance Company 수석 무용수
(1992-1994) Lo Lan Dance Company 수석 안무자 역임
(1989-1994) 뉴욕 한국 방송 (KBC New York) 라디오 - '굿모닝 아침의 산책'/'뿌리 깊은 남긔 바람에 아니
　　　　　　뮐세' 진행 KBC - TV '장두이의 뉴욕 데이트' 프로그램 진행 및 연출
(1978-1994) 뉴욕 La Mama 극단 수석 연기자
(1992-현재) 뉴욕에서 극단 'KORUS PLAYERS를 창단 대표 역임
(1994-1995) KBS '아침을 달린다'에서 '장두이 문화 광장' 진행
(2001) CBS-FM 영화음악 '수요 초대석' 고정 출연
(2006) SBS-TV 토요 모닝 와이드 "장두이의 최고의 1박 2일" 진행
(2007-2010) SBS-TV 토요 특집 모닝 와이드 "리얼 드라마 우리 동네 미스테리",
　　　　　　"명물따라 삼천리" 명탐정으로 출연 및 진행.
　　　　　　현재 "OLD & NEW" 진행

3. 강의 경력

(1978-1994) 뉴욕 LaMama 극단에서 특별 연기 웍샵 주관
(1983-1986) 멕시코, 이태리, 미국 등지에서 그로토우스키 연기훈련 방법론 웍샵
(1994-1996) 서울에서 '장두이 연극 교실' 강의
(1995-1998) 경기대학교 건축대학원 '밖에서 보는 건축' 강의
(1995-1997) KBS '슈퍼 탈랜트' 연수 연기교육 강의
(1995-1996) 한얼 공연 예술학교에서 연기 메소드 강의
(1996-1997) 중앙 대학교 연극과 강의
(1998-1999) 대구 예술대학 사진과 강의
(1999) 효성 카톨릭 대학 성악과 강의
(1999-2002) 가천 의과대학 '메디컬 드라마' 강의
(1998-2000) 배우학원 mtm 강의
(2001) 배우협회 주관 '연기자를 위한 즉흥극 훈련' 강의
(2000-2005) 청년 의사 아카데미 '역할극'(Role Play) 강의
(2006) 한국 연극 배우협회 '배우 심화 교육과 단기 재교육' 강의
(2007) 카이스트대학 '나다 센터' 첨단 뮤지컬 강의
(1996-2003) 대경대학 연극 영화과 전임 교수
(2004-2009) 인덕대학 방송 연예과 교수
(2009) 한서대학교 대학원 연기 전공
(2010- 2014) 서울예술대학 연기과 교수
(2014-현재) 한국 국제예술원 연기영상 예술학부 교수

4. 주요 출연 작품

연극 ————————————————————————————————————

(1970) 대머리 여가수 (고대 강당) – 소방소장 –
(1971) 위대한 훈장 (명동 예술 극장) – 열쇠 장수 –
(1976) 일인극 '크라프 마지막 테잎' (극단 세대) – 크라프 –
(1977) 아득하면 되리라 (극단 가교/제 1회 대한민국 연극제) – 거북이 –
(1978) Liturgy (뉴욕 UN 오라토리움 극장) – 제사장 –
(1979) 춘향 그리고 태을성 (뉴욕 오픈 스페이스 극장 / 독일 TIK 극장) – 태을성 –
(1981) GODOT plus GUT (뉴욕 Theater for the New City 극장) – 블라디미르 –
(1982) Camino Real (뉴욕 거쉬인 극장) – 벙어리 곱추 –
        파리의 '피터 브룩' 극단 참가 (마하바라타)
(1983) The Tibetan Book of The Dead (뉴욕 라마마 극장) – 죽은 자 –
(1986) 그로토우스키 극단 '디디무스', '미스테리 플레이'공연
(1986-1987) 뮤지컬 'Agamemnon' (이태리 스폴레토 페스티벌 참가작/뉴욕 라마마 아넥스 극장/이태리 투어) – 아가멤논 장군 –
(1986) 뮤지컬 'Medea' (스폴레토 야외극장) – 동방인 –
(1987) 뮤지컬 'Oh, Jerusalem' (링컨센터/이스라엘 예루살렘 극장) – 여행자 –
(1989) 일인극 '태평양 로맨스야' (LA 스페이스 311/동숭아트센터) – 서봉달 –

The Fallen Angel (뉴욕 46 플레이 하우스) - 떨어진 천사 -
뮤지컬 'Moses and Wandering Dervish' (코네티컷 주 오스틴 극장) - 더뷔쉬 -
뮤지컬 'Yanus'(뉴욕 라마마 아넥스) - 러버 -
(1990) 138개의 풍경이 있는 대화 (뉴욕 Cash Performance Space 극장) - 가수 -
(1992) Strangers (뉴욕 살리코 극단/워싱턴 스퀘어 극장) - 이방인 -
(1994-1995) 첼로 (극단 전망/문예회관 극장) - 인테리어 디자이너 -
(1994) 뮤지컬 '바람 타오르는 불길' (극단 자유/예술의 전당 토월극장) - 남자 -
(1995) 청바지를 입은 파우스트 (실험극장) - 메피스토펠레스 -
MBC 마당놀이 옹고집전 (정동극장 및 전국 13개 도시) - 돌쇠 -
(1996) 뮤지컬 '고래사냥' (환 퍼포먼스/예술의 전당 오페라 하우스) - 왕초 -
세종 32년 (국립 국악원 예악당 개관 기념 공연) - 세조 -
달빛 멜로디 (은행나무극장) - 사나이 -
(1997) 맨하탄 일번지 (극단 전망/성좌 소극장) - 상준 -
빗데리 (극단 르네상스) - 스탠 -
(1998) 천상 시인의 노래 (극단 즐거운 사람들/문예 예술 대극장) - 저승사자 -
(2000) 바다의 여인 (서울 국제 연극제 개막 작품/문예 예술 대극장) - 뱃사람 -
(2001) 바리공주 (극단 현빈/세종문화회관/서울 공연 예술제 참가작) - 사자대왕 -
(2002) 유리 동물원 (우리극장/알과 핵 극장) - 톰 -
게임의 종말 (극단 미학/국립극장 별오름 극장) - 햄 -
(2003) 1인 뮤지컬 '춤추는 원숭이 빨간 피터'(극단 항/알과 핵 극장) - 피터 -
(2004) 파우스트 (극단 미학/문예회관 예술 대극장) - 메피스토펠레스 -
햄릿 (연극 열전 참가작/동숭 아트 센터 대극장) - 클로디어스 왕 -
공주 아시아 일인극 연극제 1인 뮤지컬 '춤추는 원숭이 빨간 피터' (공주 민속극 박물관) - 피터 -
길 (백성희 선생 연기 60주년 기념 연극/문예회관 예술 대극장) - 아들 -
배비짱 (김상열 연극 사랑회/인켈 아트홀) - 배비장 -
(2005) 국악 뮤지컬 '한강수야' (세종문화회관) - 광대 -
뮤지컬 '당나귀 그림자 재판' (국립극장 해오름극장) - 선장 -
1인 뮤지컬 '돌아온 원숭이 빨간 피터' (인켈 아트홀 극장) - 피터 -
(2006) 제1회 뉴욕 한국 연극제 참가 (1인 뮤지컬 '춤추는 원숭이 빨간 피터' : 뉴욕 Theater for the New
City 2월 6일-12일) - 피터 -
뮤지컬 '당나귀 그림자 재판' (아르코 대극장/연극인 복지재단기금 마련 공연) - 선장 -
국악 뮤지컬 '영평 팔경가' (포천 반월 아트 홀 대극장) - 여행자 아버지 -
장두이의 황금 연못 (대학로 극장) - 장만중 -
(2007) Korean Shaman Chants (뉴욕 카네기 홀) - 혼 -
국악 뮤지컬 '흐르는 강물처럼' (안산 문화예술회관 대극장/의정부 문화예술회관 대극장) - 광대 -
물속의 집 (블랙박스 디어터/극단 뿌리 30주년 기념) - 아들 -
(2008) 아버지가 사라졌다 (극단 여인극장 123회 공연/알과 핵 극장) - 아버지 -
(2009) 등대 (대학로 예술극장 대극장) - 박일우 -
사랑을 주세요 (원제: Lost in Yonkers) (블랙 박스 극장) - 루이 -
(2010) 뮤지컬 '영웅을 생각하며' (교육문화회관 대극장) - 호암의 혼 -
(2011) 한강의 기적 (알과 핵 극장) - 박정희 -

(2012) 아메리칸 환갑 (게릴라 극장) - 전민석 -
　　　　오, 독도! (뉴욕 SECRET THEATRE) - 이방인 -
　　　　쥐덫 (SH 아트홀) - 트로트 형사 -
　　　　뮤지컬 '스쿠루지와 성냥팔이 소녀의 화이트 크리스마스' (경기도 문화의 전당 대극장) - 스쿠루지 -
(2013) 음악극 '나비야 저 청산에' (남산 드라마센타) - 연산 -
　　　　거위의 꿈 (산울림 소극장) - 꿈1 -
(2014) 소풍가는 날 (김천국제 가족 연극제 참가) - 품바 -
　　　　DJ 짱 (제3회 남이섬 국제 원맨쇼) - 디제이 짱 -
(2015) 40 캐럿 - 연상의 여인 - (예그린극장) - 에디 -
　　　　오늘 또 오늘 (예술의 전당 자유소극장) - 성민 -
　　　　리어왕 (명동 예술극장) - 리어왕 -
　　　　벚꽃동산 (세종 M디어터) - 가예프 -
　　　　조씨고아 (명동 예술극장) - 도안고 -

영화 ─────────
(1976) 어디서 무엇이 되어 다시 만나리 (홍파 감독 - 대영영화사 제작) - 청년(조연) -
(1977) 불 (홍파 감독 - 합동영화사 제작) - 사내(조연) -
(1982) Water's Life (유진 올산스키 감독-미국 C- Mas 인디펜던트 필름 제작) - 샤만(주인공) -
(1985) 깜보 (이황림 감독 - 합동영화사 제작) - 깜보(주인공) -
(1995) 마스카라 (이훈 감독 - 훈 프러덕션 제작) - 조사장(주연) -
(1997) 인연 (이황림 감독 - 율가 필름 제작) - 흥신소 직원(조조연) -
(1998) 러브 러브 (이서군 감독 - 박철수 필름 제작) - 대장(조연) -
(2000) 천사몽 (박희준 감독 - 쥬니 파워 제작) - 대신(조연) -
　　　　교도소 월드컵 (방성웅 감독 - 신씨네 제작) - 개심통(주연) -
(2001) 성냥팔이 소녀의 재림 (장선우 감독 -기획시대 제작) - 방위대장(조연) -
(2002) 뚫어야 산다 (고은기 감독 - 태창영화사 제작) - 두목(조조연) -
(2003) 써클 (박승배 감독 - 메가 필름) - 조법사(조조연) -
(2006) 천국의 셋방 (김재수 감독 - 씨네 힐) - 고물장수(조연) -
(2011) 사랑해 혜원아 (김지현 감독 - 대진필름) - 형석(조연) -
(2013) 청야 (김재수 감독 - 꿈굴 권리) - 종규 아재(조연) -
(2014) 섬머린 (원일구 감독 - 트라이아스) - 한조국 국회의원(주인공) -
(2015) 위선자들 (김진홍 감독 - 메이 플러스) - 변호사 박창호 -

TV / 광고 ─────────
(1991) Law & Order (미국 ABC-TV) - 범인 -
(1992) Americas's Most Wanted (미국 FOX-TV) - 베트남 갱 -
(1993) The Guiding Light (미국 NBC-TV) - 바텐더 -
(1994) 영화 만들기 (MBC - TV 8.15 특집 드라마) - 매니저 -
　　　　KBS - TV 생방송 좋은 아침 '전국일주 편' 출연, KBS - TV 아침을 달린다 '문화 광장' 진행 (6개월간)
(1996-2002) 도전 지구 탐험대 (KBS-TV/아프리카 수단, 예멘, 미국, 덴마크, 페루, 인도 등)
(1996) 아무개씨의 문화 발견 (A&C-TV 코오롱)

(1997) 달타령 웃음타령 (KBS-TV 추석 특집 코미디 드라마) – 나 –
　　　　문학기행 (EBS-TV 윤정모의 나비의 꿈 편), 고향기행 (KBS-TV)
(1999) 네 꿈을 펼쳐라 (KBS-TV)
(2003) 스승과 제자 (KBS-TV)
(2004) 그리스 특집 '신화를 찾아서' (KBS-TV), 그곳에 가고 싶다 '고군산 군도' (KBS-TV)
(2005) 문화동행 (KBS-TV)
(2006) 낭독의 발견 (KBS-TV)
(2006 – 현재) SBS-TV 토요 특집 모닝 와이드
　　　　　　* '장두이의 최고의 1박 2일' 진행
　　　　　　* 리얼 드라마 '우리 동네 미스테리' 명탐정 출연과 진행
　　　　　　* '소문과 진실' 진행
　　　　　　* '명물따라 삼천리' 진행
　　　　　　* 'Old & New' 진행
　　　　　　* '나는 전설이다' 진행
(2008) SBS-TV 심리극장 '천인야화' 악마 편 – 의사 –
(2009) SBS-TV 대하 드라마 '자명고'(36부작) 출연 – 도찰 장군 –
(2010) 케이블 콘 TV 시트콤 드라마 '용녀는 작업중' 연출 및 출연 – 장훈 –
　　　　MBC-TV '인생풍경 휴' 출연
(2014) KBS-TV 아침마당(7회) 출연
(2015) KBS-TV 일일드라마 '당신만이 내 사랑' 출연 – 사채 사장 –
(2016) LG 스타일러 CF (고릴라 필름 제작) – 올드맨 –

5. 수상 경력
(1972) TBC 대학 방송 경연 대회 최우수 연기상 (공해에 얽힌 사연)
(1979) 미국 OBIE 연극상 (연극 Tirai)
(1983) 미국 OBIE 연극상 (연극 The Tibetan Book of the Dead)
(1989) 미국 아시아 소수 민족 예술가상 (연극 Song of Shim Chung)
(1995) 백상예술대상 연기상 (연극 첼로)
(2003) 뉴욕 드라마 클럽 특별상 (연극 Moses Mask)
(2006) 제 4회 '믿음으로 일하는 자유인 상' (연극 35년 인생)
　　　　제 24회 '한국 희곡문학 대상' (장두이 두번째 희곡집)
(2015) 2015년 재능기부 대상

6. 저서
(1983-1984) 문화 평론 '민속도' (잡지 '한국인' 게재/뉴욕)
(1985-1986) 에세이 아메리카 일루전 (잡지 '주니어')
　　　　　　문화 평론 '해와 노피곰 도드샤' (뉴욕 동아일보)
(1992) 시집 '삶의 노래'(명상출판사)
　　　　소설 '아메리카 꿈나무'(명상출판사)
(1995-1996) 에세이 '장두이 문화 마당' (월간 에세이)
(1996) 시집 '0의 노래'(명경출판사)

자전 에세이 '공연되지 않을 내 인생'(명경출판사)
(1998) 장두이 희곡집 (창작마을)
(2000) 장두이 연기 실습론 (명상출판사)
(2002) 장두이 장면 연기 실습 (명상출판사)
(2005) 에세이집 '인생이 연극이야' (사람이 있는 풍경)
장두이 두번째 희곡집 (창작마을)
(2006) 장두이의 한국 연기 실습론 (새로운 사람들)
시집 'Y의 노래' (새로운 사람들)
(2009) 장두이 뉴 희곡집 (연극과 인간)
(2011) 그로토프스키 & 두이 장 (연극과 인간)
(2012) 장두이의 연극 상식 (새로운 사람들)
(2014) 입시 연기론 (창작마을)

7. 연출 작품

(1973) 미친 벌레의 소리
(1974) 판토 마임극 '다시 0에서 0'
(1975) 마지막 테잎 이상 + 현상
(1976) 인터뷰
(1977) 감마선은 달무늬 얼룩진 금잔화에 어떤 영향을 미쳤는가
(1978) Life & Death (뉴욕 소호 비쥬얼 아트 센터)
(1978) 태을성 그리고 춘향 (미국/독일)
(1980) 달하 노피곰 (뉴욕 라마마 극장)
(1982) Red Snow (뉴욕 라마마 극장)
(1983) 무용 White Garden (뉴욕 워싱턴 스퀘어 극장)
(1984-1985) 태평양 로맨스야 (뉴욕/LA/서울 동숭 아트센터 극장)
(1987) The Song of Shim Chung (뉴욕 46 플레이하우스 극장)
(1989) 서울 월광곡 (동숭아트센타 극장)
(1992) 뮤지컬 '아리랑 소묘' (뉴욕 메리마운트 극장)
(1994) 11월의 왈츠 (실험 극장)
아시나마리 (은행나무극장 개관 기념 공연)
(1995) 시간 밖의 여자들 (까망 소극장)
뮤지컬 '한 여름 밤의 피크닉' (한얼 극장)
(1996) 뮤지컬 '비탈에 선 아이들' (경산 시민회관)
(1997) 뮤지컬 '물고기가 나는 재즈 카페' (성좌 소극장)
(1998) 한 마리 새가 되어 (대구 대백예술극장)
국악 뮤지컬 '아이가이갸 심청' (씨어터 제로)
(1999) K씨 이야기/발칙한 녀석들 (명동 창고극장)
대구 시립 무용단 '라이프 스토리/꿈 그리기' (대구 문화예술회관 대극장)
(2000) 전미례 재즈 무용단 무용극 '누에보 카르멘' (예술의 전당 토월극장)
(2001) 뱀나무 밑에 선 바나나맨의 노래 (명동 창고극장)
(2002) 뮤지컬 '장미 향수 & 키스' (서울 교육문화회관 대극장/대구 시민회관 대극장)

뮤지컬 '잃어버린 얼굴을 찾아서' (안동 국제 가면 페스티벌 특별 공연작)

(2003) 19 & 80 (정미소극장)

무지개가 뜨면 자살을 꿈꾸는 여자들 (알과 핵 극장)

1인 뮤지컬 '춤추는 원숭이 빨간 피터' (알과 핵 극장)

(2005) 구본숙 현대무용단 무용극 '밀알' (대구 시립문화회관 대극장)

국악 뮤지컬 '한강수야' (세종문화회관)

뮤지컬 '당나귀 그림자 재판' (국립극장 해오름)

1인 뮤지컬 '돌아온 원숭이 빨간 피터' (인켈 아트 홀 극장)

(2006) 제 1회 뉴욕 한국 연극제 개막작 '춤추는 원숭이 빨간 피터' (New York, Theater for the New City 극장에서 공연)

뮤지컬 '당나귀 그림자 재판' (아르코 대극장/연극인 복지재단 기금 마련 공연)

댄스컬 '춤추는 파도' (포스트 극장)

신일 예술제 '반갑다 친구야' (코엑스몰 오디토리움 극장)

구본숙 현대무용단 무용극 '밀알' 2006년 공연 (대구 문화예술회관 대극장)

국악 뮤지컬 '영평 팔경가' (포천 반월 아트 홀)

장두이의 황금 연못 (대학로 극장)

(2007) Korean Shaman Chants (뉴욕 카네기 잔켈 홀)

대전 카이스트 대학 '나다센터'의 '아이 러브 뮤지컬' (카이스트 대극장)

뮤지컬 '당나귀 그림자 재판' 전북 부안 공연 (부안 문화예술회관)

댄스컬 '통일 익스프레스 러빙 유' (포스트 극장)

(2008) 뮤지컬 '19 & 80' (극단 신시 제작/예술의 전당 자유 소극장) 제 20회 거창 국제 연극제 국내 초청작 참가 (통일 익스프레스 러빙 유) 댄스컬 '성공을 넘어 – 아산의 꿈 – (이화여고 100주년 기념관)

(2009) 국악 뮤지컬 '흥부야 청산가자!' (충북 진천군 한천 초등학교 강당)

립스틱 아빠/춤추는 할머니 (웰다잉 극단 창단 공연 : 정동 프란체스카 강당 및 대구, 인제, 원주 등 공연)

제 9회 포항 바다 국제 연극제 참가 (포항 문화예술회관) (1인 뮤지컬 '춤추는 원숭이 빨간 피터)

(2010) 뮤지컬 '영웅을 생각하며' (호암 탄생 백주년 기념 공연 : 교육문화회관 대극장) 행복한 죽음 (웰다잉 극단 2회 공연 : 교보빌딩 대강당 외) 국악 뮤지컬 '다문화 버무리기 쇼' (세종문화회관 대극장)

(2011) 소풍가는 날 (SH 아트홀)

(2012) 뮤지컬 '스크루지와 성냥팔이 소녀의 화이트 크리스마스' (경기 문화의 전당 대극장) 만드라골라 (SK 수펙스 홀)

(2013) 음악극 '나비야 저 청산에' (남산 드라마센타) 말뚝이의 노랫짓 (남이섬 제2회 국제 원맨쇼 개막작)

뮤지컬 콘서트 '거위의 꿈' (산울림 소극장)

(2014) 소풍가는 날 (김천 국제가족연극제 참가) DJ 짱 (남이섬 제3회 국제 원맨쇼)

(2014) 교육연극 '톡톡톡(청소년 사이버 범죄 예방극)/씨가(청소년 금연 예방극)/그때 그시절(청소년 마약 금지예방극)' (전국 초, 중, 고 200여 군데 공연)

(2015) 압구정에 가면 하늘이 보인다 (압구정 예홀)

맹진사댁 경사 (서대문 문화예술회관 대극장)

압구정 18층 (압구정 예홀)

신수정(연극음악 작곡가/피아니스트)

학력
1993 영남대학교 음악대학 피아노과 졸업
1994 서울대학교 음악대학 대학원 피아노과 수료
1994 서울대학교 음악대학 서양음악 연구소 컴퓨터 음악 작곡 수료
1998-1999 New York Musical Academy 수료

경력
1999-2000 대경대학 뮤지컬 학과 강의
2006-2007 인덕대학 방송연예과 뮤지컬 기초 강의
2014-현재 한국 국제예술원 뮤지컬 전임 교수

1994 연극 – 그린벤치 : 음악 (강강술래 소극장)
1994 연극 – 바보들의 낙원 : 음악 (혜화동 연극 실험실)
1995 연극 – 우리 시대의 리어왕 : 음악 (왕과 시 극장)
1995 음악극 – 미친 동물의 역사 : 음악 (혜화동 연극 실험실)
1995 연극 – 청바지를 입은 파우스트 : 음악 작곡 (실험극장)
1995 음악극 – 문제적 인간 연산 : 음악 (동숭아트센터 대극장)
1995 뮤지컬 – 한여름 밤의 피크닉 : 작곡 및 음악 (한얼극장)
1995 KBS 생방송 좋은 아침 : 라이브 음악 연주
1996 음악극 – 오구, 죽음의 형식 : 음악 (정동극장)
1997 경기대학교 건축 대학원 홍보 비디오 : 음악 작곡
1997 뮤지컬 – 한 마리 새가 되어 작곡 및 : 음악감독 (대구 대백예술극장)
1998 뮤지컬 – 아이가이갸 심청 : 작곡 및 음악감독 (씨어터 제로 극장)
1999 연극 – K씨 이야기 : 음악 (명동 창고극장)
1999 무용 – 대구 시립무용단의 라이프 스토리 : 음악 (대구 문화예술회관)
2000 무용극 – 전미례 재즈 무용단의 누에보 카르멘 : 음악 (예술의 전당 토월극장)
2001 연극 – 뱀나무 밑에선 바나나맨의 노래 : 음악 작곡 (명동 창고극장)
2001 뮤지컬 –장미 & 향수 : 작곡 및 음악감독 (서울 교육문화회관 대극장 / 대구 시민회관)
2002 제2회 재즈댄스 페스티벌 : 음악감독 (국립극장 해오름)
2002 월드컵 축하 경기도립무용단의 무용극 – 화합의 빛 – : 음악 (수원 문화예술회관 대극장)
2002 뮤지컬 –잃어버린 얼굴을 찾아서 : 작곡 및 음악 (하회문화연구소/하회마을 보존회)
2003 연극 – 19 & 80 : 음악 (정미소 극장)
2004 1인 뮤지컬 – 춤추는 원숭이 빨간 피터 : 음악 작곡 (알과 핵 극장)
2005 뮤지컬 – 그림자 속 그림자 (당나귀 그림자 재판) : 음악 작곡 및 음악감독 (국립극장 해오름/아르코 대극장)
2006 뮤지컬 – 춤추는 파도 : 음악 (신촌 포스트 극장)
　　　연극 – 황금연못 : 음악 (대학로 극장)
2007 국악 뮤지컬 – 흐르는 강물처럼 : 음악감독 (의정부 문화예술의 전당/안산 문화예술의 전당)

2009 뮤지컬 – 성공을 넘어 : 음악 작곡 (이화여고 100주년 기념관)
2010 뮤지컬 – 영웅을 생각하며 : 음악 작곡 및 음악감독 (교육문화회관 대극장)
2011 연극 – 소풍가는 날 : 음악감독 (SH 아트홀)
2013 모노 뮤지컬 – 말뚝이의 노랫 짓 : 음악 작곡 및 음악감독 (남이섬 제2회 국제 원맨쇼 페스티벌 개막 작품)
2015 뮤직 디어터 – 압구정에 가면 하늘이 보인다 : 음악감독

참고문헌

· The American Musical Theatre (Macmillan, 1975)
· Their Words are Music (Crown Publishers, 1975)
· Musical Stages (Random House, 1976)
· American Musical Theatre (Oxford University Press, 1992)
· Lyrics on Several Occasions (Alfred A. Knopf, 1959)
· They All Sang (The Viking Press, 1935)
· Hoofing on Broadway (Prentice-Hall, 1987)
· America Dances (Macmillan, 1980)
· 장두이 시집 '삶의 노래' (명상 1992)
· 잡지 '한국연극' (연극협회)
· 브로드웨이 뮤지컬 (예음 1998)
· 공연되지 않을 내 인생 (명경 1996)